城市道路建设与管理

周建国　宋广骞　杨海燕　主编

吉林科学技术出版社

图书在版编目（CIP）数据

城市道路建设与管理 / 周建国，宋广骞，杨海燕主编． -- 长春：吉林科学技术出版社，2022.4
ISBN 978-7-5578-9190-9

Ⅰ．①城… Ⅱ．①周… ②宋… ③杨… Ⅲ．①城市道路－道路建设－研究－中国 Ⅳ．①U412.37

中国版本图书馆 CIP 数据核字（2022）第 072659 号

城市道路建设与管理

主　　编	周建国　宋广骞　杨海燕
出 版 人	宛　霞
责任编辑	王明玲
封面设计	李　宝
制　　版	宝莲洪图
幅面尺寸	185mm×260mm
开　　本	16
字　　数	300 千字
印　　张	14.75
印　　数	1－1500 册
版　　次	2022 年 4 月第 1 版
印　　次	2022 年 4 月第 1 次印刷

出　　版	吉林科学技术出版社
发　　行	吉林科学技术出版社
地　　址	长春市南关区福祉大路5788号出版大厦A座
邮　　编	130118
发行部电话/传真	0431-81629529　81629530　81629531
	81629532　81629533　81629534
储运部电话	0431-86059116
编辑部电话	0431-81629510
印　　刷	廊坊市印艺阁数字科技有限公司

书　　号	ISBN 978-7-5578-9190-9
定　　价	69.00 元

版权所有　翻印必究　举报电话：0431—81629508

前 言

当今，我国处于城镇化建设的进程当中，而城镇化建设离不开城市道路的建设；同时城市道路作为城市的构架，支撑着城市的庞大躯体。因此，城市道路建设至关重要。而如何高质量和高效率地搞好城市道路建设，是工程界关注和重视的话题之一。唯有对城市道路搞好质量控制、成本控制和进度控制，才能使得城市道路成为精品工程而有利于民。

城市道路工程是一项重大的项目，若施工期间管理不善，则会直接影响到工程项目的质量，造成巨大的经济损失。在施工过程中，能否合理地衔接工序、安置劳力、调配机械、保障供给，不但直接关系到工程的完成与否，还关系到国家对于基建设施投资的有效利用程度和施工企业的经济效益。所以，作为工程的领导者，要学会合理有序的管理工程施工，确保其按期高质完成。

城市道路工程是城市基础设施的重要组成部分。城市道路工程项目建设牵涉到国家和社会方方面面，工程项目质量好，才会使国家经济实力增强，也会给人民带来实惠和利益。如果施工质量不好，就会带来大量资源的损失和浪费。

本文主要介绍城市道路建设，城市道路是城市经济发展的产物，支撑起城市的发展，反映着城市发展水平，对社会有着重要的影响。文章从城市道路建设与管理两个方面进行介绍，主要对城市道路设计、节能、施工、可持续发展等方面进行分析。

目 录

第一章 市政道路工程概述 ·· 1
第一节 城市道路工程的定义和特点 ······································ 1
第二节 城市道路的功能、组成和特点 ···································· 3

第二章 城市道路设计 ·· 7
第一节 城市道路线形设计 ··· 7
第二节 城市道路横断面设计 ·· 10
第三节 城市道路纵断面设计 ·· 23
第四节 城市道路交叉口设计 ·· 31
第五节 城市道路路基设计 ·· 58
第六节 城市道路路面设计 ·· 69
第七节 城市道路排水设施设计 ·· 78
第八节 城市道路附属设施设计 ·· 85

第三章 城市道路建设节能问题分析 ······································ 89
第一节 概述 ·· 89
第二节 城市道路照明设计及节能措施 ···································· 93
第三节 城市道路建设节能环保问题分析 ·································· 96
第四节 城市道路建设的节能评价 ·· 99

第四章 城市道路工程施工技术 ··· 118
第一节 城市道路工程施工内容和基本要求 ······························· 118
第二节 城市道路施工开工准备 ··· 122
第三节 路基施工技术 ··· 126
第四节 路基季节性施工措施 ··· 135
第五节 路基防护与加固工程施工技术 ··································· 137

第五章 城市道路建设项目后评价分析 ·············· 145
第一节 概述 ·············· 145
第二节 城市道路建设项目后评价的内容 ·············· 187
第三节 城市道路建设项目后评价指标体系的构建 ·············· 194
第四节 城市道路建设项目后评价的方法 ·············· 202

第六章 城市道路建设可持续发展分析 ·············· 210
第一节 概述 ·············· 210
第二节 城市道路建设可持续发展的策略 ·············· 215
第三节 城市道路可持续发展的保障体系建设 ·············· 216
第四节 可持续发展视野下城市建设管理分析 ·············· 220

结　语 ·············· 227

参考文献 ·············· 228

第一章　市政道路工程概述

市政道路建设不仅直接关系到城市化建设，而且与出行环境和人身安全密切相关，但市政道路建设中仍存在一些技术问题，对市政道路建设的整体质量产生不利影响。因此，加强技术管理，保证公路建设，满足社会生产生活的需要，是非常重要的。由此本章主要介绍了市政道路工程。

第一节　城市道路工程的定义和特点

一、城市道路工程概述

（一）城市道路的定义

城市道路是指通往城市的各地区，供城市内交通运输及行人使用，便于居民生活、工作及文化娱乐活动，并与市外道路连接担负着对外交通的道路。

（二）城市道路发展简史

中国古代营建都城，对道路布置极为重视。当时都城有纵向、横向和环形道路以及郊区道路，并各有不同的宽度。中国唐代（618-907年）都城长安，明、清两代（1368-1911年）都城北京的道路系统皆为棋盘式，纵横井井有条主干道宽广，中间以支路连接便利居民交通。巴基斯坦信德省印度河右岸著名古城遗址摩亨朱达罗城（公元前15世纪前）有排列整齐的街道，主要道路为南北向，宽约10米，次要道路为东西向。古罗马城（公元前15-前6世纪）贯穿全城的南北大道宽15米左右，大部分街道为东西向，路面分成三部分，两侧行人中间行车马，路侧有排水边沟。公元1世纪末的罗马城，城内干道宽25~30米，有些宽达35米，人行道与车行道用列柱分隔，路面用平整的大石板铺砌，城市中心设有广场。随着历史的发展变化，世界各大城市的道路都有不同程度地发展，自发明汽车以后，为保证汽车快速安全行驶，城市道路建设起了新的变化。除了道路布置有了多种形式外，路面也由土路改变为石板、块石、碎石以至沥青混凝土路面和水泥混凝土路面，以承担繁重的车辆交通压力，并设置了各种控制交通的设施。

（三）城市道路的要求

现代的城市道路是城市总体规划的主要组成部分，它关系到整个城市的有机活动。为了适应城市的人流、车流顺利运行，城市道路要具备以下要求：适当的路幅以容纳繁重的交通；坚固耐久、平整抗滑的路面以利车辆安全、舒适、迅捷地行驶；少扬尘、少噪声以利于环境卫生；便利的排水设施以便将雨雪水及时排除；充分的照明设施以利居民晚间活动和车辆运行；道路两侧要设置足够宽的人行道、绿化带、地上杆线、地下管线。

此外，城市道路还为城市地震、火灾等灾害提供隔离地带、避难处所和抢救通道（地下部分并可作人防之用）；为城市绿化、美化提供场地，配合城市重要公共建筑物前庭布置，为城市环境需要的光照通风提供空间；为市民散步、休息和体育锻炼提供方便。

（四）城市道路发展的展望

随着汽车工业的发展，各国汽车保有量飞速增加，各国城市道路为适应汽车交通的需要在数量上有大幅度增长，在质量上有大幅度提高，如世界大都市伦敦、巴黎、柏林、莫斯科、纽约、东京等，均建有完善的道路网为汽车交通运输服务，其他各国的城市道路也均有不同程度地发展。

但是由于城市的发展、人口的集中，各种交通工具大量增加，城市交通日益拥挤，公共汽车行驶速度缓慢，道路堵塞，交通事故频繁，人民生活环境遭到废气、噪声的严重污染。解决日益严重的城市交通问题已成为当前重要课题。已开始实施或正在研究的措施有：改建地面现有道路系统，增加城市高速干道、干路、环路以疏导、分散过境交通及市内交通，减轻城市中心区交通压力，以改善地面交通状况；发展地上高架道路与路堑式地下道路，供高速车辆行驶，减少地面交通的互相干扰；研制新型交通工具，如气垫车、电动汽车、太阳能汽车等速度快、运量大的车辆，以加大运输速度和运量；加强交通组织管理，如利用电子计算机建立控制中心，研制自动调度公共交通的电子调度系统、广泛采用绿波交通（汽车按规定的速度行驶至每个平交路口时，均遇绿灯，不需停车而连续通过）实行公共交通优先等；开展交通流理论研究，采用新交通观测仪器以研究解决日益严重的交通问题。

二、城市道路工程的特点

（一）准备期短，开工急

城市道路工程通常由政府出资建设，出于减少工程建设对城市日常生活的干扰这一目的，对施工周期的要求又十分严格，工程只能提前，不准拖后，施工单位往往根据工期，倒排进度计划，难免缺乏周密性。

（二）施工场地狭窄，动迁量大

由于城市道路工程一般是在市内的大街小巷进行施工，旧房拆迁量大，场地狭窄，常常影响施工路段的环境和交通，给市民的生活和生产带来了不便，也增加了对道路工程进行进度控制、质量控制的难度。

（三）地下管线复杂

城市道路工程建设实施当中，经常遇到与供热、给水、煤气、电力、电信等管线位置不明的情况，若盲目施工极有可能挖断管线，造成重大的经济损失和严重的社会影响。同时也对道路工程进度带来负面影响，增加额外的投资费用。

（四）原材料投资大

城市道路工程材料使用量极大，在工程造价中，所占比例达到50%左右，如何合理选材，是工程监理工作质量控制的重要环节。施工现场的分布，运距的远近都是材料选择的重要依据。

（五）质量控制难度大

在城市道路的施工过程中，往往会出现片面追求施工进度，不求质量，只讲施工方效益的情况，给施工监理工作带来了很大困难。

（六）地质条件影响大

城市道路工程中雨水、污水排水工程，往往受施工现场地质条件的影响，如遇现场地下水位高，土质差，就需要采取井点或深井降水措施，待水位降至符合施工条件，才能组织沟槽的开挖，如管道埋设深、土质差，还需要沟槽边坡支护，方能保证正常施工。

第二节　城市道路的功能、组成和特点

一、城市道路的功能

道路是供各种车辆和行人等通行的工程设施。按其所处位置、交通性质、使用特点分为公路、城市道路、厂矿道路、林区道路及乡村道路等。它主要承受车辆荷载的重复作用和经受各种自然因素的长期影响。根据道路的不同组成和功能特点，道路分为两大类：公路与城市道路。位于城市郊区及城市以外、连接城市与乡村，主要供汽车行驶的

具备一定技术条件和设施的道路，称为公路。而在城市范围内，供车辆及行人通行的具备一定技术条件和设施的道路，称为城市道路。作为文化、政治和经济中心的城市，是在与它周围地区（空间）进行密切不断地联系中存在的。因此，一个城市对外交通的运输是促使这个城市产生、发展的重要条件，也是构成城市的主要物质要素。城市对外交通的方式是多种多样的。例如，航空、水运、铁路、道路等交通运输。而道路是"面"的交通运输，它比"点"和"线"的交通运输方式具有更大的机动灵活性，能够深入到各个领域。在城市里，道路交通的运输功能更加明显。以汽车为主要工具的道路运输，无论在时间上或地区上都能随意运行。一方面，在货物品种、运输地段、运距以及包装形式等方面有较高的机动、迅速、准确、直接到位的技能；另一方面，随着人们生活方式的变化，有快捷、舒适、直达家门、机动评价高、尊重私人生活等优点。

道路按空间论，有四种功能：一是把城市的各个不同功能组成部分，例如，市中心区、工业区、居住区、机场、码头、车站、货物、公园、体育场（馆）等，通过城市道路加以连接起来的联系功能；二是把不同的区域，按用地分区，使其形成具有不同使用要求区域的区划功能；三是辅设各种设施的容纳功能；四是由城市道路网构成的美化城市功能。把这些功能有机地组成，道路空间便有种种作用。按道路空间的作用可分为四种空间：交通空间、环境空间、服务设施的容纳空间和防灾空间。

城市的各个功能组成部分，通过道路的连接，形成城市道路网（包括快速路、主干路、次干路和支路），构成统一的有机体系。表现城市建筑各个方位的立面，以及建筑群体之间组合的艺术。把建筑这种"凝固的诗"通过在道路上律动的视点，变为"有节奏的乐章"，可以使人获得丰富而生动的环境感受。因此，城市道路在承担最基本的交通运输任务以外，同时还成为反映城市面貌与建筑风格的手段之一。

二、城市道路分类

城市道路的功能是综合性的，为发挥其不同功能，保证城市中的生产、生活正常进行，交通运输经济合理，应对道路进行科学的分类。分类方法有多种形式：根据道路在城市规划道路系统中所处的位置划分为主干路、次干路及支路；根据道路对交通运输所起的作用分为全市性道路、区域性道路、环路、放射路、过境道路等；根据承担的主要运输性质分为客运道路、货运道路、客货运道路等；根据道路所处环境划分为中心区道路、工业区道路、仓库区道路、文教区道路、行政区道路、住宅区道路、风景游览区道路、文化娱乐性道路、科技卫生性道路、生活性道路、火车站道路、游览性道路、林荫路等。在以上各种分类方法中，主要是满足道路在交通运输方面的功能。《城市道路设计规范》

（CJJ37-90）中以道路在城市道路网中的地位和交通功能为基础同时也考虑对沿线的服务功能，将城市道路分为四类，即快速路、主干路、次干路与支路。

（一）快速路

快速路完全为交通功能服务，是解决城市大容量、长距离、快速交通的主要道路。快速路要有平顺的线型，与一般道路分开，使汽车交通安全、通畅和舒适。与交通量大的干路相交时应采用立体交叉，与交通量小的支路相交时可采用平面交叉，但要有控制交通的措施。两侧有非机动车时，必须设完整的分隔带。横过车行道时，需经由控制的交叉路口或地道、天桥。

（二）主干路

主干路为连接城市各主要分区的干路，是城市道路网的主要骨架，以交通功能为主。主干路上的交通要保证一定的行车速度，故应根据交通量的大小设置相应宽度的车行道，以供车辆通畅地行驶。线形应顺捷，交叉口宜尽可能少，以减少相交道路上车辆进出的干扰，平面交叉要有控制交通的措施，交通量超过平面交叉口的通行能力时，可根据规划采用立体交叉。机动车道与非机动车道应用隔离带分开。交通量大的主干路上快速机动车如小客车等也应与速度较慢的卡车、公共汽车等分道行驶。主干路两侧应有适当宽度的人行道。应严格控制行人横穿主干路。主干路两侧不宜建筑吸引大量人流、车流的公共建筑物，如剧院、体育馆、大商场等。

（三）次干路

次干路是城市区域性的交通干道，为区域交通集散服务，兼有服务功能，配合主干路组成道路网。次干路是一个区域内的主要道路，是一般交通道路兼有服务功能，配合主干路共同组成干路网，起广泛联系城市各部分与集散交通的作用，一般情况下快慢车混合行驶。条件许可时也可另设非机动车道。道路两侧应设人行道，并可设置吸引人流的公共建筑物。

（四）支路

支路为次干路通往各居住小区的连接线路解决局部地区交通，直接与两侧建筑物出入口相接，以服务功能为主，也起集散交通的作用，两旁可有人行道，也可有商业性建筑。

三、城市道路分级

大、中、小城市现有道路行车速度、路面宽度、路面结构厚度、交叉口形式等都有区别，为了使道路既能满足使用要求，又节约投资及土地，《城市道路设计规范》

（CJJ37-90）中规定：除快速路外，每类道路按照所占城市的规模、设计交通量、地形等分为Ⅰ、Ⅱ级。大城市应采用各类道路中的Ⅰ级标准；中等城市应采用Ⅱ级标准；小城市应采用二级标准。有特殊情况需变更级别时，应做技术经济论证，报规划审批部门批准。《中国中小城市发展报告（2010）》中指出，近年来，中国城市飞速发展，城乡人口流动频繁，农业人口、非农业人口之间的界线模糊化，城市人口规模迅速增长，许多县级城市（包括县级建制市和规模较大的县的中心城镇）的市区常住人口已经达到或超过20万、50万的临界值。城市化的高速发展使原有的城市划分标准已经不适应现实的需要。为此，绿皮书依据中国城市人口规模现状，提出的全新划分标准为：市区常住人口50万以下的为小城市，50万~100万的为中等城市，100万~300万的为大城市，300万~1000万的为特大城市，1000万以上的为巨大型城市。

第二章 城市道路设计

在城市道路设计中,理想的道路设计是在满足交通运输能力和通行需要的基础上还会给人们带来美好得享受。在目前的城市发展中,随着城市化水平的不断提高,城市道路在经济中的作用也不断增加,日趋明显。城市道路设计作为整个道路工程的核心环节,其对整个道路工程的通行能力、行车安全和居民生活都有着密切的关系。本章主要对城市道路设计进行具体的分析介绍。

第一节 城市道路线形设计

道路线形是由直线与曲线连接而成的空间立体线形形状,也就是道路中心线的空间描绘。线形设计不好,轻者乘客会感到不舒服,严重则影响车辆行驶的安全性,甚至造成交通事故。究其原因,道路设计规范只针对某些技术指标。如:平曲线半径、竖曲线半径、纵坡坡度、坡长等分别做了规定。而对这些指标之间的组合以及特殊性考虑甚少,如果设计人员不从行驶车辆的安全性上考虑,那么,设计出的道路就不会是一条好的道路。因为线形好的道路,应该首先保证车辆安全、迅速、舒适的行驶。

1. 道路设计中线形设计的组成因素

(1)线形设计时除考虑规划红线外,应综合考虑原有的建筑、道路桥梁及其他构筑物等对新路布线的影响。在不降低道路的技术标准的前提下对上述情况尽可能采取避让、利用及改造等手法使设计工程量降至最低。

(2)道路作为城市景观中的一部分,又受到地形、地物排水和地质条件等各项因素的制约。因此,在布线时应强调使所选路线地形地势相协调。即使它融于自然,又要设法利用自然,同时还要尽量解决自然中的不利因素。

(3)线形设计时还应考虑道路路线内部平面及纵、横断面间的协调。它们之间的合理组合是保证道路符合技术标准的重要方面,使之能达到行车快捷、安全、舒适、便于集散的目的。

3. 道路线形设计中的问题分析

（1）平面线形

1）小偏角

特指道路上偏角≤7°的情形。道路出现小偏角时，平曲线的长度将被看成比实际的短，驾驶员容易产生急转弯的错觉而急忙操作方向盘。造成行车事故，偏角愈小愈明显。实际上。采用小偏角是设计中平面定线最常采用的方法，因为小偏角可以解决定线中遇到的困难。这种情形在城市道路设计中非常普遍。要取消一个小偏角常常很麻烦。有时还要增加一些工程量或拆迁。对于设计速度较低的道路，小偏角对行车安全影响不大，但是对于高速公路等设计速度较高的道路设置小偏角一定要慎重。

在城市道路上，不可避免地每隔若干距离会有一个交叉口，因此宜尽量利用交叉口使路线转折。如果路线在交叉口处不作较大的转折时（一般为3°~5°），可不需作专门的弯道设计，仅需在交叉口进行处理。因此，这是避免采用小偏角的一种有效办法。

2）超高

对城市道路的超高问题，多年来在城市道路设计中颇有争论。我们从实践中认识到，在城市道路设计时，千万不要用设置小半径加超高段手法来满足设计行车速度的要求，特别是在靠近交叉口附近路段上更不能这样做。因此，在需要设置圆曲线时，如条件允许应尽量选用不设超高的曲线半径，不得已时，其超高坡度一般不宜大于1.5%，即不超过路面的设计横坡。对城市道路的加宽问题，加宽值应按车道数加在道路机动车道的内侧，当内侧加宽有困难时，可在车道的内外侧同时加宽；其长度均采用缓和曲线或超高缓和段长度。在迎宾大道工程设计中对JD3，JD5两个弯道，其规划道路中线平曲线半径分别为155米、100米，均小于不设超高的曲线半径。因为在路边已经修建了大型公共建筑，道路红线已不能改变。

3）缓和曲线

缓和曲线符合汽车行驶轨迹，能够保证车辆行驶的安全和乘车人员舒适程度，而且可以诱导驾驶人员的视线，调整平面线形与沿线环境以及周围景观相协调，保证道路线形的均衡性和连续性。为了保证曲率缓和、行车缓和、超高和加宽缓和，缓和曲线必须具有足够的长度。标准中规定的缓和曲线的最小长度主要从曲率缓和考虑，以保证驾驶员从容驾驶和乘车舒适为目的，用3s行程作为缓和曲线最低限度的控制值。在一般情况下，当圆曲线部分需设置超高时，缓和曲线还应满足超高过渡的要求，缓和曲线的长度至少能完全包括超高缓和段的长度，但如果按超高渐变率求出的缓和段长度比缓和曲线还要长时，则必须延长缓和曲线路段。

（2）纵断面线形

1）最小纵坡

小于0.3%的纵坡，将造成路面排水不良，雨天行车溅水成雾，影响行车安全。同时，在路面上积水达到一定厚度后，高速行车时。在车轮与路面间产生"水膜"现象，使轮胎与路面间的摩擦阻力大大降低，这时如果有情况需要刹车减速，往往会酿成行车事故。所以。道路纵坡不得小于0.3%。这不仅是为了满足最低排水要求，也是车辆安全行驶的需要。

2）纵面线形的设计

纵面线形是构成道路三维形象的重要组成部分。纵面线形设计是适应地形起伏条件的设计。它对工程投资、车辆行驶的舒适性与安全性有直接影响。在纵面线形设计时应根据地形实际起伏和其他控制因素，合理采用坡度、最小坡长等符合设计规范的要求。要均匀升降坡度，城市道路要防止接长坡或平坡，尽量利用老路面，并考虑便于排水，同时考虑横向土方平衡，避免大填大挖，并在全线上配合平面线形获得连续光滑无大起大落的道路线形。

（3）平、纵线型组合设计

平、纵线形组合设计时。根据经验做到以下各点。便能得到较好的线形。

1）平曲线与竖曲线重合。平纵配合的意义，重要的应该是指平纵面线形位置及指标运用得当，为安全、舒适、快速的行车创造条件。如果平、竖曲线的顶点错开不超过曲线长度的1/4，仍然可以得到比较满意的外观。如果错开，那就会出现配合得很差的线形。配合得好的线形是竖曲线的起、终点最好分别在两个缓和曲线的中间，其中任一点都不要放在缓和曲线以外的直线上，也不要放在圆弧段之内。若平、竖曲线的半径都很大，则平、竖曲线的位置可不受上述限制。

2）平曲线和竖曲线的大小保持均衡。平曲线与竖曲线其中一方大而平缓时，则要注意另一方也要大而平缓，且不能使另一方变化过多。因为这种线形可能出现一个竖曲线中包括两个以上的平曲线或与之相反的情况，并且线形短的一方看上去特别醒目并给人以不愉快的感觉，失去了视觉上的均衡性。

3）避免竖曲线的顶、底部插入小半径的平曲线。如果在凸形曲线的顶部有小半径的平曲线，不仅不能引导视线而且要急转方向盘致使行车危险。在凹形竖曲线的底部有小半径的平曲线，便会出现汽车加速时而急转弯，同样可能发生危险。

4）一个平曲线内，必须避免纵断面线形反复凸凹。在一个平曲线内，纵断面线形反复凸凹时，往往形成看得见脚下和前方，而看不见中间凹陷的线形。

第二节　城市道路横断面设计

一、横断面设计原则

道路是具有一定宽度的带状构筑物，在垂直道路中心线方向上所做的竖向剖面称为道路横断面。城市道路横断面由车行道、人行道和绿地等部分组成。近期道路横断面宽度，通常称为路幅宽度；远期规划道路用地总宽度，称为道路红线宽度。红线是指城市中的道路用地和其他用地的分界线。

城市道路横断面设计的好坏关系到交通的安全、便利与环境卫生条件，也关系到城市用地的经济与城市的面貌，至关重要。城市道路横断面设计，是在城市总体规划中确定的两侧红线范围内进行。城市道路横断面设计的主要依据是：道路的等级、性质、红线宽度、交通量及交通组织方式。在进行城市道路横断面设计时应注意以下几个方面。

1. 城市道路横断面规划原则

城市道路横断面规划与设计，其主要任务是在满足交通、环境、公用设施管线敷设和排水要求的前提下，经济合理地确保各组成部分的宽度及相互之间的位置与落差。城市道路横断面的设计，应在城市规划的红线宽度范围内进行。

城市道路横断面的设计，关系到交通、绿化、环境、市容、景观和沿线公用设施的协调安排，所以在道路横断面设计时，除了应根据道路等级、交通流量大小等因素确定其断面形式外，还要贯彻下列规划原则。

（1）路幅宽度与沿街建筑高度要协调。即路幅宽度应使道路两侧的建筑物有足够的日照和良好的通风。

（2）断面布置与道路主要功能要协调。如交通性干道应保证足够的机动车车道数和必要的分隔设施，达到双向分流、人车分流、机动与非机动分流，以确保交通安全；商业性大街应保证足够宽的人行道。同时，车行道还要考虑公交车辆临时停靠的方便。

（3）断面布置要与当地的地形地物相协调，不要产生过大的填挖工程量。

（4）在进行断面布置时，要特别城市的发展总体规划，应当将其近期规划和远期规划相结合，切忌只顾眼前利益。

2. 城市道路横断面布置原则

在确定城市道路横断面形式时，应当根据道路规划功能上的性质和作用，综合考虑各方面的要求，科学合理地安排各组成部分。在综合布置中应遵循以下原则。

（1）城市道路横断面综合布置，应在城市道路规划的红线范围内进行。从规划部门取得城市道路网的规划、红线宽度、道路等级、道路功能、断面形式、两侧建筑物性质与高度资料，向有关部门调查收集交通量（包括目前和远期的车流量、人流量及流向等）、车辆组成种类、行车速度、地下管线资料等，并进行综合分析研究，以便确定横断面形式和各组成部分的尺寸。

（2）横断面设计应当保证交通的安全和畅通。既要满足机动车交通量日益增长的要求，又必须顾及我国自行车和电动车多的实际情况。因此，在城市道路横断面设计中，既要考虑非机动车车道的设置，又要考虑将来有过渡为机动车道和非机动车道专用道的可能。此外，还要考虑到人行道的宽度是否满足要求。

（3）充分发挥和重视道路的绿化作用。城市道路的绿化，既能起到环境保护、交通安全和美化道路、美化城市的作用，又能比较灵活地调节道路的组成。在布置绿化带时，可以结合分隔带，也可以结合人行道；可以作为横断面各组成部分的衔接部分，也可以作为横断面其他组成部分的备用地。

（4）保证路面雨水的排除。在进行城市道路横断面布置时，要考虑到路拱的形式和坡度及雨水口的位置，以便于快速顺利排水；同时还要注意道路两侧街坊、单位内部排水的出口，以便密切配合、互不干扰。

（5）避免沿路的地上、地下管线、各种构筑物以及人防工程等相互干扰。在进行道路横断面布置时，要综合考虑各种管线及构筑物间的配合和合理安排，还要提供它们今后发展的余地和维修的方便。

（6）要与沿路各类建筑和公用设施的布置要求取得协调。如商业区的道路两侧大部分是商店一类的建筑，一般不宜采用有各种分隔带的横断面形式。

（7）对现有道路的改建，应采取工程措施与交通组织管理措施相结合的办法，以提高道路的通行能力和保证交通安全。对于道路的改建，除采用增辟车道、展宽道路等措施外，还可以通过邻近各条道路互相调节，采用机动车与非机动车分行、单向行驶等措施。

（8）注意节省建设资金，节约城市用地。道路横断面各组成部分的配置既要紧凑，又要考虑留有余地。如新建城市或城区，在发展的初期，交通量还不大时，就可先开辟最低必需宽度的车行道，预留车道的用地先进行绿化，待将来交通量增大，再开辟道路以满足交通要求时，再开辟为车行道。

3. 城市道路的横断面形式和选择

城市道路的交通性质和组成比较复杂，尤其表现在行人和各种非机动车辆较多。各种交通工具和行人的交通问题，都需要在横断面设计中综合考虑予以解决，所以城市道路路线设计中的横断面设计是矛盾的主要方面，一般应在平面和纵断面设计之前进行。

城市道路各组成部分相互联系和影响，其宽度的确定和位置的安排，必须首先保证车辆和行人交通安全、畅通；其次，要与道路两侧各种建筑物及自然景观相协调，并满足地面、地下排水和其他各种管线埋设的要求。

道路横断面设计应注意近远结合，使近期工程成为远期工程的组成部分，并预留某些规划远期管线断面位置，路面宽度及标高等均应留有发展的余地。因此，在进行道路红线规划时，应考虑各组成部分的位置，即要考虑道路横断面的选型。我国城市道路横断面形式主要有单幅路、双幅路、三幅路和四幅路。

（1）单幅路

单幅路俗称"一块板"断面，车行道上不设分车带，以路面划线标志组织交通，或者虽然不做划线标志，但机动车在中间行驶，非机动车在两侧靠右行驶，这种道路称为单幅路。单幅路各种车辆在车道上混合行驶，适用于机动车交通流量不大，非机动车交通量也较小的城市次干路、大城市支路以及用地不足，拆迁困难的旧城市道路。

当前，城市中的单幅路已经不具备机动车与非机动车错峰的混行优点，从交通安全的角度出发，即使混行也应当用路面划线来区分机动车道和非机动车道。

（2）双幅路

双幅路也称为两幅路，俗称"两块板"断面，即在车道中心用分隔带或分隔墩将车行道分为两幅，上、下行车辆分向行驶。各自再根据需要决定是否划分快车道和慢车道。这种形式的道路适用于单向两条机动车车道以上，非机动车较少的道路。有平行道路可供非机动车

通行的快速路和郊区风景区道，以及横向高差较大或地形特殊的路段，也可采用双幅路。双幅路不仅可以广泛应用于高速公路、一级公路、快速路等汽车专用道路上，而且已经广泛用于新建城市的主干路和次干路上，其主要具有以下优点：可以通过双幅路的中间绿化带预留机动车道，这样有利于远期车流量变化时拓宽车道的需要；双幅路可以在中央分隔带上设置行人保护区，能够保障过街行人的安全；可以通过在人行道上设置非机动车道，使机动车和非机动车通过高差进行分隔，避免在交叉口处出现混行，影响机动车通行效率；双幅路有中央分隔带，能使绿化比较集中地生长，同时也利于设置各种道路景观设施的布置。

（3）三幅路

三幅路俗称"三块板"断面，是用两条分车带分隔机动车和非机动车流，将车行道

分为三部分，即中间一幅为双向行驶的机动车车道，两侧分别为单向行驶的非机车道。这种形式的道路适用于机动车交通量不大，非机动车数量多，红线宽度大于或等于40m的主干道。

三幅路虽然在路段上分隔了机动车和非机动车，但把大量的非机动车设在主干路上会使平面交叉口或立体交叉口的交通组织变得很复杂，改造工程费用高，占地面积比较大。新规划的城市道路网应尽量在道路系统中实行快、慢交通分流，这样既可提高行车速度，保证交通安全，又能节约非机动车道的用地面积。

（4）四幅路

四幅路俗称"四块板"断面，用三条分车带使机动车对向分流、机动车与非机动车分隔的道路，即在三条路的基础上，再将中间机动车道部分用中央分隔带分隔为两条，实现分向行驶。这种形式的道路适用于单向两条机动车车道以上，非机动车很多的主干路。也可用于中小城市的景观大道，以宽阔的中央分隔带和绿化带衬托。

带有非机动车道的四幅路不宜用于快速路上，快速路的两侧辅路宜用于机动车与非机动车混行的地方性交通，并且仅供右进右出，而不宜跨越交叉口，以确保快速路的功能。

二、道路横断面的综合布置

城市道路是具有不同功能的各部分组成的有机整体，如行车道、人行道、绿化、地上杆线与地下管线等，它们彼此之间均有一定的联系和相互影响，其位置、高度和宽度都要在道路的空间和平面给予合理安排，并进行必要的艺术处理，使道路系统充分发挥其综合作用，这就是所谓的对城市道路横断面综合布置。

1.城市道路横断面综合布置的原则

在进行城市道路横断面综合布置时，应考虑以下原则。

（1）保证车辆和行人的交通安全与畅通

城市道路具有许多功能，它的主要功能之一就是要为城市的发展创造良好的交通服务环境，满足城市日益发展对交通增长的需求。因此，在横断面综合布置设计时，必须考虑到机动车日益增长的要求。同时，由于存在着大量非机动车，在横断面设计中还应充分注意合理安排非机动车的位置。此外，人行道的宽度应能满足随着经济的发展，行人增长对人行道宽度的要求。

（2）应充分发挥绿带的作用

植树造林和布置绿带能美化城市、美化街道，同时又能起到卫生和交通安全的作用。在布设绿带时，既可与分隔带结合，又可与人行道结合；既可作不同平面上的横断面的衔接部分，又可作为横断面的备用地带。

（3）应与道路的性质和特点配合

道路的主要功能是为交通服务，但对于不同性质的道路，各自的特点和要求是不一样的，因此，在横断面综合布置上也应有所体现。

（4）应与沿线自然条件和建筑物相互配合协调布置

对城市的天然水如海、河、湖泊应充分利用，设计成风景优美的海滨或湖滨道路；沿线大型建筑物的高度与路宽应有适当的比例，使之协调美观。

（5）应有利于雨水的排除

在选定路拱形式和横坡时应确保雨水迅速排除，同时又要注意与街坊内部的排水取得协调。

（6）应满足地上地下管线的埋设和人防工程的要求

道路的总宽度应满足地下管线埋设和人防工程的要求。

（7）应考虑近、远期结合

城市道路横断面设计中应注意节省工程费用，特别应注意节省城市用地，各组成部分的布置既要紧凑，又要留有余地。

常见的横断面形式都是对称布置的，如受到地形、河流或建筑物的限制时，也可做成不对称布置

2. 城市道路横断面布置的布置形式和选择

城市道路交通主要由行人交通和车辆交通两部分组成，在设计中必须合理解决行人与车辆、机动车与非机动车之间的交通矛盾。通常是利用立式缘石和绿化带把人行道和车行道布置在不同的位置和高度上，以分隔行人和车辆，保证交通安全。但机动车和非机动车的交通组织是否分隔还是混行，则应根据道路和交通的具体情况作具体分析而定；不同的交通组织，它的机动车道和非机动车道在横断面上的布置形式也相应不同。

根据国内外道路横断面设计经验，按照机动车道和非机动车道的不同布置形式，城市道路横断面的布置有以下4种基本形式。

（1）"一块板"断面

把所有的车辆都组织在同一个车行道上混合行驶，车行道布置在道路中央。在划有快（机动车）、慢（非机动车）两种车道线的街道，机动车在快车道上行驶，非机动车在慢车道上行驶，在不影响交通安全的情况下，它们的车道允许相互临时调剂使用，即允许车辆临时超越分道线；在快、慢车道不分的街道上，机动车在中间行驶，非机动车靠右侧行驶。在特殊情况下，也可把一块板的车行道专供某种车辆行驶。

（2）"两块板"断面

利用分隔带（或分隔墩）把一块板形式的车行道一分为二，在交通组织上起分流渠化作用，分向行驶。在两条对向行驶的车行道上，可划分快、慢车分道线分流行驶；也可不划分道线，快、慢车混合行驶。

（3）"三块板"断面

用分隔带（或分隔墩）把车行道分隔为三块，中间的为双向行驶的机动车车道，两侧的均为单向行驶（彼此方向相反）的非机动车道。

（4）"四块板"断面

在三块板断面型式的基础上，再用分隔带把中间的机动车车行道分隔为二，分向行驶。

3. 种基本布置型式的比较

（1）交通安全方面三块板和四块板比一块板、两块板都要安全。这是由于三块板和四块板解决了非机动车和机动车相互干扰（易产生交通事故）的主要矛盾，同时分隔带还起了行人过街的安全岛作用。但三块板和四块板对公共交通车辆停靠站上、下的乘客穿越非机动车道比较不便；

（2）行车速度方面一块板和两块板型式，由于机动车和非机动车混合行驶，互相干扰，车速较低；三块板和四块板因为机动车和非机动车分流行驶，互不干扰，车速一般较高；

（3）道路照明方面三块板比一块板容易布置，能较好地处理绿化与照明的矛盾，照度均匀，可提高夜间行车速度，并减少因照明不良而引起的交通事故；

（4）绿化遮荫方面三块板上布置多排绿化带，遮荫效果好，在夏季对行人和各种行驶车辆均感到凉爽舒适，同时有利于黑色路面防晒、防泛油；

（5）减少噪声方面三块板的机动车道在中间，由于绿化带的隔离作用，噪声对行人和沿街居民的干扰较小；

（6）工程造价方面块板占地最小，投资省，故在各种等级的道路上均可采用。三块板和四块板占地最大，但有利于地下管线的敷设，非机动车道亦可采用较薄的路面，这是合理的一种，但总造价往往较高，主要适用于主干道上。

4. 4种基本布置型式的适用条件

通过以上的分析比较，可见4种横断面型式都各有优缺点和适用条件，必须结合具体情况，做技术经济分析，因地制宜采用。

（1）一块板适用于建筑红线较窄（一般在40m以下），非机动车不多的情况。在用地困难拆迁量较大地段以及出入口较多的商业性街道上可优先考虑，目前这种型式具有很高的使用价值，应用范围非常广泛，在近期先开辟一块板形式，以后视需要再过渡到三块板，也是一个比较现实的选择。

（2）两块板适用于郊区快速干道（机动车辆多、非机动车辆少），可以减少对向车辆相互之间的干扰，特别是夜间行车；两块板型式对绿化、照明、管线敷设均较有利。但车辆行驶时灵活性差，转向需绕道，在交通量大的市区不宜采用。

（3）三块板和四块板适用于道路红线较宽（一般在40m以上）、机动车交通量大（≥4条机动车道）、车速高、非机动车多的主要干道，在条件具备的城市道路上宜优先考虑采用。

（4）四块板从组织渠化交通、保证行车安全和提高车速的角度来讲，是最为理想的，但由于这种型式占地很宽，故在城市里，尤其是在建筑密集、道路狭窄的市区，是无法实施的。它主要用于城市快速路上。

三、城市道路的横断面设计

城市道路的横断面通常由机动车道、非机动车道、人行道、分隔带及绿化带组成。横断面设计的主要任务是：根据道路的等级、性质和红线宽度以及有关交通资料，确定以上各组成部分的宽度，并给予合理的布置。

根据《城市道路设计规范》（CJJ 37-2012）中的规定，城市道路各组成部分的宽度确定应符合下列要求。

1. 机动车车道数和宽度

在车行道上供一纵列车辆安全行驶的地带，称为一条车道。机动车车行道一般由数条机动车道组成，其宽度应是车道条数和一条车道宽度的乘积与两侧路缘带宽度之和，可用下式进行计算：

$$W_c = 2(nb + W_{mc})$$

式中：

W_c——机动车车行道的总宽度，m；

n——单向车道的条数，可按下式计算；

b——条机动车车道的宽度，m；

W_{mc}——机动车道路缘带宽度，m，一般取 0.25~0.50m。

$$n = N_h / N_m$$

式中：

N_h——设计车辆小时交通量；

N_m——条车道的设计通行能力。

根据《城市道路设计规范》(CJJ37-2012)中的规定,机动车道断面设计应符合下列要求。

(1) 一条机动车道的最小宽度应符合表 2-1 中的规定。

表 2-1 一条机动车道的最小宽度

车型及车道类型	设计速度 / (km/h) > 60	设计速度 / (km/h) ≤60	车型及车道类型	设计速度 / (km/h) > 60	设计速度 / (km/h) ≤60
大型车或混行车道 /m	3.75	3.50	小客车专用车道 /m	3.50	3.25

(2) 机动车道路面宽度应包括车行道宽度及两侧路缘带宽度,单幅路及三幅路采用中间分隔物或双黄线分隔对向交通时,机动车道路面宽度还应包括分隔物或双黄线的宽度。

如果经过计算车道数为单向两车道以上,在设计道路的通行能力时,除进行交叉口影响折减与道路分类系数折减外,还应进行车道系数折减。折减后的通行能力除以设计小时交通量,以验算车道数是否能满足要求,从而再考虑路缘带以及分车带宽度,最后得出车行道总宽度。

如果经过计算车道数为单向两车道以上,在设计其通行能力时,除了进行交叉口影响折减与道路分类系数折减外,还应当进行车道系数折减。折减后的通行能力除以设计小时交通量,以验算车道数是否能满足要求,从而再考虑路缘带以及分车带宽度,最后得出车行道总宽度。

不同车种和不同行驶车速,要求不同车道宽度与其相适应。根据我国对公路大、中、小城市道路的行驶车辆观测得出,主干路和高等级公路上的小型车道宜采用 3.5m,大型车车道或混合行驶车道宽度宜采用 3.75m,支路上最窄车道宽度不宜小于 3.0m。

2. 非机动车车道数和宽度

在我国的城市道路横断面设计中,一般要考虑机动车、非机动车及行人的通行要求,在交通流量不大或道路等级不高的情况下,机动车道与非机动车道通常设在同一车行道上,即所谓的机动车与非机动车混行道路断面。在机动车流量较大或道路等级较高的情况下,一般应设单独的非机车道,或在机动车道与非机动车道之间设置分隔带,即成为三幅路或四幅路。

非机动车道是专供自行车、三轮车、平板车及畜力车等行驶的车道。各种车辆具有不同的横向宽度和相应的平均速度。在我国大中城市的非机动车道主要供自行车行驶,应根据自行车设计交通量与每条自行车车道与设计通行能力计算自行车车道的条数。

非机动车车道的总宽度,包括几条自行车车道宽度及两侧各 25cm 路缘带宽度。非机动车车道如果以自行车为主（三轮车不超过5%），其双车道宽度为2.5m，三车道为3.5m，四车道为4.5m，以此类推。

三幅路或四幅路的非机动车道上，如果有三轮车、畜力车、板车行驶时，两侧非机动车道路面宽度除按设计能力计算通行外，还应当适当加宽。为减少分隔带的断口，保证机动车的交通顺畅，允许少量机动车在非机动车道上顺向行驶段距离时，应适当加宽非机动车道的路面宽度。

根据《城市道路设计规范》（CJJ 37-2012）中的规定，非机动车道断面设计应符合下列要求。

（1）一条非机动车道的宽度应符合以下规定：对于自行车，一条非机动车道的宽度为1.0m；对于三轮车，一条非机动车道的宽度为2.0m。

（2）与机动车道合并设置的非机动车道，车道数单向不应小于2条，宽度不应小于2.5m。

（3）非机动车专用道路面宽度应包括车道宽度及两侧路缘带宽度，单向不宜小于3.5m，双向不宜小于4.5m。

3. 人行道的宽度

人行交通是城市道路设计中不容忽视的问题，人行道是行人的通道，与人群关系密切，因此，人行道设计应体现出对人的尊重，既要考虑交通需求，也要考虑景观功能。人行步道的景观体现在色彩、质感与周围环境的配合。

人行道在道路中占有十分重要的地位。在城市道路的设置中，如果人行道设计过窄，拥挤的行人必然会挤占非机动车道乃至机动车道，从而造成交通混乱，甚至出现交通事故。反之，如果人行道设计过宽，则会占用寸土寸金的城市土地，造成城市土地的浪费。因此，应在城市道路设计中给人行道以充分地重视。

在城市道路中，人行道的功能包括主要功能、辅助功能和临时功能。人行道的宽度应满足该条道路步行高峰小时人流量的需要应满足辅助功能各项设施安置的需要，还应照顾到道路上临时功能的需要。

（1）行人通道的宽度

在人行道宽度设计中，计算方法有多种多样，目前常用的主要有以下两种。

第一种方法是按计算车行道宽度的方法，计算人行道的宽度，可用下式计算：

$$B=bQ/C_{cw}$$

式中：

B——侧行人通道的宽度，m；

b——一条行人通道所需要的宽度，m，与行人两手是否携带物品及携带方式有关，根据实测，普通行人所需宽度为 0.60m，肩扛行李包者所需宽度为 0.75m，一侧手提行李包者所需宽度为 0.85m，双手提行李包者所需宽度为 1m。通常一般城市道路一条行人通道取 0.75m，火车站、港口码头、长途汽车站附近的道路，一条行人通道取 0.85m；

Q——高峰小时人流量（单侧、双向），人/h；

C_{cw}——一条步行带的通行能力，人/h。

上述计算方法未考虑到行人在行走过程的绕行、穿行、停顿及结伴同行对其他行人的影响，也未考虑不同出行目标的行人速度的差异，因此准确性不高，但可用于粗略估算路宽。

第二种计算方法是服务等级法计算人行道宽度。为了把行人的相对流动与其他行人冲突而影响其步行速度、行走空间和舒适感的程度加以量化而引入服务水平等级，并将服务水平等级分为 A、B、C、D、E、F 六级，以每个行拥有的人行道面积，分别反映拥挤程度的逐渐增加和行走自由度的逐渐减小。

通常，在城市各个街区中的行人密度存在着很大差异，街区的性质也不尽相同，因此应根据各街区性质及人流密度确定人行道的服务等级，以此综合确定人行道宽度。

（2）辅助设施的占地宽度

人行道上辅助功能很多，这些功能的实现必然要占据人行道的宽度，并对行人形成一定障碍，因此在人行道宽度设计中必须保证这些功能的实现。这就需要分析这些设施的固有特性、占地规律及其对行人的影响。这些固定设施按其在地面上的投影，可分为条状、块状和点状 3 种形式。

1）条状设施及其宽度

条状设施以有围栏的绿化带为主，并根据可能的人行道宽度为单侧布置、双侧布置和中间布置。通常一侧人行道上如布置一条绿化带，则其宽度不宜小于 1.50m，一侧人行道上如布置工条绿化带，则其外侧绿化带不宜小于 1.20m，内侧绿化带不宜小于 0.50m。一条人行道如设置了条状绿化带，则其他设施均宜设置在绿化带内，以便行人通道笔直整齐、外形美观。

2）块状设施及其宽度

人行道上的块状设施以交通标志、花坛、街头小景、电话亭、报亭、废物箱、信箱、车站牌和广告牌等为主，它们占地的宽度可参考表 2-2。

表 2-2 人行道上设施参考宽度

项目	宽度/m	项目	宽度/m
灯柱	0.8~1.0	长凳	1.5
交通信号灯柱及箱	0.9~1.2	地铁楼梯或人行立交扶梯	1.7~2.2
火警箱	0.8~1.0	地铁通风格栅	1.8
消防装置	0.8~0.9	公交候车栏	0.9~1.5
交通标志	0.6~0.8	树木（单棵）	0.6~1.2
停车计时器	0.6	绿化带	1.5~2.0
信箱	1.0~1.1	报亭	1.2~2.0
电话亭	1.2	行人护栏	0.25~0。5
废物箱	0.9		

3）点状设施及其宽度

人行道上的点状设施主要以高大乔木、各类杆柱等为主，这些设施的占地宽度可参考表2-2。

（3）临时功能需要宽度

人行道的临时功能，主要包括在人行道上的机动车临时停放、非机动车临时停放及人群的临时集散。

1）机动车临时停放宽度

人行道的主要功能是行人的通道，为了不影响行人的正常通行，通常在人行道宽度内不考虑机动车的临时停放。

2）非机动车临时停放宽度

非机动车临时停放主要指自行车、电动车的停放问题，这是交通、城建部门需要大力解决的问题之一。如果不能妥善地解决此问题，就会影响某商店、某条街道的正常运行，甚至可能影响市容与交通安全，因此在人行道宽度设计中必须妥善考虑并解决这一问题。

特别繁华的商业街，是人流密集、寸土寸金的地段。因此不允许停放自行车，甚至不允许自行车行驶。但必须考虑与解决大量骑车购物人群的方便，在商业街的适当位置设置自行车停放点。

3）人群的临时集散宽度

通常在文化娱乐中心、体育场、影剧院、飞机场、火车站、汽车站、码头、大中型饭店、商店等处，均会发生人群临时集散现象，因此这类设施在设计时应使建筑线后退，并在其出入口处设置一定面积的小广场予以解决。人行道设计时在宽度上可不必专门考虑此问题。

4. 绿化带的宽度

分车带按其在横断面中的不同位置与功能，可分为中间分车带（简称中间带）及两侧分车带（简称两侧带）。分车带由分隔带及两侧路缘带组成。

（1）中央分隔带的宽度

中央分隔带宽度的确定，主要考虑道路机动车行驶条件、交叉口交通组织、行人横向过街的距离、立交结构数量和道路景观设置要求等因素。

中央分隔带起着分隔对向车流的作用，新建道路更要充分体现现代城市的艺术、美感，要展现城市的历史文化内涵。因此，无论从行车速度和安全的角度，还是从景观效果等方面考虑，中央分隔带均必须达到一定的宽度，以便减小对向车面的相互影响，更好地布置绿化和景观，这样为道路的远期拓展车道和近期道路在进出口处的渠化设计，均创造了有利条件，很大程度上增强城市道路及周边环境的美观和气势。

当中央分隔带宽度较宽时，比较有利于道路景观的布置，但会增加交叉口交通组织的难度、增加行人过街的距离、增加立交结构的数量、中间绿化带的养护不便等。根据实践经验，对于交通性干道的中央分隔带，其宽度一般为 3.0m。

城市快速路两侧成行种植乔木和高大灌木后，不仅会严重遮挡视线，而且会产生晃眼的树影，对交通安全非常不利。中央分隔带上可种植修剪整齐的矮灌木丛，遮挡对向车辆的头灯灯光。快速路的两侧不宜种树，在城市防灾中可以起到隔离火灾蔓延的作用。

（2）机动车与非机动车分隔带

机动车与非机动车分隔带主要作用是将机动车与非机动车分隔开来，并且可设置一些道路设施，如路灯、交通标志牌和信号灯等，以种植低矮灌木或草坪为主。

机动车与非机动车分隔带宽度，一般应根据实际情况而定，在有条件时宽度可达到 5~6m，这样不仅有效地减少机动车与非机动车之间的相互干扰，在景观上可以达到较好的效果，而且在交叉口渠化设计或设置公共停靠站时，均可以利用该部分宽度设置拓宽车道或停靠站，而不需要改变非机动车道的走向，使道路更加顺畅、连续、安全；在红线宽度较小时可以采用较小的宽度，但一般不应小于 1.5m，以便有足够的空间设置路灯、交通标志牌和信号灯等道路设施。

固定式分隔带可用缘石围砌，常用活动式分隔带作为组织车辆分向、分流的交通设施。活动式分隔带系用混凝土柱、铁柱或石柱做成，柱与柱之间缀以铁链或钢管。这种隔离墩的高度一般为0.7m，占路面宽度为0.3~0.5m。也可采用高度为1.2~1.3m、占路面宽度为0.1~0.15m的高护栏。

（3）设施带

设施带和绿化带都是人行道的重要组成部分，在现有城市道路中，人行道的宽度规划设计仅3~5m，未充分考虑设施带的要求，如满足设施带要求人行的有效宽度所剩很少。要求设计中应保证人行、绿化、设施3方面的功能，并给予一定的宽度，这样才能充分体现"以人为本"的原则。

根据现行行业《城市道路设计规范》（CJJ 37-2012）中规定："设施带宽度应包括设置护栏、照明灯柱、标志牌、信号灯、城市公共服务设施等的要求，各种设施布局应综合考虑。设施带可与绿化带结合设置，但应避免各种设施与树木间的干扰"。

（4）路肩

路肩具有保护及支撑路面结构的功能，城市道路一般与两侧建筑或广场相接，不需要路肩。如果城市道路两侧为自然地面或排水边沟时，应设置保护性路肩，以保护路基稳定和设置护栏、栏杆、交通标志等设施。根据《城市道路设计规范》（CJJ37-2012）中的规定，设置的路肩应符合下列要求。

1）采用边沟排水的道路应在路面外侧设置保护性路肩，中间设置排水沟的道路应设置左侧保护性路肩。

2）保护性路肩宽度自路缘带外侧算起，快速路不应小于0.75m；其他等级道路不应小于0.50m；当有少量行人时，不应小于1.50m。当需设置护栏、栏杆、交通标志时，应满足其设置要求。

（5）路拱与横坡

路拱即路面的横向断面做成中央高于两侧，具有一定坡度的拱起形状。路面表面做成直线或抛物线型，其作用是利用路面横向排水。横坡指的是路幅和路侧带各组成部分的横向坡度，一般是指路面、分隔带、人行道、绿化带等的横向倾斜度，以百分率表示。

1）道路横坡应根据路面宽度、路面类型、纵坡及气候条件确定，宜采用1.0%~2.0%。快速路及降雨量大的地区宜采用1.5%~2.0%；严寒积雪地区、透水路面宜采用1.0%~1.5%。保护性路肩横坡度可比路面横坡度加大1.0%。

2）单幅路应根据道路宽度采用单向或双向路拱横坡；多幅路应采用由路中线向两侧的双向路拱横坡；人行道宜采用单向横坡。

（6）缘石

缘石是指砌筑在车行道与人行道之间的长条形石块或混凝土块，用以保护人行道并使车行道的路边水流通畅。根据《城市道路设计规范》（CJJ 37-2012）中的规定，设置的缘石应符合下列要求。

1）缘石应设置在中间分隔带、两侧分隔带及路侧带两侧，缘石可分为立缘石和平缘石。

2）立缘石宜设置在中间分隔带、两侧分隔带及路侧带两侧。当设置在中间分隔带及两侧分隔带时，外露高度宜为15~20cm；当设置在路侧带两侧时，外露高度宜为10~15cm。

3）平缘石宜设置在人行道与绿化带之间，以及有无障碍要求的路口或人行横道范围内。

第三节 城市道路纵断面设计

道路纵断面设计是道路设计中的重要内容，也是进行道路横断面设计的基础，还是进行道路布置和施工的依据。通过道路中线的竖向剖面称为纵断面。在设计城市道路时，一般均以车行道中心线的立面线型作为基本纵断面。当道路上设有几个不在同一平面上的车行道时，则应分别定出各个车行道中线的纵断面。多数城市道路所处地形一般都比较平坦，纵坡断面设计比山区公路容易解决。在平原地区的城市道路上，如果设计的纵坡很小，不能满足路面排水的要求，则在纵断面图上还应做街沟设计，并绘制出街沟纵断面图。

城市道路纵断面设计的主要内容是：根据道路等级、交通流量大小、当地气候、海拔、沿线地形、地质构造、土壤类别、水文情况及排水状况等，具体确定路线纵坡的大小、纵坡转折点位置的高程和竖曲线半径等。

影响纵断面设计线高低位置的点称为控制点，道路上的控制点很多，如桥梁桥面的标高，相交道路交叉口标高，铁路道口处的标高，滨河路的最高水位标高，沿街永久建筑物的地坪标高，其他城市标志的标高等。城市道路和公路纵断面设计的不同之处，关键在于路面排水方式不同。公路两侧设有边沟排水，而城市道路的排水靠道路的纵坡和横坡。因此，城市道路的纵断面设计是非常重要的，必须认真对待。

一、纵断面设计的原则

为使道路纵坡设计经济合理和行车安全，必须在全面掌握勘测和调查资料的基础上。

结合道路选线或者定线的安排意图，经过技术经济等综合分析，反复比较制定出的设计纵坡，纵坡设计的一般要求如下。

1. 纵坡设计必须符合国家现行行业《城市道路设计规范》（GJJ 37-2012）中的有关规定和标准。

2. 纵断面设计应当参照城市规划控制标高，并符合临街建筑立面布置及沿路范围内地表水的迅速排除。

3. 为保证车辆能以一定的速度安全、舒适地行驶，纵坡应当具有一定的平顺性，起伏不宜过大或者过于频繁。在一般情况下，要尽量避免采用极限纵坡值，合理安排缓和坡段，不宜连续采用极限长度的陡坡间夹最短长度的缓坡，应避免设置反坡段。丘陵线路的垭口附近的纵坡应当尽量平缓一些。

4. 在一般情况下，道路纵坡设计应考虑施工中土石方填方、挖方平衡，尽量使挖方作为就近路段的填方，以减少借方和废方量，从而降低工程造价和节省道路用地。

5. 山城道路应控制平均纵坡坡度。越岭路段的相对高差为200~500m时，平均纵坡坡度宜采用4.5%；相对高差大于500m时，平均纵坡坡度宜采用4.0%；任意连续3000m长度范围内的纵坡坡度，一般不宜大于4.5%。

6. 纵坡设计应对沿线地形、地下管线、地质、水文、气象、绿化、排水和环保等综合考虑，根据具体情况加以处理，以保证道路的稳定与畅通。并要注意以下方面。

（1）当路线经过水文地质条件不良地段时，应当提高路基标高以保证路基稳定。当受规划控制标高限制不能提高时，应采取稳定路基的有效措施。

（2）当旧路改建在原路面上加铺结构层时，不得因路面高程的抬高而影响沿路范围的排水。

（3）沿河道路应根据路线位置确定路基的标高。位于河堤顶的路基边缘应高于河道防洪水位0.5m。当岸边设置挡水设施时，可不受此限制。位于河岸外侧道路的标高，应按一般道路考虑，符合规划控制标高的要求，并应根据情况解决地表水及河堤渗水对路基稳定的影响。

（4）城市道路纵断面设计要妥善处理地下管线覆土的要求。

（5）城市道路最小纵坡坡度应大于等于0.5%，确实难以布置时可大于或等于0.3%，遇到特殊纵坡坡度小于0.3%时，应设置锯齿形偏沟或采取其他排水措施。

二、纵断面设计的要求

1. 保证行车平顺、安全。纵坡应当平顺，起伏不宜过于频繁。设计的车速应按道路等级采用。凡在转坡角处应设较大的凸形或凹形竖曲线来衔接，并应满足行车视距的要求。

2. 相交的道路、街坊、广场和其他沿街建筑物的出入口均有平顺的衔接。

3. 在地形起伏、变化较大的地区，在保证路基稳固的条件下，力求设计线与地面线相接近，这样既可减少土方工程量，又可保持土基原有的天然稳定状态。设计的最大纵坡不得超过规范中的规定值，考虑到自行车的爬行能力，最大纵坡应不大于 3%；最小纵坡应满足排水要求，一般不小于 0.3%~0.5%。否则，应另进行锯齿形街沟设计。

4. 道路的纵断面设计最大纵坡及长度的取值，应考虑非机动车的上下坡便利，充分体现"以人为本"的设计原则。在非机动车较多的干道上设置跨河或跨线桥，应充分考虑非机动车的爬坡能力，桥上纵坡和桥头引道纵坡不宜大于 3%，采用较大的纵坡，其坡长也宜短些。

5. 在桥头的两端宜设置直线段，最好布置一定长度的缓坡段。不允许把陡坡的终点设在靠近小半径的平曲线处，否则极易造成行车事故。

6. 道路纵断面的设计标高，应保证管线上部最小的覆土深度，管顶最小覆土深度一般不小于 0.70m。

7. 在水文条件不良或地下水位很高的路段，应当根据当地气候、土质、水文和路面结构等状况，考虑适当的路基高度；滨河路及受水浸淹的路基，一般应高定洪水频率的计算水位 0.50m 以上。

8. 在确定道路中心线的设计标高时，必须考虑沿线两侧街坊的地坪标高。为保证道路及两侧街坊地表水的顺利排除，一般应使侧石顶面标高低于两侧街坊或建筑物的地坪标高。

9. 如果路线上原地面比较平整，地面起伏不大，在确定城市道路设计纵坡时，尽量利用原有地面，避免产生过大土方开挖，以降低工程造价；另外，还应注意所定的设计标高应满足街坊两边的排水要求。

三、坡度和坡长的设计

（一）最大纵坡与最小纵坡

1. 城市道路的最大纵坡

道路的最大纵坡是指各级道路中允许采用的最大坡度值，是道路纵断面设计中非常重要的控制指标。在地形起伏较大的山区和丘陵区，直接影响道路的工程造价、施工难易、使用成本、运输成本和交通安全。

各级道路的最大纵坡值是根据汽车的动力特性、道路等级、设计行车速度、自然条件、工程和运营经济等因素，通过综合分析、全面考虑、合理确定的。

机动车车行道的最大纵坡度一般值与极限值应符合下列规定。

（1）新建道路应采用小于或等于最大纵坡的一般值；改建道路、受地形条件或其他特殊条件限制时，可采用最大纵坡极限值。

（2）除快速路外的其他等级道路，受地形条件或其他特殊条件限制时，经技术经济方面论证后，最大纵坡极限值可增加 1.0%。

（3）积雪或冰冻地区的快速路最大纵坡不应大于 3.5%，其他等级道路最大纵坡不应大于 6.0%。

2. 城市道路的最小纵坡

城市道路的最小纵坡也是道路纵断面设计中的重要控制指标。城市道路通常低于两侧的街坊，两侧的街坊雨水排向车道的街沟，然后顺街沟的纵坡流入沿街沟布置的雨水口，再由地下的连管通到雨水管道排入水体，因此道路的最小纵坡应当能够保证排水和管道不淤塞所必需的最小纵坡，一般为 0.3%。如果遇到特殊困难情况，纵坡必须小于 0.3% 时，应当设置锯齿形街沟或采取其他排水设施。

3. 城市道路的缓和坡段

在道路纵断面设计中，当陡坡的长度达到极限坡长时，应当安排一段缓坡，用以恢复在陡坡上降低的速度。同时，从车辆下坡安全考虑，缓坡也是非常必要的。在缓坡上汽车将以加速形式行驶，理论上缓坡的长度应当适应这个加速过程的需要，但在多数情况下，在实际设计中很难满足这个要求。

缓和坡段的纵坡应不大于 3%，其长度应不小于最短坡长。缓和坡段的具体位置应结合纵向地形的起伏情况，尽量减少填筑和挖掘工程数量，同时还应考虑路线的平面线形要素。在一般情况下，缓和坡段宜设置在平面的直线或较大半径的平曲线上，以便充分发挥缓和坡段的作用，提高整条道路的使用质量。

在必须设置缓和地段而地形条件困难的地段，缓和地段必须设置在半径较小的平曲线上时，应当适当增加缓和坡段的长度，以使缓和坡段端部的竖曲线位于该小半径平曲线之外，这种要求对提高行驶质量，保证行车安全是非常重要的。

（二）最小坡长与最大坡长

1. 最小坡长的限制是从汽车行驶平顺度、乘客的舒适性、纵断视距和相邻两竖曲线的布设等方面考虑的。纵坡的最小坡长应符合表 2-3 的规定。

表 2-3　纵坡的最小坡长

设计行车速度 /(km/h)	100	80	60	50	40	30	20
最小坡长 /m	250	200	150	130	110	85	60

（2）当道路纵坡大于一般值时，纵坡最大坡长应符合表2-4的规定。道路连续上坡或下坡，应在不大于表2-4规定的纵坡长度之间设置纵坡缓和段。缓和段的纵坡不应大于3.0%，其长度应符合表2-4中最小坡长的规定。

表 2-4　纵坡的最大坡长

设计行车速度 /(km/h)	100	80	60			50			40	
纵坡 /%	4.0	5.0	6.0	6.5	7.0	6.0	6.5	7.0	6.5	7.0	8.0
最大坡长 /m	700	600	400	350	300	350	300	250	300	250	200

（3）非机动车道纵坡宜小于2.5%，当大于或等于2.5%时，纵坡最大坡长应符合表2-5中的规定。

表 2-5　非机动车道纵坡最大坡长

纵坡 /%		3.5	3.0	2.5
最大坡长 /m	自行车	150	200	300
	三轮车	-	100	150

四、桥涵路面纵断面设计

大、中桥桥面的纵断面线形，应当根据两岸地势、桥梁造型、桥梁等级、通航要求、主流位置及道路纵断面线形要求，设计为以桥面中心为对称的凸形线形，或者以主流为转折点的凸形线形，或者为纵坡或平坡。平坡的桥面排水主要依靠横坡及落水孔，对于通航的河道和立体交叉桥不适宜，应设计为凸形纵坡或一面纵坡，利用纵坡坡度将桥面水流导至桥外泄出。桥面纵坡可根据地势、通航要求及结构形式确定，可以为连续的凸形转折，但不允许有凹形转折。

桥头引桥及桥头路的纵向坡度，可以略大于桥面的纵坡，桥头路线平面线形状为曲线时，应避免采用较大坡度，平曲线半径较小时，应避免平曲线与竖曲线重合。丘陵及山区道路应避免以大坡度下坡进入桥面，引道或桥头路与桥的连接，应保持一定长度的较缓和坡段，以减少对桥梁的冲击力，并保持行车的安全。此坡段的长度可参照路线缓和坡段长度的规定，一般不小于100m。

最大坡度的限制，按交通运输部的有关规定，桥面纵坡不大于4%，引道纵坡不大于5%，对于村镇附近交通流量较大的地点桥面及引道纵坡均不大于3%。在一般情况下应尽量避免采用极限值，最小纵坡应保证桥面排水要求，不得小于0.3%。

城市街道及近郊道路上的桥面纵坡及桥头路段纵坡，应当与路线的纵坡相协调，避免成为局部陡坡。目前自行车大量存在，还应考虑自行车的行驶安全，防止下桥时由于坡度过大速度增加造成危险，最大纵坡不宜超过3%。

桥面纵断面设置竖曲线可与路线一致，并采用同样的标准。引道及桥头路与桥梁衔接设置竖曲线时，切点与桥头间应保持与桥面纵坡相同，长度不小于10m的路段避免将切点放在桥头处。桥头设置凹形竖曲线应采用大半径。

小桥涵的桥面纵坡度应与路线纵坡一致，避免使整个纵坡线形在很短距离内连续发生改变，使行车跳动并影响路容。在设计路线纵向坡度时，也应当适当考虑小桥涵结构及工程造价的合理性。当小桥涵桥面纵坡与路线不可能一致时，应调整小桥涵两侧路段局部纵断面线形，使之符合设置竖曲线的需要。

五、纵断面设计的方法

进行纵断面设计前，在路线位置拟定后，应先根据中桩的桩号和地面标高绘出纵断面图的地面线及平面线一栏，然后按选线意图决定控制点及其高程，考虑填挖等工程经济及与周围景观的协调，综合考虑平、纵、横3个方面试定坡度线，再对照横断面检查核对，从而确定纵坡值，定出竖曲线半径，计算设计标高，则完成纵断面图的设计。城市道路的纵断面设计，一般可按以下方法和步骤进行。

1. 绘制出原有的地面线

首先根据道路中线水准测量资料，按适宜的比例尺，通常按照水平方向1∶1000或1∶2000，垂直方向1∶50或1∶100、1∶200，以20m一个桩号，将由测量人员测设设计线原地面高程在坐标计算纸上点出，再把各点高程连接起来即为原地面线，为道路纵断面设计打好基础。

为使纵断面设计线定得更加合理，在图的下方应绘制出沿线土壤地质剖面图和简明的路线平面设计图，并标出交叉口范围、平曲线位置及其要素。

2. 标出沿线控制点标高

在进行道路纵坡设计时，应先将全线各控制点的标高在图上标出，控制点主要包括：路线的起点、相交道路路口标高、大桥桥面标高、路线下穿立交桥等，还要考虑高架下地面道路的净空要求。

为满足两边街坊的排水和建筑物出入口标高的要素，在设计纵坡、确定设计标高时，必须考虑建筑物前的地坪标高，使设计标高基本满足以下 2 点要求：建筑物前的地坪标高应比道路中心线的设计标高高出 0.3~0.5m；控制建筑物前的地坪坡度（包括人行道在内）为 0.5%~1%。

3. 对道路的纵断面拉坡

城市道路设计包括平面线型设计、横断面设计和纵断面设计。所谓纵断面设计，也称为"拉坡"或"定坡"，即在公路平面线形确定之后，根据地面测量模型确定符合公路设计标准的道路坡度和变坡点，是公路设计的关键技术之一。

对于设计道路的纵断面拉坡，一般可采用以下 2 种方法：(1)通过调整道路中线纵坡，满足道路排水要求，避免设置锯齿形街沟；（2）参照沿街建筑物出入口的地坪标高，尽量不改动各控制点标高，可能会出现缓坡，需要设置锯齿形街沟。

第一种方法具有施工简便、雨水管设置方便等优点，但是经试拉坡结果显示，在满足最小坡长前提下，道路设计标高与周围建筑物地坪标高及控制点标高偏离较大。

第二种方法有利于车辆行驶，减少土方工程量，能较好地满足设计控制点，并与周围建筑物地坪标高相协调，但锯齿形街沟施工比较麻烦，路面改建扩建困难，并且在街沟范围内对行车有一定的影响。

在城市道路纵断面设计中，道路纵断面的拉坡主要是受沿街建筑物地坪标高影响比较大，应综合各方面因素采用相应的拉坡方法。

在标定全线的控制点标高后，根据道路定线的意图，综合考虑行车要求和有关技术标准的规定，初步试绘设计线线路。从起点开始，途中所经交叉口一并列出在纵断图上，写出交叉口中心控制点的标高。竖曲线半径的设置，除满足规范要求相应等级的最小半径外，还需满足最小竖曲线长、最小坡长等。如原地面路况良好，则尽量利用原地面进行竖曲线的设计。如果地面道路纵坡都较小，即不满足最小 0.3% 的要求时，则需要进行排水街沟设计。

在进行竖曲线半径的选择时，考虑到行车要求和地形状况，不过分增加土石方工程量的情况下，宜采用较大半径的竖曲线，尤其是凹形竖曲线。为了使车辆不会因为离心力过大而引起弹簧超载，尽量不采用小的半径。

4. 确定纵坡设计线

经过多次试坡、反复调整纵坡，基本能满足设计要求后，还要进行全面检查，检查的内容主要有最大纵坡、坡长、桥头线形、控制点高程、某些断面纵横向平衡以及纵断面与平面线形的协调和配合等，如发现不合理，还应再进行调整，最后确定出一条认为在技术上、经济上都比较合理的纵坡设计线。

5. 设计竖曲线

纵坡设计线确定后,即可根据道路的等级和纵坡转折角的大小,考虑选定竖曲线的半径,并进行各项要素的计算。在选定竖曲线半径时,应综合考虑行车要求和地形状况,在不过分增加土石方工程数量的情况下,应当尽量选用较大的竖曲线半径,尤其是对于凹形竖曲线,由于其会因离心力过大而引起超载,应避免选用极限最小半径。

应当特别指出,当夜间汽车前灯在小半径竖曲线上行驶时,视距往往不能保证。汽车在小半径的凸形竖曲线上,前灯的照射距离很短,会严重影响司机的视距。所以,对于道路照明不良,夜间仍有一定交通量的城市干道,宜采用较大的竖曲线半径。

6. 进行纵断面图的绘制

城市道路纵断面设计图,一般包括以下内容:道路中线的地面线、纵坡设计线、施工高度、沿线桥涵位置、结构类型和孔径、沿线交叉口位置和标高、沿线水准点的位置、桩号和标高等,以及在图的下方附以简明的说明表格。

在市区主干道的纵断面设计图上,还应当注出相交道路的路名与交叉口的交点标高,以及街坊与重要建筑物出入口的标高等。

城市道路纵断面设计图的比例尺,不同设计阶段是不同的。在初步设计文件中可以大一些,一般采用(1:1000)~(1:2000),在技术设计文件中,一般采用水平方向为(1:500)~(1:1000),垂直方向为(1:100)~(1:200)。

六、城市道路街沟设计

1. 街沟的设计原则

当城市道路纵坡大于0.3%时,可以靠街沟自然排水,一般街沟的纵坡与道路中线的纵坡相同;在道路纵断面图上,道路中心纵坡设计线、侧石顶面线和街沟设计线,是3条互相平行的直线。当城市道路纵坡小于0.3%时,需要设置锯齿形街沟排水,雨水口的间距为40~50m,一般可采用40m。

2. 锯齿形街沟设计

工程实践充分证明,城市道路设计纵坡小于0.3%的路段,尽管设置路拱横坡等措施,但由于纵坡很小,使纵向排水很不畅通,路面会产生局部积水,不仅严重影响交通安全和畅通,而且影响路基的稳定性和使用年限。因此,对于设计纵坡小于0.3%的路段,要设法保证路面排水畅通,必须设置锯齿形街沟。

所谓锯齿形街沟,即保持侧石顶面线与路中心线的纵坡设计线平行的条件下,交替地改变侧石顶面线与平石(或路面)之间的高度,即交替地改变侧石高度,在最低处设置雨水进水口，并使进水口处的路面横坡放大，在两进水口之间的分水点处标高较高，该处的横坡便相应减小，使车行道两旁平石的纵坡度跟着进水口和分水点标高的变动而变动。这样，街沟纵坡（或平石纵坡）就由升坡到降坡再到升坡，如此连续交替进行，其街沟的纵坡线就变成锯齿形状。

第四节 城市道路交叉口设计

一、平面交叉口设计的重要性

城市道路设计和运行表明，道路的运输效率、行车安全、顺畅快捷、运营费用和通行能力，无不与交叉口的正确规划和设计有着密切的关系。城市道路网畅通与否，在很大程度上取决于平面交叉口交通问题处理得好坏。

在同样车道数的情况下，平面交叉口处的通行能力总是小于路段的通行能力，这就导致在相交道路路段在交通流量不大时，由于车辆必须在交叉口处按交通信号行驶，停车和减速就会达到或接近饱和，从而延误车辆的行驶。

据有关统计资料表明，车辆在一条道路上行驶，在交叉口处产生的延误，一般约占全程行车时间的31%。而交叉口交通拥挤严重时，不仅会波及路段和整个路网系统，而且会引起更加严重的延误，同时还会引发此路段更严重的噪声、废气污染、能源浪费等问题，这是影响城市环保的一个重要因素。

特别是在平面交叉口处，是车辆与行人纵横交会的地方，更容易使平面交叉处事故多发，成为交通安全的敏感地段。根据统计资料，城市交通事故多数发生在道路平面交叉及其周围，一般占交通事故的60%以上。

由于各方面车流以直行和左、右转的方式汇入到交叉路口，从而使平面交叉路口的交通状况变得最为复杂，所以对平面交叉口的规划、设计和交通组织管理等，都应当引起足够的重视。

二、平面交叉口类型及适用条件

城市道路平面交叉口的形式，主要取决于道路网的规划和周围建筑的情况，以及交通量、交通性质和交通组织。根据相交道路条件和交通管制方式的不同，平面交叉口有多种形式和不同的分类方法。

1. 按相交道路的条数分类

根据道路向平面交叉口汇集的条数,可划分为三路交叉、四路交叉和五路交叉等,而法国巴黎甚至达到十二路交叉,一般称四条道路以上相交的交叉口称为多路交叉。为减少道路交叉口处的车流压力和便于布置道路,便于区域划分比较整齐,在道路设计和规划中应力求减少三相交道路的条数,尽量避免五条或五以上道路相交。

2. 按渠化交通程度及类型分类

城市道路按渠化交通程度及类型分类,一般可分为加铺转角式、扩宽路口式、分道转弯式和环形交叉式。

(1) 加铺转角式

加铺转角式交叉口是用适当半径的圆曲线平顺连接相交道路,如图 2-1 所示。这类平面交叉口形式简单、占地较少、造价较低、设计方便,但行车速度低、通行能力小。主要适用于交通量小、车速较低、转弯车辆少的道路。当斜交不大时,也可用于转弯交通量较小的主要道路或次要道路的交叉口。加铺转角式交叉口的设计,主要应解决合适的转角曲线半径和足够视距问题。

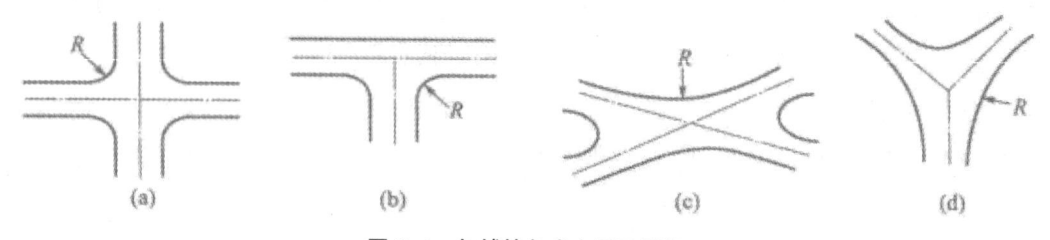

图 2-1 加铺转角式交叉口示意

(2) 扩宽路口式

扩宽路口式是为了使转弯车辆不影响其他车辆的正常行驶,在交叉口连接部增加变速车道和转弯车道的平面交叉。这种平面交叉可以单增右转或左转车道,也可以同时增设左、右转车道。

扩宽路口式交叉口可减少转弯交通对直行交通的干扰,具有车速比较高、通行能力大、事故率较低等优点,但占地比较多、投资比较大。适用于交通流量较大、转弯车辆较多的城市主干路。在进行扩宽路口式交叉口设计时,主要应解决扩宽的车道数,同时也要满足视距和转角曲线半径的要求。

(3) 分道转弯式

分道转弯式交叉口是通过设置分隔岛、导流岛、划分车道等措施,使单向右转或双向左、右转车流以较大半径分道的平面交叉。这种平面交叉口的转弯车辆,尤其是右转弯车辆的行驶速度和通行能力都比较高。

分道转弯式交叉口主要适用于车速比较高、转弯车辆较多的一般城市道路。在进行分道转弯式交叉口设计时，主要应当解决分道转弯半径、保证足够的视距和满足交通岛端部半径的要求。

（4）环形交叉式

环形交叉式交叉口需要设置中心岛，用环形道组织渠化交通，使进入环道的所有车辆一律按逆时针方向绕中心岛单向行驶，直至到达所要进入的路口离开中心岛的道路，这种交叉形式是城市中最常见的平面交叉，俗称为转盘。

环形交叉式交叉口根据车辆行驶规则不同分为两类：一类是按交织原理组织交通，经过验算出口、入口间的距离能满足交织长度的要求，称为普通环形交叉；另一类是按"入口让路"组织交通并进行设计的交叉，称为入口让路环形交叉。

环形交叉式交叉口适用于交通流量适中、转弯车辆较多、地形比较平坦、道路3~5条时交叉。在进行设计时，主要是解决中心岛的形状和半径、环道的布置和宽度、交织段长度和交织角、进口曲线和出口曲线半径、入口车道数和视距要求等问题。

3. 按交通控制方式分类

现行行业标准《城市道路设计规范》中规定。

（1）平 A 类

即信号控制交叉口，又分为平 A1 类和平 A2 类。平 A1 类为交通信号控制，进口道展宽交叉口；平 A2 类交通信号控制，进口道不展宽交叉口。

（2）平 B 类

即无信号控制交叉口，又分为平 B1 类、平 B2 类和平 B3 类。平 B1 类为支路只准左转通行的交叉口；平 B2 类为减速让行或停车让行标志管制交叉口；平 B3 类为全无管制交叉口。

（3）平 C 类

即环形交叉口。

三、平面交叉口设计要求和内容

在《城市道路设计规范》中，对平面交叉口设计有如下要求。

1. 新建平面交叉口不得出现超过四叉的多路交叉口、错位交叉口、畸形交叉口以及交角小于70°（特殊困难时为45°）的斜交交叉口。已有的错位交叉口、畸形交叉口应加强交通组织与管理，并应加以改造。

2. 平面交叉口的交通组织和渠化方式，应根据相交道路等级、功能定位、交通量、交通管理条件等因素确定。信号交叉口平面设计与信号控制方案应该协调一致，渠化设计不应压缩行人和非机动车的通行空间。

3. 交叉口附近设置公交停靠站时，应根据公交线路走向、道路类型、交叉口交通状况，结合站点类别、规模、用地条件合理确定。应保证乘客安全，方便换乘、过街，有利于公交车安全停靠、顺利驶出，且不影响交叉口的通行能力。

4. 地块及建筑物机动车出入口不得设在交叉口范围内，且不宜设在主干路上，宜经支路或专为集散车辆用的地块内部道路与次干路相通。

5. 桥梁、隧道是道路上重要的连接和通行建筑物，为确保通行安全和顺畅，其两端不宜设置平面交叉口。

6. 平面交叉口范围内道路平面线形宜采用直线；当需要采用曲线时，其曲线半径不宜小于不设超高的最小圆曲线半径。

7. 平面交叉口范围内道路竖向设计应保证行车舒顺和排水通畅，交叉口进口道纵坡不宜大于2.5%，困难情况下不应大于3.0%，山区城市道路等特殊情况，在保证安全的情况下可以适当增加。

8. 交叉口渠化进口道的车道数应大于上游路段的车道数，每条车道的宽度不宜小于3.0m；出口道的车道数应与上游各进口道同一信号相位流入的最大车道数相匹配，车道宽度宜与路段一致。

9. 交叉口视距三角形范围内，不得存在任何妨碍驾驶员视线的障碍物。根据城市道路平面交叉口的设计经验，交叉口设计的主要内容包括：正确选择交叉口的形式，确定各组成部分的几何尺寸；进行各种交通组织，合理布置各种交通设施；验算交叉口处的行车视距，保证安全通视条件；交叉口的立面设计，布置雨水口和排水管道；其他方面的设计。

四、平面交叉口的设计原则

1. 道路交叉口的位置受道路网规划控制，两条道路相交以正交为宜，必须斜交时，交叉角应大于或等于45°，并避免错位交叉、多路交叉和畸形交叉。

2. 平面交叉口设计必须以城市道路规划和交通规划为基础，以交叉口流量、流向为依据，结合实际的地形因地制宜布置。

3. 平面交叉口形状、类型可根据相交道路功能、交通组成、等级、设计速度、设计小时交通量在城市路网中的作用，并结合地形、地物条件和投资因素进行设计。

4. 平面交叉口设计方案应当满足设计年限初的服务水平要求及设计年限末的通行能

力要求。对于分期实施的交叉口,应当对远期方案一并考虑,并使近期方案和远期方案能有机地结合。

5. 设计中应做好交通组织设计,正确组织不同流量的车流、人流,布设必要的转弯车道、交通岛、交通标志与标线等。平面交叉口按其管理方式分为设置信号与不设置信号两种。

6. 平面交叉口的设计,应当使进口道通行能力与其上游路段的通行能力相匹配,并注意与相邻交叉口之间的协调。

7. 为保证行车通畅和提高路口通行能力,可采取压缩进口车道、分隔带和路侧带宽度,增加车道条数等措施。

8. 路口设计速度:平交范围内相交设计速度,原则上应与该道路的设计速度一致。当两相交道路等级相同或交通量相近时,平交范围内直行交通设计速度可降低,但与道路设计速度之差不应大于20km/h。对有信号控制的平面交叉路口的设计速度,按各级道路行车速度的0.5~0.7倍进行计算。

9. 平面交叉口的进口道应当有足够的停车长度,出口道应当有足够的疏散能力,满足各向车流迅速地驶离交叉口处。

10. 平面交叉应优先保证主干路或交通量大的道路通畅,其几何设计应结合交通管理方法考虑。平交叉范围内的路段宜用直线,当用曲线时其半径宜大于不设超高的圆曲线半径。纵坡应平缓,地段较短时,其长度应符合最小坡长规定,并对称布置于交叉点的两侧,紧接该段纵坡应小于3%,特殊情况也不应大于5%。

11. 平面交叉口处应具有良好的通视,有障碍视线的障碍物应予清除,使机动车、非机动车和行人有序地通行,确保交通的安全性。

12. 平面交叉的最小间距,应根据交叉长度、左转弯车道长度、视距及识别距离等因素确定。间距较小且密度较大路段应采取修筑辅道、适当合并交叉或设分离式立体交叉等措施,以减少平面交叉的数量。

13. 进行平面交叉改建设计时,除应收集交通量以外,还应调查分析包括延误以及交通事故的数量、原因等潜在交叉的使用状况。

14. 拟分期建设的互通式立交,当近期先建平面交叉时,应对平面交叉和最终互通式立交两者进行统筹构思,并对互通式立交进行足够深度设计,以保证分期建设方案在技术处理、占地和投资安排上的合理性。

五、平面交叉口设计步骤与程序

（一）平面交叉口设计步骤

平面交叉口设计步骤主要包括收集设计的基本资料、交叉口方案设计确定、进行设计方案细节设计。

1. 收集设计的基本资料

道路平面交叉口设计所需的基本资料有：测量资料、交通资料、道路资料、用地资料和水文资料等。

（1）测量资料

测量资料是道路设计中不可缺少的重要资料，一般采用比例尺为（1：200）~（1：1000）的地形图，以便进行道路平面交叉口的布置。

（2）交通资料

交通资料即设计交通量及通行能力资料。当为交叉口改建设计时，还应收集交通现状资料（直行、右转、左转交通量）及交通事故发生的情况。

（3）道路资料

道路资料即与交叉口相连道路的道路等级、宽度、半径、纵坡、横坡等平面和纵横设计或规划资料。

（4）用地资料

用地资料即可供交叉口使用的用地范围及条件。

（5）水文资料

水文资料即区域排水方式，已建或者拟建地下、地上排水管道的位置、形式和尺寸。

2. 交叉口方案设计确定

对于大型复杂的平面交叉口或改建的平面交叉口，可根据以上所收集的有关设计资料及要求解决主要的交通问题，拟定交叉口的位置、形式和交通管理方式，并用不同道路条件与交通管理方式组合多种设计方案。对每一个设计方案应进行计算与设计，然后绘制草图，并进行方案比较确定使用方案（或推荐方案）。对于简单或方案明了的平面交叉口，可不进行方案比较，直接选择平面交叉口形式，进行详细设计。

3. 进行设计方案细部设计

根据决定的使用方案或推荐方案，进行细部设计。其设计的内容有以下几点。

（1）决定交通管理方式对于设置信号的平面交叉口，根据初步拟定的道路条件，设计计算的交通管制的具体方法和控制。

（2）根据设计交通量及管理方式检验交叉口的通行能力，计算车道数，确定各部分几何尺寸和平面设计参数，根据交通组织布置附加车道、交通岛（城市道路的交叉口还有停车线和人行横道等）。

（3）绘制平面设计图将上述设计成果绘制在交叉口的大比例尺地图上，构成平面交叉口设计详图，通过平面设计图检查交叉口的视距和用地条件。

（4）编制工程预算通过详细设计，提出全部工程实施的设计文件和设计图纸资料。

（二）平面交叉口设计程序

城市道路的平面交叉口设计，表面上看来比较简单，实际上涉及的因素很多。为做好平面交叉口的设计，其设计程序可分为准备工作阶段、方案设计阶段和详细设计阶段。

六、平面交叉口的规划

城市道路平面交叉口是城市道路网的咽喉，是人流、自行车流和机动车流的汇集点，很大程度上决定着城市道路交通系统的服务水平。在交叉口处对各种交通流的不同处理方式，不仅直接影响到作为交通弱势群体的安全和利益，也影响到交通强势群体一方的通行能力，并且涉及城市用地、建设投资、环境景观、维护管理等各个方面。城市道路平面交叉口规划水平的提高，将给城市发展带来巨大的社会效益和经济效益。

城市道路平面交叉口的规划，主要包括平面交叉口形式的选择、交叉口的间距选择和平面交叉口规划原则等。

1. 交叉口的形式和使用

城市道路平面交叉口的形式，取决于道路网的规划交叉口用地、周围建筑情况、交通大小、交通性质、交通组织、交叉口相交道路条数及相交角度等。在城市道路中常见的交叉口形式有十字形、X形、T形、Y形、错位交叉、复合交叉等，如图2-2所示。

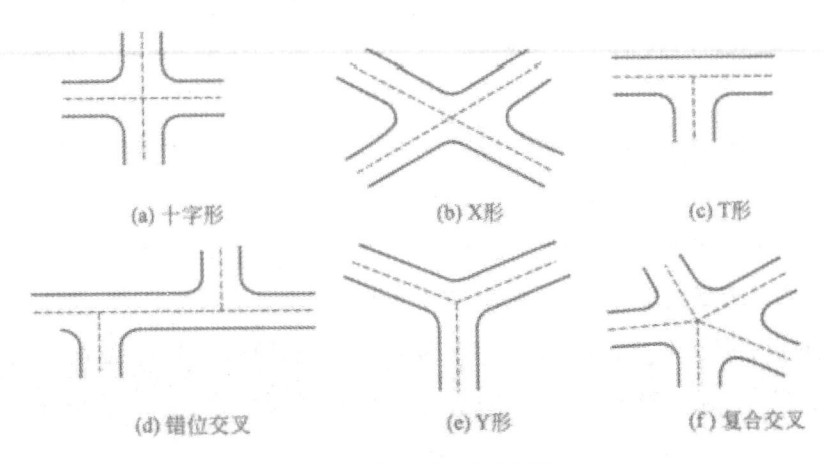

图2-2 平面交叉口的常见形式

通常采用最多的是十字形交叉口。其形式非常简单，交通组织方便，线条竖直规矩，街角建筑容易处理，使用范围较广，可用于相同等级或不同等级的道路交叉。在任何一种形式的城市道路规划中，它都是最基本的交叉口形式。

X形交叉口是两条道路以锐角或钝角斜交，但相交的锐角较小的情况下，就会形成狭长的交叉口，对交通非常不同，特别是对左转弯车辆更加不利，同时对锐角街角的建筑也很难处理。因此，当两条道路平面相交，如果确实不能采用十字形交叉口时，应尽量使相交的锐角大一些。

T形交叉口、Y形交叉口和错位交叉口，均用于主要道路和次要道路的交叉，主要道路设在直顺方向。在特殊情况下，如一条尽头式干道与一条滨河主干道相交，两条主干道也可以组成T形交叉。

在一般情况下，尽量避免采用Y形交叉口和错位交叉口，因这两种交叉对交通组织非常不利，很容易发生交通事故。根据调查表明，我国发生在交叉口的交通事故中，比重最大的路口是三岔路口，其危险性是四岔路口的11.4倍。因此，规划时应尽量避免三岔路口，已有的三岔路口应加强改造或增设交通工程设施。

复合式交叉口是多条道路交汇的地方，比较容易起到突出中心的效果，但是占用面积较大，车流交汇的机会多，给交通组织带来较大困难，采用时必须慎重考虑。如果交通量小。用地较大时，可以考虑改为带中心岛的环形交叉形式。

目前，在很多大、中城市中常用环形交叉布置形式，对规范交通、避免事故起着很大作用。环形交叉中心设置中心岛，用环形道组织渠化交通，使进入环形道的所有车辆一律按逆时针方向绕中心岛单向行驶，直至所要去的路口离岛驶出平面交叉。

2. 交叉口形式选择和改建原则

城市道路中交叉口形式选择和改建，是一个比较复杂的技术经济问题，涉及的因素比较多，如交叉口的现状、交通量需求、交通组成、四周建筑物、道路排水、资金投入和道路用地等。应当根据具体情况进行具体分析，做出不同的规划设计方案加以比较，择优选用。从总的方面讲，选择和改建交叉口的形式，应有利于减少或消除车流冲突点，以提高交叉口的通行能力为原则。

（1）选用形式比较简单的交叉口

在进行城市道路交叉规划时，特别是对新建或扩建城市道路，应尽可能选用正交或接近90°的十字形交叉口或T形交叉口。这两种形式的交叉口具有规划简单、布置方便、交通畅通、视野开阔、安全性好、整齐美观等优点，是世界各国城市道路规划中最常用的形式。

（2）尽量使相邻交叉口道路直通

在城市市区，除了因受地物条件限制，如道路必须沿河流、城墙、铁路等布设T形交叉口外，在一般情况下，干道与干道的交叉应优先选用十字形交叉口，而不宜选用T形交叉口。交通组织管理证明，T形交叉口虽然形式简单，但很容易造成干道网中的一条道路不能直通，到头后必须左右拐弯，严重影响交通。

（3）尽量避免规划斜交的交叉口

在进行城市道路交叉规划时，要尽量避免出现斜交的交叉口，特别是要避免出现锐角很小的斜交。因为斜交叉口不仅对交通不利，而且锐角处的沿街建筑也很难布置。

对于已有斜交的交叉口，可以采用以下方法进行改造：在可能的情况下改斜交为十字形交叉；尽量将小锐角斜交改为大锐角斜交；将Y形交叉口改为正交或T形交叉口。

（4）避免规划畸形和多路的交叉

在进行城市道路交叉规划时，要避免出现畸形和多路（多于4条）的交叉口，这种布置形式不仅增加车流冲突点，增加交通组织的难度，而且容易出现交通事故。

对于已有的畸形和多路（多于4条）的交叉口，可以采取如下的简化方法：改建成环形交叉，设置中心岛以简化交通；在允许的情况下封路改道，把多条道路交叉或畸形交叉改成正交；在许可的条件下调整交通，把双向交通改成单向交通。

3. 城市道路交叉口的间距选择

从提高车辆通行条件和行车速度的角度出发，道路上交叉的数量是越少越好，其间隔越大越好；但是，从道路网结构和方便城市交通的角度出发，交叉口的间距又不宜过大，应当具有一定的密度。在进行城市道路交叉口规划设计时，交叉口的最小间距，应考虑以下几个方面的交通要求。

（1）在城市道路的交叉口之间，如果存在交织和超车时，应保证具有足够的安全交织和超车的距离。

（2）应当保证车辆在通过交叉口时，不受前面交叉口处最大候车列的干扰。

（3）在车速较高的道路上，为确保行车安全，交叉口的间距还应使驾驶人员在专心通过交叉口的时候，不需要分心观察前方交叉口处的交通情况。

4. 交叉口平面规划适用原则

为使城市道路的交叉口成为组织交通、分流车辆、确保安全和城市最有效的设施，在进行城市道路交叉口平面规划时，应当遵循以下适用原则。

（1）交叉口的平面规划要保证车辆驾驶员的视线开阔、视野清晰，并明确地划分出汽车的行车路线，还要保证高等级道路或重要道路上有优先行车条件，使行驶的车辆速度尽量少变化。要给驾驶员创造机动的概念,以促使其转弯时降低行驶速度。

(2)在条件允许情况下,交叉口各种机动车行车路线的交叉点,彼此都尽可能地离远。

(3)交叉口的平面规划应当让通过交叉口的驾驶员,从两种可能的行车方向中随时都能处于选定一种方向。设置各种分隔岛以及路面划线,都应当按照视力识别方向原则提示必要的行车方向。

(4)交叉口的方向岛和分界线,应当划分出快速交通流、过境交通流和转弯交通流。其中每一条车流都应划分出独立的车道,以保证交通流正确地和有组织地通过交通交叉口,顺利地分流和合流。方向岛在平面上的布置,应当对驶进的车辆好像是截断了方向岛左侧绕行的可能性。

(5)方向岛及分隔带应将转弯的车辆隔开,以免与邻近车道直线方向行驶的车辆相混。从主要道路过渡到次要道路的车道,要保证能使车辆逐渐降低速度。为此,根据半径逐渐减小的缓和曲线,最好根据"制动"曲线合理地设计车道。

七、交叉口交通的组织

随着我国经济建设的不断发展,机动化进程的不断加快,城市交通拥堵新问题越来越严重,已成为制约城市发展的重要原因。交叉口是城市道路网的咽喉和"瓶颈",是交通堵塞和事故的多发地。国外的交通事故统计资料分析也证明,城市道路多数交通事故发生在交叉口或附近。因此,解决城市交叉口的交通拥堵及安全问题,是解决城市交通拥堵问题和避免交通事故的重要环节。

大量事实证明:解决城市交通拥堵问题的要害,在于怎样合理地组织城市交通;同样,解决城市交叉口的交通拥堵及安全问题的要害,在于怎样合理地进行交通组织。

1. 机动车辆的交通组织

平面交叉的安全与畅通,与平面交叉的几何构造有关,同时也与该交叉口的交通组织有关。在一定条件下,平面交叉的规划与设计,是在某种交通组织与管理的条件下进行的,而在大多数情况下,交通组织与管理方法是否适用,也要考虑平面交叉的几何条件。

交叉口交通组织设计的基本任务,就是要保证相交道路上的车流和行人的交通安全,并提高交叉口的通行能力。其设计方法归纳起来,就是正确组织不同去向的车流,设置必要的车道数,合理布置交通岛、交通信号灯及地面各种交通标志等,使车辆在交叉口能按渠化交通的原则组织起来,较快地顺利通过交叉口。

在城市道路机动车辆的交通组织中,常用的组织方法有:限制车流行驶方向,设置专用车道，组织渠化交通，实行信号管制等。

（1）设置必要的专用车道

设置专用车道，就是组织不同行驶方向的车辆在各自的车道上各行其道，分道行驶，互不干扰。根据行车道宽度和左、直、右行车辆的交通量大小，可以作出多种组合的车道划分。

1）当左、直、右方向车辆组成比较均匀时，各设一专用车道；

2）当直行车辆很多，但左、右转也有一定数量时，设两条直行车道和左、右转各一条车道；

3）当左转车辆很多，而右转车辆少时，设一条左转车道，直行和右转车辆可共用一条车道；

4）当右转车辆很多，而左转车辆少时，设一条右转车道，直行和左转车辆可共用一条车道；

5）当右转和左转车辆都较少时，可分别与直行车辆共用一条车道；

6）当行车道的宽度较窄时，不能再设置专用车道，只划分快车和慢车分道线；

7）当行车道的宽度很窄时，快车道和慢车道也不划分。

（2）左转弯车辆交通组织

左转弯车辆不仅是产生交通冲突点的主要因素，而且也严重影响直行方向主要车流的通行。所以，无论是保证交通安全，或是提高交叉口的通行能力，合理地组织左转弯车辆的交通非常重要。左转车辆交通组织方法，可采用以下几种形式。

1）设置左转专用车道左转车辆在交叉口等候通过时，为了避免影响其后直行和右转车辆的通过，在行车道内紧靠中线画出一条车道供左转车辆专用。设置专用左转车道后，左转车辆必须在左转专用车道上等候和行驶。

2）实行交通管制通过信号灯控制或交通警的手势指挥，在规定的时间内不准左转。

（3）变左转为右转一般可以采取环形交通、绕街坊变左转为右转和绕远左转等方法。

1）环形交通。在交叉口中央设置交通岛，利用环道组织逆时针单向交通，变左转为右转，使冲突车流变为分流与合流，如图2-3(a)所示。

2）绕街坊变左转为右转。使左转车辆环绕邻近街坊道路右转行驶实现左转，如图2-3(b)所示。这种形式使左转车辆增加很多行程，通常仅用于左转车辆所占比例较小，街坊比较规整，旧城道路扩宽困难，或在桥头引道坡度大的十字形交叉口，为防止车辆高速下坡时直角转弯发生事故而采用。

3）绕远左转。绕远左转即利用中间带的开口绕行实现左转，如图2-3(c)所示。在其他方法能解决变左转为右转时，最好不采用这种方法。

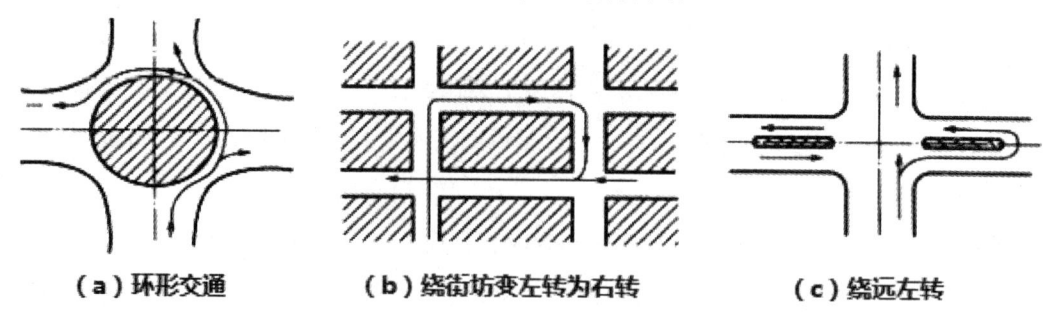

（a）环形交通　　　（b）绕街坊变左转为右转　　　（c）绕远左转

图2-3 变左转为右转的几种形式

（3）加强渠化交通的组织

平面交叉的渠化交通，是在交叉范围内，通过布设交通岛、绿化带、交通标志和路面上标线等方法，使各种不同类型、不同流向和不同车速的车辆，沿着规定的方向互不干扰地行驶，这种交通组织称为渠化交通。

1）渠化交通的主要作用

渠化交通的主要作用是保证行车安全、提高交通能力，具体表现在以下几个方面。

①利用分车线或分隔带、交通岛等，可以把不同方向和速度的车辆划分相应的车道进行行驶，避免车辆相互侵占车道和干扰行车路线，从而可减少车辆相互碰撞的机会，保证行车的安全。

②利用对交通岛的布置，限制车辆的行驶方向，使斜交对冲的变为直角交叉或锐角交织，这样可完全避免车辆行驶混乱。

③利用对交通岛的布置，限制行车道的宽度，控制行车的速度，防止发生随意超车而出现交通事故。

④把不同行驶方向的车辆，在临近交叉口处就划分车道分别行驶，这是确保行车安全的重要措施。

⑤在道路上划分快车道和慢车道，从而可保证车辆的正常行驶。

⑥渠化交通后，在交通岛或分隔带上便于设置各种交通标志和信号设备，并可作为行人过街时避让车辆的安全岛。

⑦在渠化交通中，最常用的是高出地面的交通岛，按其功能和布置位置，可分为方向岛、分隔岛、中心岛和安全岛等。

2）渠化交通设计的注意事项

①在进行渠化交通设计之前，首先对道路的通行能力和安全性等方面充分分析后，然后再确认渠化交通的可行性。

②渠化后的车道宽度要适当，通常为了提高道路的使用效率，靠近中央分隔带的两条车道设为小型车专用车道，车道宽度为3.5m，外侧的两条车道为大型车和小型车混合车道，车道宽度为3.75m。

③渠化交通岛要有足够面积，且设置数量尽量少。避免交通分流、合流集中，以便使驾驶员很容易判断。

④渠化交通路径应符合人们的习惯，尽量方便行人和车辆，不使导流岛成为车道上的障碍物。

⑤为考虑过街行人的安全，在某些交叉路口还应设置安全岛。安全岛设置在路口车行道的中间，供行人横穿道路临时停留用。

⑥经过渠化的道路不得再有锐角冲突点。在没有信号控制的交叉口渠化时，应考虑今后使用信号控制的可能性。

⑦经过渠化的交通应具有良好的视距和照明，对交通信号和标志提供良好视觉条件。

⑧对渠化方案应先以临时形式实施，待条件基本成熟后，再进行固定式渠化，临时渠化可在路面上摆放标志物体构成。

⑨渠化交叉口的车道宽度，应保证最大外形尺寸的汽车转弯不受阻碍。在没有高出路面缘石的直线段车道宽度应不小于3.5m，环绕方向岛顶点附近的车道宽度，在主要道路入口处为4.5~5.0m，在出口处为6.0m。

⑩方向岛的外形应保证车流为了完成下一个机动车以最佳角度交叉。车流的分流和合流都要以较小的角度进行，这样可以加快介入交通流和离开交通流的过程。

（4）采取其他的交通组织

1）调整交通组织

对于旧城道路改建或扩建困难时，从整个城市道路网及交通需求考虑，可以采取改变交通路线、限制车辆行驶、控制行驶方向、组织单向交通，以及适当封闭一些主要干道上的支路，简化交叉口交通等一系列措施，从而提高道路网的通行能力。

2）实行信号管制

根据道路交通的实际情况，采用单点控制、线控、面控等自动控制的交通信号指挥系统，在时间上分离不同方向的车流，提高行车速度和通行能力。

2.行人及非机动车辆交通组织

道路设计一般是以机动车为主，往往不重视行人和非机动车交通。但是，城市道路的交叉口处，由于大量行人和非机动车的存在，使道路交通变得极为复杂。因此，合理组织交叉口处行人和非机动车交通，对提高交叉口的通行能力，保障交通安全非常重要。

（1）行人交通组织

行人交通组织的主要任务，是组织行人在人行道上行走，在人行横道线内安全过街，使行人和车流分离，使其各行其道、互不干扰，实现确保安全和干扰最小。

人行道通常对称布置在车行道的两侧，其宽度原则上不应小于路段人行道的宽度，一般还需要将转角处的人行道加宽。拟设人行天桥或地道时，人行道还应考虑梯道或坡道出口和入口的宽度。

为使行人安全、有序地横穿车行道，应在交叉路口设置人行横道。人行横道的设置主要应考虑距交叉口的距离、设置方向、横道宽度、长度以及与停车线的相对位置。

在具体进行行人交通组织设计时，其人行横道的设计原则如下。

1）人行横道应设在车辆驾驶人员容易看清楚的位置，尽可能靠近交叉口，与行人的自然流向一致，并尽量与车行道垂直。

2）出口道与机动车道达成6条时，应在中间设置行人安全岛；新建交叉口的宽度应大于2.0m，改建、治理交叉口的宽度应大于1.0m。

3）人行横道的宽度与过街行人数及信号显示相关，顺延干路的行人横道宽度一般不宜小于5.0m，顺延支路的人行横道宽度一般不宜小于3.0m。

4）人行横道位置应当平行于路段人行道的延长线并适当后退，右转机动车容易与行人发生冲突的交叉口，该后退距离一般为3~4m。

5）人行横道的宽度一般为5.0m。人行横道的设置尽量与道路垂直，在斜交的路口适当延续要到达的道路的方向。

（2）非机动车交通组织

非机动车（主要是指自行车）与机动车混合行驶，对机动车交通和非机动车交通都会带来诸多不利影响，机动车交通的存在对非机动车的安全构成直接威胁；而非机动车的存在又使机动车的行驶速度受到限制。因此，在交叉路口处，非机动车道通常布置在机动车道和人行道之间。在交叉口内，一般车流量下非机动车随机动车按交通规则在右侧行驶，不设置分离设施。而当车流量较大时，为减少非机动车对机动车的干扰，常在交叉口处设置非机动车左转候车区，使左转通过二次直行过街来实现。

当车流量较大，机动车与非机动车之间干扰严重时，可考虑采用立体非机动车交通组织，并与人行天桥或地道一起进行考虑。上下人行天桥或地道，可采用梯道、坡道或混合式。一般行人宜采用梯道型升降方式，非机动车应采用坡道型；非机动车较多，又因地形或其他原因不能设坡道时，可用梯道带坡道的混合型升降方式。

1）非机动车在交叉口的交通管理原则

①要在接近交叉口设立标志，提醒非机动车要以较低的车速驶入交叉口。

②在有条件的道路上，非机动车交通与机动车交通应实行空间和时间上的分离，使它们各行其道、互不干扰。

③如果无条件进行分离，也必须给出适当的空间让非机动车与机动车分道行驶。

④在进行交叉口交通组织时，应当尽量使非机动车处于危险状态的时间减少到最小。

⑤如果道路在空间上允许，对于非机动车暂停的地方应当提供可靠的实物隔离措施，以保证非机动车的安全。

⑥为了简化驾驶人员在交叉口的观察、思考、判断及采取相应措施的复杂过程，非机动车交通与机动车交通的冲突点尽可能远离机动车之间的冲突点。

⑦当非机动车与机动车在交叉口等候信号或通过交叉口时，应当保证相互都能看得十分清楚，特别是当非机动车通过交叉口时，应当尽可能使驾驶人员知道非机动车行驶的路线和方向。

⑧当非机动车进入交叉口等待信号时，应尽可能给非机动车提供一个安全的停车位置。

2）非机动车在交叉口的各种通行办法

根据国内外的设计经验，非机动车在交叉口可以分别采取如下通行办法。

①右转弯专用车道

利用现有的路面开辟专门用于右转弯的非机动车通行，这种通行办法特别适用于非机动车流量较大的交叉口，它的主要优点是：不仅可以大大缓解交叉口的交通拥挤，而且有利于交通安全。右转弯专用车道要求交叉口处比较宽阔，要求非机动车人员严格遵守各行其道的原则。

②左转弯候车区

在交叉口非机动车进口道的前面，设置左转非机动车候车区，绿灯亮时左转非机动车随着直行的非机动车行驶至对面的左转候车区，待另一方面的绿灯亮时再前进，即变左转为两次直行。左转候车区的优点如下。

A. 消除了左转弯非机动车对机动车的干扰，因而可以提高机动车在通过交叉口时的运行速度及通行能力。对于交叉口范围较大者，一般都具备了建立非机动车候车区的条件。

B. 减少了左转非机动车与直行机动车车流的冲突点，非常有利于交通安全。

设置左转候车区的缺点是：增加了非机动车的运行路程，非机动车的驾驶人员感到很不习惯，这种通行办法应用并不太广泛，不仅只适用于左转非机动车车流量较低的情况，而且还须加强对非机动车的交通管理。

3）将停车线提前法

将非机动车的停车线划在前面，机动车的停车线划在后面，当绿灯亮时，非机动车先进入行交叉口，可避免同机动车产生相互拥挤。两条停车线之间的距离，依据非机动车和机动车交通量大小及路口的几何尺寸而定。

停车线提前法对提高交叉口的通行能力，确保交通安全都是非常有利的，也适合于左转非机动车流量较大的情况。但是，只有对非机动车人员加强管理与教育，使非机动车做到合理停车，才能发挥这种方法的作用。停车线提前法的布置。

4）两次绿灯控制法

在机动车的进口道处，机动车与非机动车的停车线仍然在同一位置上，但考虑到非机动车启动较快且总是成群地通过交叉口的特点，可以使非机动车交通信号的绿灯先亮，让非机动车群先进入交叉口，然后再亮机动车交通信号的绿灯，前后两次绿灯的时间具体根据交叉口的交通量大小与机动车的几何形状来确定。

两次绿灯控制法的优点是可以缓和交叉口的交通拥挤状况，其缺点延长了交通信号周期的时间，增加了交通组织的难度。但对于非机动车流量特大而机动车交通量较小的交叉口，或在非机动车早晚上下班高峰期间，采用这种方法是有利的。

5）设置非机动车道

在主干道上画出非机动车横道线，提示机动车驾驶人员注意横向的非机动车。这种做法如同斑马线人行横道一样，在非机动车横道内非机动车是优先的。机动车遇到非机动车横道要减速慢行，当横道内有非机动车时应暂停，让非机动车先通过。非机动车横道适用于支路与主路或次路的平面交叉处，还适用于一些大型建筑物出入口与主路的相交处。

八、交叉口的各种设计

交叉口处的设计是城市道路畅通、安全和快速的关键，主要包括交叉口车道数确定、交叉口通行能力确定、交叉口的视距设计、交叉口缘石转弯设计、交叉口的拓宽设计、环形交叉设计和交叉口竖向设计等。

1. 交叉口车道数确定

交叉口各进口道的车道数是确保交叉口通行能力的主要因素。因此，在确定交叉口的车道数和车道宽度时，必须考虑到我国城市目前电动车交通量日益增加的实际情况，尽可能组织机动车和非机动车分流行驶，以保证交通安全和畅通。

在交叉口设置的车道数，其通行能力的总和必须大于高峰时交通量的要求，否则，就会在交叉口产生交通拥挤和堵塞现象。交叉口各进口道的车道数可按以下方法确定。

在选定交叉口形式的基础上,根据所预测的设计年限的高峰时交通量和不同行驶方向的交通组成,进行交通组织设计,由此初步定出车道数。按照所确定的交通组织设计方案,对初定的车道数进行通行能力验算,如果通行能力总和小于高峰时交通量的要求,则必须增加车道重新进行验算,直到满足高峰时交通量的要求为止。

由于受交通信号控制的影响,在相同车道数下交叉口车道的通行能力总比路段上的小,所以交叉口的车道数不应少于路段上的车道数。为了充分发挥整条道路的通行能力,交叉口的设计通行能力应与路段通行能力相适应,在一般情况下,交叉路口的车道数宜比路段上多设置一条。

2. 交叉口通行能力确定

道路的通行能力是指在一定道路、交通状态和环境下,单位时间内通过的最大车辆数量或行人数量。平面交叉口的通行能力是指通过该交叉口所相交车流(或人流)的最大交通量。通过交叉口的车辆、交通组成比较复杂,各种尺寸的不同车型占用的空间不同,其起动、制动、转向和加减速的性能也不同,并且相互干扰。

在分析计算交叉口的通行能力前,需要将各种车型混合行驶的交通流,换算成为一种标准车型的交通流,用一种当量交通量代替混合交通量,便于交通流的分析与计算。某种车型两车相当于标准车型一辆车的比值,称为车辆换算系数。我国交通运输部和住房和城乡建设部制定的有关规范规定:对于公路和城市道路一律采用小客车作为标准车型。

3. 交叉口的视距设计

为了保证交叉口处的行车安全,当驾驶员进入交叉口前的一段距离内,必须能看清相交道路上车辆的行驶情况,以保证双方能有足够的距离采取制动措施而在冲突点前安全停车,或者顺利驶过交叉口,避免发生车辆碰撞,这一距离必须大于或等于停车视距。

由相交道路上的停车视距所构成的三角形称为视距三角形。在《城市道路设计规范》(CJJ 37-2012)中规定,平面交叉口视距三角形范围内,妨碍驾驶员视线的障碍物应当清除,不得有高出道路平面1.2m的视线障碍物。

4. 交叉口缘石转弯设计

对于有路缘石的道路,为了保证各种右转弯车辆在交叉口以一定的速度顺利通过,要将相交道路的缘石用曲线连接。城市道路交叉口处的缘石宜制作成圆曲线、曲复线或抛物线,一般多采用圆曲线。圆曲线的半径 R1 称为缘石转弯半径。

在未考虑机动车道加宽的情况下,缘石转弯半径为:

$$R_1 = R - (B/2 + W)$$

$$R=V^2/127(\mu \pm i)$$

式中 R——机动车右转弯车道中心线的圆曲线半径，m；

B——机动车单车道的宽度，m，一般采用 3.5m；

W——交叉口转弯处的非机动车道宽度，m，当直线部分非机动车道较宽时一般 W=3.0m；

V——交叉口设计车速，在一般情况下，可取路段设计车速的 0.6 倍，有特殊情况，其转弯车速应根据具体情况选定；

μ——横向力系数，根据实际经验，该值不宜超过 0.15~0.20，在实际使用中建议采用如下值：当采用推荐半径时，对于大客车 μ=0.10，对于小汽车 μ=0.15；当采用最小半径时，对于大客车 μ=0.15，对于小汽车 μ=0.20；

i——交叉口处车行道的平均横坡度，一般 i=0.015；当采用最小半径时，i=0.020。一般交叉口的横坡均向弯道内倒倾斜，汽车右转弯时，i 值采用正值；横坡向外侧倾斜时，i 值采用负值。

缘石半径取用值应大于或等于交叉口转弯车辆的半径。在一般的十字形交叉口 Ri 通常采用：主干道 R1=20~25m，次干道 R1=10~15m，住宅区相邻道路 R1=6~9m。对于单进口车道交叉口，为了避免造成交通阻塞，缘石半径宜选用 R1>20m，停车线在可能的情况下尽量靠近交叉口，使进口处的喇叭口扩大，停候的左转车辆避免阻塞后车的通行。

5. 交叉口的拓宽设计

当相交道路的交通流量较大、转弯车辆较多、行车速度较快时，如果交叉口进口道仍然采用路段上的车道数，会导致转弯车辆和直行车辆受阻，出现分流与合流比较困难，并且容易发生交通事故。在这种情况下，可向进口道的一侧或两侧拓宽车道，以改善交叉口的通行条件，提高交叉口的通行能力。

拓宽车道包括右转车道和左转车道两种。右转弯变速车道为等宽车道时，其宽度应尽量与路段车道保持一致，如因占地等因素的限制，需要变窄车道宽度时，最窄不得小于 3.0m，一般在 3.0~3.5m 之间。邻接右转弯车道的段落，应设置符合转弯行驶所需的加宽过渡段。当为变宽车道时，应按宽度和渐变率设置。

拓宽位置的选择，是交叉口拓宽设计的关键。如果向进口车道的左侧拓宽，如利用中间的分隔带或越过部分占用对向的车道宽度；如果向进口车道的右侧拓宽，如利用行车道右侧的绿化带或部分房屋。

6. 环形交叉的设计

环形交叉是在交叉口中央设置一个中心岛，用环道组织渠化交通的一种重要形式。

其交通特点是进入环形交叉口的不同交通流,只允许它们按照逆时针方向,绕着中心岛进行单向行驶,一直行驶到所要去的路口离岛驶出。采用环形交叉的主要优点,避免了在交叉口处产生周期性的阻塞,减少了车辆在交叉口的延误时间,消灭了交通的冲突点,提高了行车的安全性,不需要交通信号控制,交通组织比较简单,对多路交叉和畸形交叉很有效,中心岛可以绿化、美化和装饰。但是,中心岛占地面积大,城区改建比较困难,增加车辆绕行的距离,造价高于其他平面交叉。普通环形交叉口的组成。

(1)中心岛的形状和半径

1)中心岛的形状

中心岛的形状应根据交通流特性、相交道路的等级和地形、地物等条件进行确定。原则上应保证车辆能以一定的速度顺利完成交织运行,有利于主要道路方向车辆行驶方便,同时满足交叉所在地的地形、地物和用地条件的限制。

为便于车辆的行驶,中心岛的形状一般多用圆形,有的也采用椭圆形、圆角方形和菱形。主次道路相交时宜采用椭圆形,交角不等的畸形交叉可采用复合曲线形。此外,结合地形、地物和交角等,还可采用其他规则或不规则几何形状的中心岛。

在交通繁忙的环形交叉口的中心岛,不宜建成小公园。中心岛的绿化不得遮挡交通的视线。环形交叉进口、出口道路中间应设置交通导向岛,并延伸到道路的中央分隔带。

2)中心岛的半径

中心岛半径首先应当满足计算行车速度的要求,然后按相交道路的条数和宽度,验算相邻道口之间的距离是否符合车辆交织行驶的要求。

(2)交织段长度计算

交织段长度指进口方向岛和下一个出口方向岛各自的延伸线与交织车道中心线交点之间的距离。理论分析和实践均表明:交织段的车速和通行能力,随着交织段长度增加而提高。反之,交织段的长度过短,则车速会明显降低甚至出现停车。环形交织交叉口环道的交织段长度,以不小于4米的运行距离为控制。

(3)环道宽度的计算

环道即环绕中心岛的单向行车带,其宽度取决于相交道路的交通量和交通组织。一般是将靠近中心岛的一条车道作绕行之用,最靠外侧的一条车道供右转弯之用,中间的1~2条车道为交织之用。这样,环道上一般设计3~4条车道。实践证明,车道设置过多,不仅难于充分利用,反而易使行车混乱,甚至导致不安全。

据实际观测,当环道车道数从2条增加到3条时,通行能力提高得最为显著;而当车道数增加4条以上时,通行能力反而增加很少。因为车辆在绕岛行驶时需要交织,在交织段长度小于 2 倍的最小交织段长度范围内,车辆只能依次行驶,不可能同时出现大于两辆车交织。所以,不论车道数设计多少条,在交织断面上只能起到一条车道的作用。

根据实践表明,环道的车道数一般采用 3 条为宜;当交织段长度较长时,环道车道数可布置 4 条;若相交道路的车行道较窄,也可以设置 2 条车道。如果采用 3 条机动车道,每条车道宽为 3.50~3.75m,并按弯道要求加宽中单车道部分的加宽值,当中心岛半径为 20~40m 时,则环道机动车道的宽度一般为 15~16m。

对非机动车交通与机动车混行或分行布置,为保证交通安全,减少相互干扰,一般以分行为宜,可用分隔带(或隔离墩)或标线等分隔,分隔带宽度应大于或等于 1.0m。非机动车道宽度应根据具体情况而定,一般不小于相交道路中的最大非机动车行车道宽度,也不宜超过 8m。当自行车和电动车密度过大时,易产生绕岛行驶的自行车流阻碍了机动车道的出口而造成行车混乱,此时宜慎重采用平面环交。

(4)环道外缘线形

从满足交通需要和降低工程造价角度考虑,环道外缘平面线形不宜设计成反向曲线形状,如图 2-4 所示。据实际观测,这种形状在环道的外侧约有 20% 的路(图中阴影部分)无车辆行驶,既不合理也不经济。实践证明,环道外缘平面线形宜采用直线圆角形或扇形复曲线形状,如图 2-4 中阴影部分所示。

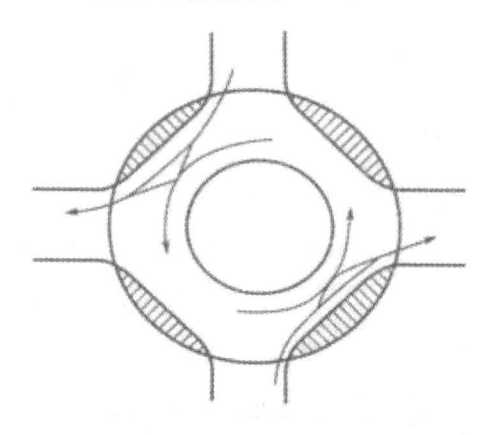

图 2-4 环道外缘线形

(5)环道的横断面

环道的横断面形状与行车平稳和路面排水有很大关系,而横断面的形状又取决于路脊线的选择。通常,一般将横断面的路拱脊线设在交织段车道的中间,在进出环道处横坡变化应缓和,并在中心岛的四周设置雨水口,以保证环道上积水的排除。为满足交通渠化的需要,通常可在环交进出口间无车辆交通的死点上设置长条式方向岛。环道路脊线如图 2-5 所示。

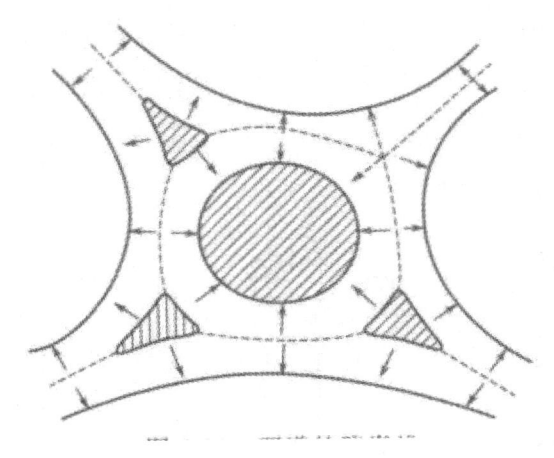

图 2-5 环道的路脊线

7. 交叉口竖向设计

（1）交叉口竖向设计的目的和原则

1）交叉口竖向设计的目的

交叉口竖向设计也称为立面设计，其设计目的是通过调整交叉口范围内相交道路共同构筑面，以及引道上各点的设计标高，合理确定各相交道路之间及交叉口和周围建筑物之间共同面的关系，以符合行车舒适、排水迅速和建筑美观等方面的要求。

2）交叉口竖向设计的原则

①主要道路与次要道路相交时，主要道路的纵断面和横断面维持不变，而将次要道路的纵横断面改变。

②等级相同的两条道路交叉，如果交通量差别不大，但有不同的纵坡时，一般维持两条道路的设计纵坡不变，从而缓和地改变它们的横坡，使两条道路在立面上取得平顺。

③相交道路的等级和交通量相差都较大时，可以考虑主要干道的纵横断面均维持不变，而将次要道路双向倾斜的横断面，逐渐改变过渡到与主要道路纵坡相一致的单坡横断面，以保证主要道路的交通便利。

④为保证排水顺利，设计时至少应有一条道路的纵坡能将交叉口范围内汇集的地面水排出；如所有道路纵坡都倾向于交叉口时，必须考虑在交叉口设置雨水口，以保证交叉口排水的要求。

⑤在交叉口范围内，不应当使一条道路的雨水排入另一条道路上，也不应使地表水流过交叉口的人行横道，一般宜采用截水的方法，多数在交叉口人行横道或在路口边转角曲线的切点上，布设雨水口。

（2）交叉口竖向设计的基本类型

交叉口立面设计的形式很多，其形式主要取决于交叉范围相交道路的纵坡、横坡及地形情况。以十字交叉口为例，按其所处地形及相交道路纵坡方向，可划分为6种基本类型，如图2-6所示。

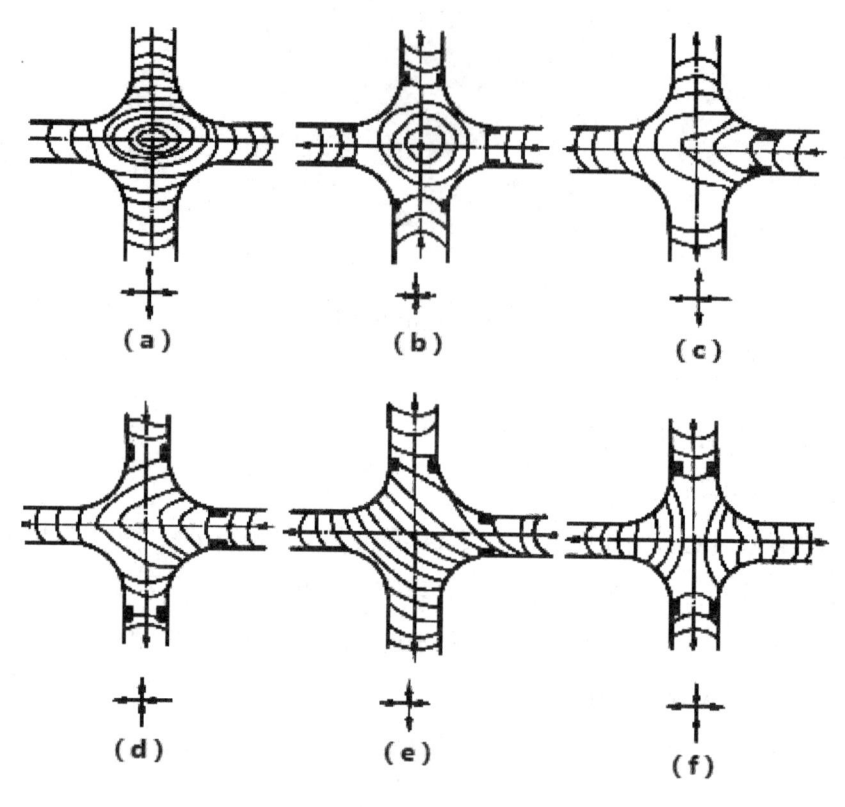

图2-6 交叉口立面设计的基本形式

1）处于凸形地形上相交道路的纵坡方向均背离交叉口，如图2-6（a）所示。设计时使交叉口的纵坡与相交道路的纵坡一致，适当调整一下接近交叉口的路段横坡，让雨水流向交叉口四个转角的街沟或路基外排除，交叉口内不需设置雨水口。

2）处于凹形地形上相交道路的纵坡方向均指向交叉口，如图2-6（b）所示。这种形式的地表水都向交叉口集中，排水比较困难，应当尽量避免。如果因地形限制，必要时应设置地下排水管道排水。为防止雨水汇集到交叉口中心，应适当改变相交道路的纵坡，以抬高交叉口中心标高，并在转角设置雨水口。在相交道路纵坡设计时，最好将一条主要道路的变坡点设在远离交叉口的地方，保证有一条道路的纵坡方向能背离交叉口。

3）处于分水线地形上有三条道路纵坡方向背离，而有一条指向交叉口，如图2-6（c）所示。在进行设计时应将纵坡指向交叉口的道路路脊线在交叉口处分为三个方向，相交道路的横断面不变，并在纵坡指向交叉口道路的人行横道线外设置雨水口，防止雨水流入交叉口内。

4) 处于谷线地形上有三条道路纵坡方向指向交叉口,而有一条背离,如图2-6(d)所示。设计时与谷线相交的道路进入交叉口之前,在纵断面上产生转折而形成过街横沟,不利于行车,应尽量使纵坡转折点离交叉口远一些,并在该处插入竖曲线。纵坡指向交叉口的人行横道线外应设置雨水口。

5) 处于斜坡地形上相邻两条道路纵坡指向交叉口,而另两条背离,如图2-6(e)所示。设计时相交道路的纵坡均不变,而将两条道路的横坡在进入交叉口前,逐渐向相交道路的纵坡方向变化,使交叉口上形成一个单向倾斜面,并在纵坡指向交叉口道路的人行横道线外设置雨水口。

(6)处于马鞍形地形上相对两条道路纵坡指向交叉口,而另两条背离,如图2-6(f)所示。设计时相交道路的纵坡、横坡都可按自然地形在交叉口内适当调整,并在纵坡指向交叉口的道路两侧设置雨水口。

以上为几个典型十字形交叉口立面设计形式,对于其他不同形式的交叉口,立面设计的要求和原则是一样的。另外,立面设计的使用效果与相交道路纵坡方向的组合有很大关系。

因此,要获得交叉口理想的立面设计,应在道路的纵断面设计时,就应考虑到交叉口立面设计的要求,为立面设计创造良好的条件。

在一般的平坦地形的城市交叉口,竖向设计的形状还可以采用伞形形式,即不在缘石曲线上个别垫高,而是把交叉口的中心标高稍微抬高一些,使其向四周倾斜,这样对排水、行车、美观和衔接处理均非常有利。

(3)交叉口竖向设计的方法及步骤

交叉口竖向设计的方法有多种,常用的方法有方格网法、设计等高线法及方格网设计等高线法3种,它们分别适用于不同场合。究竟选用什么方法取决于很多因素。要考虑交叉口的类型、地形状况、交通流量、相交道路等级等方面的影响。

方格网法是在交叉口范围内以相交道路中心线为坐标基线打方格网,测出方格点上的地面标高,求出其设计标高,并标出相应的施工高度。设计等高线法是在交叉口范围内选定路脊线和标高计算线网,并计算其上各点的设计标高,勾绘出交叉口设计等高线,最后标出各点的施工高度。

比较以上两种设计方法,其中设计等高线法比方格网法更能清晰地反映出交叉口的立面设计形状,但等高线上的标高点在施工放样时不如方格网法方便。为此,通常以上两种方法结合使用,称为方格网设计等高线法,它既能直观地看出交叉口的立面形状,又能满足施工放样方便的要求。

对于普通交叉口，多采用方格网法或设计等高线法。其中水泥混凝土路面宜采用方格网法，沥青混凝土路面宜采用设计等高线法；对于大型、复杂的交叉口和广场的立面设计，通常采用方格网设计等高线法。

1）方格网设计等高线法

①收集设计资料

这是进行方格网设计等高线法设计的基础，主要包括测量资料、道路资料、交通资料和排水资料等。

②绘制交叉口平面图

按比例绘出道路中心线、车行道、人行道及分隔带的宽度，缘石转弯曲线和交通岛等。以相交道路中心线为坐标基线打方格网，斜交道路的方格网应选在便于施工放线测量的方向，方格大小一般采用5m×5m~10m×10m，并测量方格点地面标高。

③确定交叉口的设计范围

交叉口的设计范围，一般为缘石弯圆曲线切点以外5~10m（相当于一个方格的距离），主要用于路段与交叉口的纵横坡过渡处理以及标高的衔接等。

④确定立面设计图式和等高距

根据相交道路的等级、纵坡方向、地形情况及排水要求等，确定所采用的立面设计图式。根据纵坡度的大小和精度要求选定等高线间距h，一般取h=0.02~0.10m，为便于计算取偶数为宜。

⑤勾绘设计等高线

根据所选立面设计图式和等高线，计算路段和交叉口的设计等高线，把各等高点连接起来，则得到初步的设计等高线图。然后按行车平顺和路面排水迅速通畅的要求，进行等高线调整。主要包括：调整等高线的疏密，即中间部分疏一些，边沟处密一些，使纵、横坡度的变化均匀；调整个别不合适的标高，并补充设置雨水口。

⑥计算施工高度

根据设计等高线图，用内插法求出各方格点上的设计标高，用设计标高减去地面标高，则可得到施工高度。

2）设计等高线法

设计等高线法是在交叉口的设计范围内，选定路脊线并算出路脊线的设计标高，最后勾绘出设计等高线。其设计方法如下。

①绘出交叉口平面图

包括道路中心线、车行道和人行道的宽度、缘石半径。

②确定交叉口的设计范围设计

设计范围一般为缘石半径的切点以外 5~10m，这是考虑到自双横坡逐渐过渡到单向横坡所需要的一定距离，并应与相交道路的路面标高完全衔接。

③确定路段上的设计标高

通常用设计等高线表示。首先，在车行道中心线上根据设计纵坡计算出某一整数的设计标高位置，并选定相邻等高线的高差 h，然后计算出车行道中心线上相邻等高线的水平间距 l1。其次，定出等高线在街沟线上的位置。由于车行道横坡度的影响，等高线在街沟线上位置，向纵坡的上方偏移一个水平距离 l2。

在求出 l1 和 l2 的位置后，连接同一等高线上的各点，即得以设计等高线表示的道路路段竖向设计图。路面为抛物线形路拱，路段上的设计等高线均可用折线表示。

④确定交叉口上的设计标高

首先选定交叉口范围内合适的路脊线和控制标高。

所谓路脊线即路拱顶点（分水点）的连线。路脊线位置的选定是否合理，将直接影响交叉口上排水、行车和立面美观。因此，要做好竖向设计，首先要选好路脊线的位置。在交叉口上，相交道路的路中心线交汇于一点时，一般情况下，路中心线即为其路脊线，路脊线的交点即为其控制标高。对于新建交叉口设计等高线的绘制，可按以下步骤进行。

A. 根据设计纵断面的实际情况，选定等高线的基本形式。

B. 根据相交道路的设计纵断面，定出交叉口范围内路缘石切点处的路边及路中心线的设计高程。

C. 根据以上设计高程，参照等高线的基本形式勾画等高线。对于沥青混凝土路面可勾画成曲线。对于水泥混凝土路面，在已确定的路口分块图上勾画等高线。由于每块混凝土板为平面，此时的等高线应勾画成直线或折线。

D. 路口路缘石切点以外的路段，也应按纵横断面标高勾画 10~20m，以便检查路口范围内的等高线是否协调。

E. 根据行车舒适、排水畅通与附近建筑物标高协调和外形美观等条件，对所勾画的等高线线形及间距进行调整。

3）方格网法

设计等高线法的主要优点，是比方格网法能更加清晰地反映出交叉口的设计形，其缺点是设计等高线上的各点标高位置不宜放样。方格网设计等高线法采用等高线法设计，用方格网标出各点的地面标高、设计标高和施工高度，这种方法用于大型交叉口的设计。对于一般交叉口的竖向设计，通常可采用比较简单的方格网法，这种方法的具体步骤如下。

①用方格网画出现有道路的路面等高线，分别以平行和垂直于路中心线为坐标打方格，方格网的尺寸为5m×5m，按照道路中心线纵向坡度和交叉口控制标高，计算路面中心线上各标高计算点的标高，找出交叉口范围内道路的各方向的纵坡。

②再按照路拱横坡和中心线各标高计算点的标高分别计算路缘高程，路拱的横坡一般取1.5%，中心线上标高计算点的标高用上述计算方法。再按照路拱计算公式计算路面上各个标高计算点的高程，路拱计算公式为

$$y = h_1 x/B + 4h_1 x^3/B^3$$

式中：

h_1——标高计算线两端的高差，m；

B——车行道的宽度，m。

（4）环形交叉口竖向设计

环形交叉口竖向设计不可全用交叉口的竖向设计方法，因为环形交叉路口上的除有右转车辆外，直行和左转车辆都要沿着环道行驶，所以在四个象限中每条环道犹如一个短的路段，既有路脊，又有路拱。近交叉口路段上的设计原则，同平面交叉四周路段竖向设计原则。

1）环形交叉口竖向设计原则

①环道上纵坡不宜过大，一般不大于2.0%。纵道外侧的边缘，即外侧路缘石边缘的纵坡，一般不小于0.3%。

②环道上宜设置双面坡路拱，这样利于右转和左转车在符合超高方向上的车道上转弯行驶，特别是绕岛行驶的直行车和左转车，由于中心岛的半径一般在25~35m，车辆是在小半径弯道上行车，所以路拱宜做成双面坡，而不宜做成由岛向外倾斜的单面坡，这种单面坡只有利于右转车的行驶，不利于直行与左转车的行驶。环道上横坡值可取0.3%~1.5%。

③如果环道横坡是由环道外边缘向中心岛方向倾斜的单面坡时，中心岛的四周应设置铸铁板的环形边沟，一般视地形在中心岛周边的低洼处分散设置雨水口。

2）环形交叉口竖向设计方法

交叉口四周路段的设计方法与平面交叉口相同。环形交叉口竖向设计的具体方法如下。

①设环道的中心线作为设计辅助线，并计算环道中心线与相交道路中心线交点的高程。

②计算交叉口工程范围终点处中心线上路面的高程。

③根据路段的横坡和路宽,由 B_j 算出两端路边缘 C_j、D_j 的高程。

④把环道当作路段,计算环道上的 l_1 和 l_2,绘制环道上的等高线,计算 l_2 时应把环道的宽度看作环道段上的路宽代入有关公式计算。

3)环形交叉口竖向设计步骤

①根据中心岛交叉口交点 O 点高程和 4 条路的纵坡值及其方向,算出 $A_1 \sim A_4$,$B_1 \sim B_4$ 点的高程。

②相邻两交点如 A_1A_2、A_2A_3 等点高程算出 4 个象限中环道上的纵坡,还应分别算出环道中心线的弧长。

③计算环道上各段的等高线的水平距离 l_1,同时计算环道上街沟至拱顶各等高线的水平距离 l_2。

④计算交叉口工程范围端部边沟控制点高程,即外缘石端部控制点 $D_1 \sim D_4$,$E_1 \sim E_4$ 点的高程。

⑤计算中心岛路边缘石控制点 $C_1 \sim C_4$ 点的高程。最后连接同名的等高线。

8. 高架路下的平面交叉口设计

为了解决现代飞速发展的交通与城市平面交通容量过小之间的矛盾,我国的很多大城市都相继建设了一些城市高架路。高架路的修建虽然带来对城市环境问题的矛盾和挑战,与现代化城市景观建设相悖,但它的交通功能是毋庸置疑的。在大城市的中心城区人口密集、车辆拥挤、道路面积小、交通已严重影响居民的正常生活和工作,成为城市经济发展的桎梏。在城市中心建设高架快速汽车干道已有近一个世纪的历史,高架路的快速发展,给城市交通带来了出行的方便。我国的第一座高架路广州人民路高架路,于1986 年为迎接全国六运会而建造的,为解决广州市拥挤的交通,疏通南北向车流量发挥了极为重要的作用。从此,高架路在很大城市中发展起来,高架路网很快构成城市主要的交通流集散通道,形成了城市快速路的主要形式,极大地提高了路网的通行能力,已经成为城市立体交通网络的重要组成部分。

高架路由基本路段、交织段和匝道连接点 3 种不同类型的路段组成,其中匝道的布设是高架路方案设计的关键,直接影响到高架路功能和效率的发挥。高架路通过匝道与地面道路进行交通衔接,匝道与地面的连接方式有路段型和路口型两种。

(1)路段型连接方式

即将匝道设置在两个交叉口之间的路段上,在交叉口前设置上匝道,在交叉口后设置下匝道。车流上、下匝道均在路段上完成,由于与地面横向车流形成立交,这样不仅不会加剧交叉口的冲突，相反还有利于交叉口集散功能的发挥。

（2）路口型连接方式

即将匝道设置在交叉口前后，在交叉口前设置下匝道，在交叉口后设置上匝道，这样以便车辆进出相交道路。这种设置方式在满足车流利用交叉口进行集散的同时，也给地面交叉口的交通组织带来一定压力。

从以上可以看出，为解决给地面交叉口交通组织带来的压力，路口型匝道的规划与设计应结合地面道路网的交通情况分析进行，同时地面交叉口的设计也应结合匝道的位置进行。尤其对于高架路修建于原有道路之上的情况下，高架路与其下的地面道路形成的平面交叉口设计应特别注意交通流量和流向，应根据上下车流的交通量对相关进出口道路进行拓宽设计。否则，极易造成交叉口前排队，进而拥挤影响到匝道交通的正常运行。

下匝道坡脚至交叉口停车线的距离，应根据红灯期间的车辆排队长度以及匝道转弯与地面道路转弯车辆交换车道所需的交织长度之和而确定。根据实测表明，这段距离的最小值为不得小于150m。

上匝道坡脚至交叉口圆角切点的距离，应保证横向道路和对流匝道所需的交织长度。因此可采用交换一条车道的最小时间的行驶距离，根据实测表明，这段距离一般为60~100m。

应值得引起注意的是，受高架桥墩、柱子的影响，也暴露出高架路许多的副作用，最令人厌恶的是它对民生的滋扰。高架路经过的地方，噪声大，粉尘多，光照不足，生活环境大打折扣；而其对城市自然景观的破坏，以及人们心理的影响更是巨大和潜移默化的。

为克服高架路下的平面交叉视距条件较差等问题，可通过交通组织和交通标志、标线的布设，以确保视距和行车安全。

第五节　城市道路路基设计

一、路基土的干湿类型

路基的强度和稳定性在很大程度上与路基的湿度及大气温度引起的路基的水温状况有关系，路基的湿度还直接影响路面结构层的选择和厚度的确定。《城市道路工程设计规范》（CJJ37-2012）规定"道路路基应处于干燥或中湿状态，对潮湿或过湿路基，必须采取措施改善其湿度状况或适当提高路基回弹模量"。

路基按土的干湿状态不同，可分为干燥、中湿、潮湿和过湿。为了保证路基路面结构的稳定性，一般要求路基处于干燥或中湿状态，过湿状态的路基必须经过处理方可铺筑路面。影响路基土湿度的因素包括大气降水、地表水和地下水等。此外，毛细水、水蒸气凝结水等也会影响路基的湿度，其影响程度随当地自然和气候条件及所采取的工程措施等而不同。

《城市道路工程设计规范》（CJJ37-2012）对路基干湿类型的确定方法有如下规定。

1.路基干湿类型应根据不利季节路床顶面以下80cm深度内路基土的湿度状况而确定。

2.对新建道路，路基湿度状况可以根据当地的实际条件，结合路基土的类型，由基质吸力进行预估。所谓基质吸力是指在路基土中，孔隙气压力与孔隙水压力不相等，并且孔隙气压力大于孔隙水压力，孔隙气压力与孔隙水压力之差就是基质吸力。

具体来说，路基土的湿度可以根据实测在最不利季节路床顶面以下80cm深度内土的平均稠度划分。

$$\omega_c = \frac{\omega_L - \omega}{\omega_L - \omega_P}$$

式中：

ω_c——土的平均稠度，%；

ω_L——土的液限含水率，%；

ω_P——土的塑限含水率，%；

ω——土的平均含水率，%。

土的平均稠度准确地表示了土的各种形态与湿度的关系，稠度指标综合了土的塑限、液限，全面直观地反映了土的软硬程度，物理概念明确。表2-6为按照临界稠度来判别路基干湿类型的划分标准。

表 2-6 路基干湿类型的判定

路基干湿类型	平均稠度	一般特性
干燥	$\omega_c > \omega_{c1}$	路基干燥稳定，路面不受地下水和地表水影响
中湿	$\omega_{c2} \leq \omega_c < \omega_{c1}$	路基上部土层处于受地下水或地表水影响的过渡区
潮湿	$\omega_{c3} \leq \omega_c < \omega_{c2}$	路基上部土层受地下水或地表水的影响区
过湿	$\omega_c \leq \omega_{c3}$	地基潮湿，处理后才能铺筑路面

表中，$\omega_{c1}=1.0$、$\omega_{c2}=0.5$、$\omega_{c3}=0.6$ 分别为沥青路面干燥、中湿、潮湿状态的临界稠度。

二、路基土压实

土是由土颗粒、土颗粒之间的孔隙中所包含的水和空气组成的三相体。在路基施工过程中，土的原始天然结构被破坏，为了使路基具有足够的强度和稳定性，就必须进行人工压实使土颗粒重新排列，互相靠近，小颗粒填充于大颗粒土之间的孔隙中，挤出孔隙中的空气，降低土体孔隙率，提高土的密实度，增加土的内摩擦力和粘聚力。因此路基土的压实可以提高土体的密实度，降低土体的透水性，减少毛细水的上升高度，防止水分聚集和侵蚀导致土基软化或因冻胀引起不均匀变形。为路面正常工作提供有利条件，是路基施工过程的一个重要工序，是保证路基强度和稳定性的根本措施之一。

1. 填料的选择

路基土按照有机质含量多少，划分成有机土和无机土两大类。无机土按照颗粒直径大小划分为巨粒土、粗粒土和细粒土 3 类。各类土的力学性质见表 2-7。

表 2-7 路基土的性质

粗细统称	粗细名称	粒径 d 范围 /mm	主要特征
巨粒	漂石粒	D > 200	透水性大，水稳定性强，强度高，压缩性极小，颗粒间无黏性，无毛细性，在外在作用下，塑性变形小
	卵石粒	60 < d < 200	
粗粒	砾粒	2 < d < 60	
	砂砾	0.074 < d < 2	透水性大，水稳定性和强度较高，压缩性极小，无黏性，有一定毛细性
细粒	粉粒	0.002 < d < 0.074	透水性小，干燥时有一定的黏性，但易被压碎，遇水后很快被湿透，毛细现象严重
	黏粒	d < 0.002	透水性差，干燥时强度高，遇水稳定性差，强度下降，变形大，具有黏性和可塑性

理想的路堤填料应该是稳定性好、压缩性小的材料。砾石、不容易风化的石块是最好的填料；碎（砾）石土是良好的填料；砂性土是填筑路堤良好的材料；黏性土不是理想的路基填料；粉性土是最差的筑路材料；重黏土一般不用作筑路材料。

（1）路床填料最大粒径应小于100 mm，路床顶面横坡应与路拱横坡一致。

（2）填方路基应优先选用级配较好的砾类土、砂类土等粗粒土作为填料，填料最大粒径应小于150 mm。

（3）泥炭、淤泥、冻土、强膨胀土、有机土及易溶盐超过允许含量的土等，不得直接用于填筑路基。冰冻地区的路床及浸水部分的路堤不应直接采用粉质土填筑。液限大于50%、塑性指数大于26的细粒土，不得直接作为路堤填料。

2. 路基土的压实设计

（1）压实指标和标准

通常采用干密度作为表征路基密实度的指标，路基的压实程度通常用压实度表示。压实度是指压实后土的干密度和该种土室内标准击实试验下所得的最大干密度之比，即

$$K = \frac{\delta}{\delta_0}$$

式中：

δ——工地试样的干密度，g/cm³；

δ0——击实试验得到试样的最大干密度，g/cm3。

路基压实度的确定应该根据气候条件、土基的水温、道路等级和路面类型等情况进行确定。道路等级越高，压实度要求越高，路基上部压实度比路基下部高。在路基压实过程中只有达到规定的压实度，才能保证路基的强度和稳定性。路基土压实度应符合表2-8的规定。

表2-8 路基土压实度的规定

填挖类型	路床顶面以下深度 /cm	路基最小压实度 /%			
		快速路	主干路	次干路	支路
填方	0~80	96	95	94	92
	80~150	94	93	92	91
	>150	93	92	91	90
零填或挖方	0~30	96	95	94	92
	30~80	94	93	-	-

（2）影响路基压实效果的因素

影响路基压实效果的因素包括内因和外因两个方面，内因主要是含水量和土的性质，另外包括压实功能、压实机具和压实方法等。

1）含水量。含水量是影响土体压实效果的决定性因素。在最佳含水量的条件下，土体处于硬塑状态，容易获得最佳的压实效果，强度相对最高，水稳定性最好。在一定的压实功的作用下，通过击实试验可以获得土的含水量和干密度之间的关系曲线。

土的干密度随含水量的增加而增加，当含水量达到一特定值时，土的干密度达到最大。干密度达到最大后，随着含水量继续增加，土中的孔隙更多地被水所占据，压实时水的体积不能被压缩，而其密度又小于土颗粒密度，因此土的干密度随着含水量的增加而减小。

所谓最佳含水量是指在一定的压实条件下，可以使土体达到最大的干密度时的含水量。实践表明，在最佳含水量时压实到最大干密度的土体，在遇水饱和后其密度和强度下降的幅度最小，其水稳性最好。同时最大干密度时的土体空隙率最小，因此吸水量最小，密实度下降也最小。

2）土的性质。不同性质的土对压实效果也有很大的影响。土质不同，最佳含水量和最大干密度也不同，分散性（液限、黏性）较高的土，其最佳含水量较高，干密度较低。砂性土的压实效果优于黏性土，主要原因是黏性土较细，表面积较大，土颗粒表面水膜所需的湿度较大；砂性土颗粒较大，呈松散状，水分易散失。

3）压实功能和时间。压实功能指压实作用的大小，如压实机具的重量、碾压次数、落锤高度、作用时间等。研究结果表明：同一种土，随着压实功能增大，土的干密度提高，最佳含水量减小。因此在实际工程中可以增加压实功能来提高路基强度，降低最佳含水量；压实时荷载作用时间越长，土的密实度越大，压实效果越好。但压实功能和压实时间提高到一定程度时，压实效果的提高将变得缓慢，甚至会破坏路基结构，在经济效益和施工组织上也不尽合理。因此，严格控制最佳含水量比增加压实功能的效果要好很多。

4）压实工具。不同压实工具的压力对深度有不同影响，因此压实效果也不同。通常夯击式机具作用深度最大，振动式次之，静力碾压式最浅。

《城市道路工程设计规范》（CJJ37-2012）规定城市道路路基的压实应采用重型压实标准。

对于处在特殊气候地区，或者存在重要管线保护等的路基，如标准实施确有困难，条文规定，在不影响路基基本性能的前提下，本着可靠、可行、经济的原则，可适当放宽重型击实的标准。

专用非机动车道和人行道的路基荷载水平相对较低，故压实度标准可按机动车道降低一个等级执行，但必须避免不同部位压实差异可能造成的稳定性隐患或者不均匀变形。

对于零填方、挖方及填方高度小于 80 cm 的路段，在整个路床（0~80 cm）范围内按照一个标准来控制压实，可能操作难度大或者不经济。考虑到车辆荷载沿路基深度的分布特征，可以采用"过渡性压实"的方法来控制不同深度的路基压实，下路床部分的压实标准较上路床部分可略有降低。

三、路基断面形式设计

按照路基挖填条件不同，常见的城市道路路基横断面形式可分为路堤、路堑和半挖半填 3 种类型。其断面由路基宽度、边坡、路基高度、排水结构（边沟、排水沟、截水沟等）、支护结构等部分组成。

路堤是指路基顶面高于原地面的填方路基。填方路基包括路床和路堤两部分。路床是指路面以下 80 cm 范围内的路基部分，分为上路床（0~30 cm）和下路床（30~80cm）两部分。路堤是指路面以下 80 cm 至地基范围内的路基部分，路面底下 80~150 cm 范围内的填方部分为上路堤，上路堤以下的填方部分为下路堤。

路堑是指路基顶面低于原地面的挖方路基。路堑是从天然地面开挖而成的路基结构物，开挖破坏了原地面层的天然平衡状态，因此路堑设计的中心问题是结构的整体稳定性。

半挖半填路基是路堤和路堑的综合形式，横断面上部分为挖方部分，下部分为填方的路基，一般常用于丘陵山区路段及地面横坡较陡的路段。通常路中心线的设计标高接近原地面标高，可减小土石方数量，保持土石方数量的横向挖填平衡，半挖半填路基是一种比较经济的断面形式。

1. 路基的宽度

路基宽度为道路两侧路肩外边缘之间的宽度，是中间带、行车道、侧分带、路肩等宽度的总和。路基宽度应按道路等级、服务功能、交通特性，结合各种控制条件，在规划红线宽度范围内合理布设。道路占地必须综合规划、统筹兼顾，讲究经济效益，减少高填深挖，加强路基绿化美化。

2. 路基的高度

路基高度是指路堤的填筑高度加上路面结构厚度或路堑的开挖深度，即道路中桩原地面标高与路基设计标高之差，也可以称为路基挖填高度或施工高度。路基的填挖高度由路线纵断面设计确定。而边坡高度是指填方坡脚或挖方坡顶与路基边缘的高差。路基高度是保证路基稳定的重要措施，也是保证路基强度和稳定性、减薄路面、降低造价的重要途径。

路基设计高度应使路肩边缘的路基相对高度不低于路基土的毛细水平上升高度，并应满足冰冻的要求；对于沿河及浸水路段的路基边缘标高，不应低于路基设计洪水频率的水位加壅水高、波浪侵蚀高度和0.5m的安全高度。因此，路基最小填土高度应根据路基临界高度，结合沿线的具体条件和排水及防护措施，保证路基处于干燥和中湿状态。否则应采取相应措施，如换土、设置隔离层或修筑地下渗沟，避免地面积水或地下水浸入路基，保证路基工作区内的土基强度和稳定性。

3. 路基的边坡

路基的边坡一般用边坡高度和边坡的宽度之比来表示，既 1：b/H=1：m，比值称为边坡坡率。路基边坡的设计是路基设计的重要任务，其取值大小直接影响路基的填挖工程量和稳定性。

（1）路堤边坡

路堤边坡坡度主要根据填料性质、气象条件、边坡高度及基底的工程地质和水文地质条件综合考虑确定。如果路堤基底良好，路堤边坡坡度可以按照规范选定；高路堤需要进行边坡稳定验算。

1）边坡的形式。直线型是最常用的一种，适用于一般路堤。但从路堤受力条件看应上部陡下部缓，因此直线型路堤上部偏安全，下部偏危险。路堤高度大时，为了保证路堤安全，需要更缓的边坡坡率，因此需要占用更多的土地而造成浪费。

折线形采用上陡下缓的边坡形式，符合路堤的受力条件，上部下滑力减小，下部抗滑力增加。但边坡不应当过多，增加施工难度。

台阶形一般每间隔一定高度（8~10m）设置1~3 m的护坡道，护坡道具有1%~3%的向外横坡。台阶形适用于高路堤，设置护坡道可以增加路堤的稳定性，并作为坡面防护的通道。此外，护坡道可以减缓流经较长坡面的地面水流速，防止坡面受冲刷。

2）路堤边坡坡率，应根据填料的物理力学性质、边坡高度和工程地质条件确定。当地质条件良好，边坡高度不大于20m时，边坡坡率应遵循表2-9的规定。

表 2-9 路堤边坡坡率的选用

填料类别	边坡坡率 上部高度（H≤8m）	边坡坡率 下部高度（H≤12m）
细粒土	1∶1.5	1∶1.75
粗粒土	1∶15	1∶1.75
巨粒土	1∶1.3	1∶1.5
硬质岩土	1∶1.1	1∶1.3
中硬岩土	1∶1.3	1∶1.5
软质岩土	1∶1.5	1∶1.75

（2）路堑边坡

路堑边坡的稳定性主要和当地工程地质、水文地质和地面排水条件有关系。土质路堑边坡形式及坡度应根据工程地质、水文地质条件、边坡高度、排水措施、施工方法，并结合自然稳定山坡和人工边坡的调查及力学分析综合确定。

四、路基的防护和加固

为了确保路基的强度和稳定，路基防护加固也是不可缺少的工程技术措施。防护和加固工程可以稳定路基，保证道路的使用品质，美化道路，保持其与自然环境的协调，提高投资效益。一般把防止冲刷和风化，主要起隔离作用的措施称为路基防护工程，防护的重点是路基的边坡。防止路基或山体因重力作用而坍塌，主要起支撑作用的支挡结构物称为路基加固工程，挡土墙是常见的支挡结构物。

1. 坡面防护

《城市道路工程设计规范》（CJJ37-2012）规定"路基坡面防护应根据道路功能，结合当地气候、水文、地质等情况，采取相应防护措施，应采取工程防护与植物防护相结合的防护措施，并应与景观相协调"。坡面防护又称边坡防护，其目的主要是易于防护冲蚀的土质边坡和易于风化的岩石边坡，保护路基边坡表面，免受雨水冲刷，减缓温差和湿度变化的影响，防止和减缓软弱岩石表面的风化、碎裂和剥蚀过程，保护路基的稳定性，在一定程度上兼顾路基美化和协调自然环境。路基边坡应根据当地的气候环境、工程地质、材料供应和坡面具体情况，选用合适的防护类型。引起路基边坡变形和破坏的主导因素是水，因此，防水、治水、排水就成为坡面防护的首要任务。

常用的坡面防护方式有植物防护和工程防护。植物防护可美化路容，协调环境，调节边坡土的湿度，起到固结和稳定边坡的作用。对于坡高不大，边坡比较平缓和土质坡面，植物防护是一种容易有效的防护设施；当不宜使用植物防护或考虑就地取材时，采用矿石、水泥、石灰等矿质材料进行坡面防护是常用的防护形式。植物防护在一定程度上对边坡稳定和改善路容方面优于工程防护。常见的植物防护和工程防护见表2-10和表2-11。

表2-10 常见的植物防护类型和适用条件

类型	特点和适用条件
种草	种草适用于冲刷轻微、宜于种草的土质边坡； 铺草皮适用于冲刷严重，需要快速绿化的边坡，且坡率缓于1∶1的土质边坡和严重风化的软质岩石边坡
种树	适用于沿河路基，以及水的流速低，促使泥沙淤积，坡率缓于1∶1.5的各种土质边坡和风化极严重的岩石边坡，尤其适用于堤岸边的漫水河滩，用来降低水流速度，使泥沙淤积，防止水流直接冲刷路堤； 根据不同的防护要求，可按梅花形、方格形将树栽成条带状或连续式。为保证防护效果，最好与种草、铺草皮配合使用
三维植被网	适用于砂性土，土夹石及风化岩，且坡率缓于1∶0.75边坡防护。三维植被网中的回填土采用客土或土、肥料及含腐殖质土的混合物
骨架植物防护	骨架植物防护包括砌片石或水泥混凝土骨架植草护坡。石骨架植草护坡适用于缓于1∶0.75土质和全风化的岩石边坡；水泥混凝土植物护坡适用于坡度缓于10.75的土质边坡和全风化、强风化的岩石路堑边坡

表2-11 常见的工程防护类型和适用条件

类型	特点和适用条件
砂浆抹面	适用于易风化而表面完整，尚未剥落的岩石路堑边坡，抹面厚度根据材料和坡面状况而定，一般为2~10 cm
喷护	适用于坡度缓于1∶0.5、易风化但未遭强风化的岩石路堑边坡。喷浆防护厚度不宜小于50mm，采用的砂浆强度不应低于M10
锚杆挂网喷浆	适用于坡面为碎裂结构的硬岩或层状结构的不连续地层，以及坡面岩石与基岩分开并有可能下滑的挖方边坡。锚杆应嵌入稳固基岩内，锚固深度应根据岩体性质确定
砌石护坡	干砌片石护坡适用于坡度缓于1∶1.25的土（石）质路堑边坡，干砌片石护坡厚度不宜小于250 mm； 浆砌片（卵）石护坡适用于坡度缓于1∶1的易风化的岩石和土质路堑边坡。浆砌片（卵）石护坡的厚度不宜小于250 mm

2. 挡土墙

《城市道路工程设计规范》(CJJ37-2012)规定"深挖、高填、沿河等路段的路基边坡，必须根据其工程特性进行路基防护设计。对存在稳定性隐患的路基，应进行稳定性分析，当稳定性不满足要求时，必须采取加固措施。"

挡土墙简称挡墙，是支挡土体而承受侧向土压力的墙式支挡结构物，具有阻挡墙后土体滑塌，保护和收缩边坡等功能，是一种常见的路基加固方式。挡土墙可以保证路基边坡或山坡土体稳定，支挡天然边坡、挖方边坡和人工填方边坡、收缩边坡、减少路基占用土地、支撑隧道洞口、桥头及河流岸壁等。在道路工程中，被广泛用于支撑路堤或路堑边坡、隧道洞口、桥梁两端及河流岸壁等。

图 2-7 为一典型挡土墙。其中，墙背为挡土墙靠填土的一侧；墙面为大部分外露的一侧；墙顶为墙的顶面部分；墙底为墙的底面部分；墙背与墙底的交点为墙踵，墙面与墙底的交点为墙趾；墙背与竖直面的夹角称为墙背倾角。墙踵到墙顶的垂直距离称为墙高，一般用 H 表示。

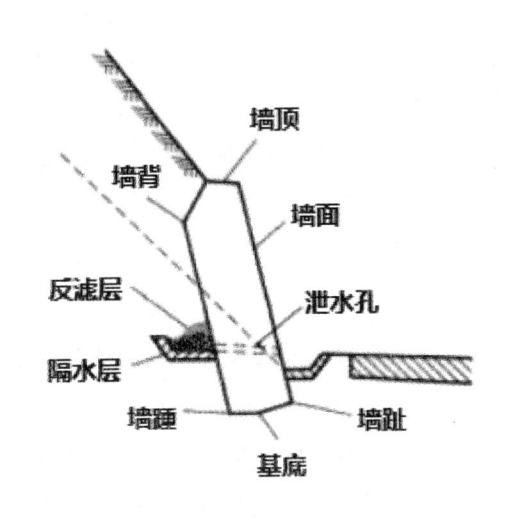

图 2-7 挡土墙示意图

（1）挡土墙的类型

1）按照设置位置，挡土墙可分为路堤墙、路堑墙和路肩墙。路堤墙一般设在高路堤、陡坡路堤或者沿河路堤处，可以防止路堤滑动、收缩坡脚；路堑墙一般设在路堑边坡处，支挡开挖后不能自行稳定的边坡，减少挖方数量；路肩墙设在高路堤、陡坡路堤的路肩下方，可以防止路基边坡或基底滑动，防止水流冲刷边坡。

2）按照挡土墙的结构形式，挡土墙可分为重力式、锚定式、薄壁式和加筋式等。各类挡土墙的使用范围取决于墙址地形、工程地质、水文地质、建筑材料、墙的用途、施工方法、技术经济条件及当地的经验等因素。

①重力式挡土墙。重力式挡土墙通过依靠自身的重力抵抗墙后土体的侧向压力来维持稳定。一般就地取材采用片（块）石砌筑，在缺乏石料的地区可以用混凝土修建。重力式挡土墙圬工量大、结构形式简单、取材容易、施工方便、适应性强、故被广泛应用。

但是由于圬工数量大，因此对地基的承载能力要求较高。

②薄壁式挡土墙。薄壁式挡土墙一般是钢筋混凝土结构，包括悬壁式和扶壁式两种形式。它主要是依靠底板上的上压力平衡侧向压力，具有断面尺寸小、圬工量小、自重轻等特点，适用于石料缺乏、地基承载能力较低的填方路段。

③加筋式挡土墙。加筋式挡土墙由竖直墙面板、拉筋和墙内填料三部分组成。每隔一定高度设置水平拉筋，然后填土压实，通过拉筋和填料之间的摩擦力把侧向土压力传递给拉筋，从而维持土体稳定。拉筋材料可以采用薄钢带、高强度土工合成材料等。

④锚定式挡土墙。锚定式挡土墙一般分为锚杆式和锚定板式两种类型。锚杆式挡土墙主要是由混凝土立柱、挡土板构成墙面，与水平或倾斜的钢锚杆联合组成。锚杆一端与肋柱连接，另一端被锚固在山坡深处的稳定岩层中，通过锚杆的抗拔力来抵抗墙后土压力，使墙获得稳定。适用于墙高较大的岩质路堑地段。锚定板式挡土墙由锚定板、拉杆、钢筋混凝土墙面和填土组成，锚定板被埋在墙后的稳定土层内，通过锚定板的抗拔力来抵抗墙后侧向土压力，维持墙的稳定。适用于缺乏石料地区的路肩墙、路堤挡土墙。

（2）挡土墙的构造

挡土墙一般由墙身、基础、填料和排水设施、沉降缝和伸缩缝组成。其构造必须满足强度与稳定性的要求，同时应考虑就地取材、经济合理、施工养护的方便和安全。

1）墙身。挡土墙墙面和墙背坡度应根据墙趾处地形情况及经济比较进行合理选择。墙背仰斜时，其坡度一般采用 1∶0.25~1∶0.3；俯斜时一般为 1∶0.25~1∶0.4；凸形折线式或衡重式下墙，墙背多采用坡度为 1∶0.25~1∶03 的仰斜，上墙墙背根据上墙高度，采用 1∶0.25~1∶0.45 的坡度。墙面一般为直线，其坡度一般应与墙背坡度相协调。地面坡度较陡时，坡度可取 1∶0.05~1∶0.20；地面坡度较缓时，坡度可取 1∶0.20~1∶0.35。

2）基础。挡土墙的基础的形式的选择主要根据所在位置的地质条件来决定，主要包括普通基础、扩大基础、切割台阶基础和拱形基础。基础的埋置深度应按照地基的性质、冻胀的影响、地形和水文条件来确定。为保证挡土墙的稳定，应保证基础底部土层允许承载力大于可能出现的最大应力，同时也要保证基础不受地下水的冲刷。

3）填料和排水设施。挡土墙的填料应采用易于压实、内摩擦角大、透水性好、遇到水不膨胀和非冻性的材料。挡土墙的排水方式包括地面排水和墙身排水两部分。

4）伸缩缝和沉降缝。为了防止墙身因不均匀沉降而引起的墙身断裂，在地基性质、墙高和墙身断面等条件变化处应设置沉降缝。为了防止混凝土或砖石砌体因为温度变化而产生裂缝，应该设置伸缩缝。设计中将沉降缝和伸缩缝合并设置，沿线方向每隔 10~15m 设置一道，缝宽 2~3 cm。

第六节　城市道路路面设计

一、沥青路面的结构设计

沥青路面是铺筑在柔性基层、半刚性基层上具一定厚度的沥青混合料面层的路面结构。沥青面层是由沥青材料、矿料以及外掺剂按要求比例混合或分层撒铺铺筑而成的单层、多层结构层。沥青路面由于使用了粘聚力较强的沥青材料作为结合材料，大大加强了矿料之间的粘聚力，从而提高了混合料的强度和稳定性，使路面的使用性能和耐久性都得到提高。

沥青路面施工的方法可分为层铺法、路拌法和厂拌法等，施工方法便于机械化施工，质量较易得到保证，施工进度较快，沥青路面材料养护期短，交通开放快并且便于修补和分期修建。与水泥混凝土路面相比，沥青路面具有路面使用质量和耐久性好、无缝、表面平整、行车舒适、噪声低、耐磨、施工期短、养护维修简便等优点。但是，也具有沥青路面抗拉弯强度较低，沥青面层温度稳定性差等缺点。

1.沥青路面结构设计的内容

沥青路面设计的主要任务就是提供适应环境并能够承受预期的交通荷载的路面结构，应为汽车行驶提供快速、舒适、安全、稳定的服务功能，并满足设计交通量下应具有足够的整体刚度及各结构层的应力应变要求。为提高路面设计质量，使路面工程在设计年限内满足各级公路相应的承载能力和安全、耐久的要求。沥青路面设计包括：

（1）路面结构层材料的调查和选择；

（2）沥青混合料配合比设计及基层材料配合比设计；

（3）设计参数的测试和确定；

（4）路面结构层组合设计；

（5）路面结构层厚度计算；

（6）路面结构的方案比选等。

除了行车道路面外，路面设计还包括路缘带、匝道、硬路肩、紧急停车带、公交车站、停车场、城市广场及路面排水系统设计等。

2.沥青路面结构设计的原则

（1）路面设计应认真做好现场资料收集，掌握沿线路基特点，查明路基干湿类型，在对不良地质路段处理的基础上，进行路基路面综合设计。

（2）在满足交通流量和使用要求的前提下，应遵循因地制宜、合理选材、节约投资的原则，选择技术先进、经济合理、安全可靠、方便施工的路面结构方案。

（3）应结合当地条件，积极、慎重地推广新材料、新工艺、新技术，并认真铺筑试验段，总结经验，不断完善，逐步推广。

（4）设计方案应符合国家环境保护的有关规定，注意施工中废弃料的处理，积极推广新技术。

沥青路面属于柔性路面，其强度和稳定性在很大程度上取决于基层、垫层和土基等特性。在进行沥青路面设计时，应注意以下几点。

1）沥青路面的抗弯拉强度较低，因此需要其基础应具有足够的强度和稳定性。基层设计必须具有足够的强度，并且能够保证在水、温度作用下具有良好的稳定性。路表弯沉70%~95%取决于路基，因此路基必须密实、均匀、稳定。控制好路基土的压实度和含水量，提高路基强度是路基路面综合设计的首要措施，其次是提高基层的模量和厚度。

2）沥青路面低温时，其抗变形能力下降很多，因此在季节性冰冻地区的中湿和潮湿路段需要设置防冻垫层，以防止路基不均匀冻胀而导致沥青路面开裂。

3）为提高沥青路面结构的整体性，应采取一定的工程措施，如设置黏结层来加强路面结构各层之间的紧密结合，保证各结构层之间不产生层间滑动。

（一）沥青路面材料特性

1. 沥青混合料的强度特性

沥青混合料是指由矿料与沥青结合料拌和而成的混合料的总称，它是一种复杂的多成分材料，属于黏、弹塑性材料，其强度取决于矿物骨架结构、沥青的结构、矿物材料与沥青材料相互作用的特点、沥青混合料的密实度及其毛细孔隙结构特点等因素。

沥青路面按强度可分为密实类和嵌挤类两种。密实类是指沥青结合料的强度是以沥青和矿料之间的粘聚力为主，矿料之间的嵌挤力和内摩擦力为辅的沥青路面。它具有强度大，但路面强度会随着温度升高、受潮以及荷载作用时间延长而降低等特点，沥青混凝土路面属于这种结构；嵌挤类是指沥青混合料的强度以矿料之间的嵌挤力和内摩擦力为主，粘聚力为辅的沥青路面。它具有热稳性好，孔隙率大，易渗水，耐久性差等特点，沥青贯入式，沥青表面处治、沥青碎石路面属于这种结构。

表征沥青混合料力学强度的参数是抗剪强度、抗压强度、抗拉（包括抗弯拉）强度。一般情况下，沥青混合料均具有较高的抗压强度，而其抗剪和抗拉（抗弯拉）强度较低。因此沥青路面的损坏，往往是从拉裂或滑移开始而逐渐扩展的。

（1）抗剪强度

沥青混合料的剪切强度可按摩尔-库仑原理进行分析，沥青混合料的抗剪强度主要取决于沥青与矿料相互作用产生的粘聚力以及矿料在沥青混合料中相互嵌挤产生的内摩擦角。粘聚力和内摩擦角可采用三轴试验进行确定。

$$\tau_{max} < \sigma\tan\varphi + c$$

式中：

τ_{max}——在外荷载作用下某一点产生的剪应力，MPa；

σ——在外荷载作用下某一点剪切面上的正应力，MPa；

φ——材料的内摩擦角；

c——材料的粘聚力。

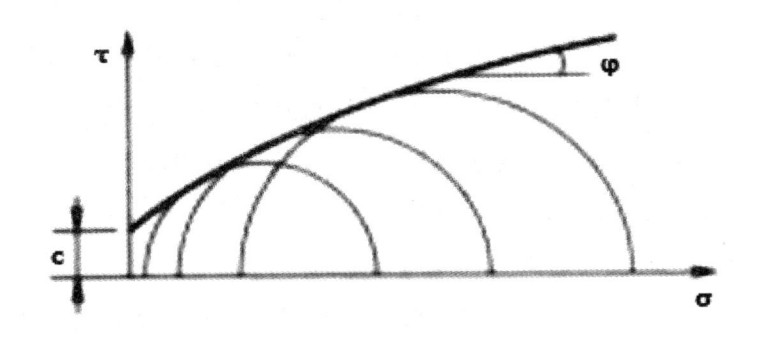

图 2-8 三轴试验确定粘聚力和内摩擦角

（2）抗拉强度

在气候较寒冷地区，冬季低温情况下，特别是急剧降温时，沥青混合料收缩，如果收缩受到限制，将在路面内产生拉应力，如果该应力超过沥青混合料的抗拉强度，路面就会产生开裂。因此要求具有足够的抗拉强度。沥青混合料的极限抗拉强度为

$$S_t = 2P_{max} / \pi t d$$

式中：

P_{max}——破坏荷载，MN；

t——劈裂试件的厚度，m；

d——劈裂试件的直径，m。

（3）抗弯拉强度

沥青混合料在车辆荷载反复作用下，往往因路面弯曲而产生开裂破坏。沥青混合料的抗弯拉强度为

$$\sigma_t = P / h^2$$

式中：

P——最大荷载，MN；

b——试件的宽度，m；

L——简支梁的跨径，m；

h——试件的高度，m。

2. 沥青路面的温度稳定性

（1）沥青路面的高温稳定性

沥青混合料具有强度和抗变形能力随温度升高而降低的特点。温度升高时，沥青的黏滞度降低，矿料之间的粘聚力减小，导致强度降低，沥青混合料易出现剪切破坏。由于沥青混合料的这种性质，导致沥青路面稳定性和工作状况变差，使用性能降低。例如夏季高温时，在停车地点（平面交叉口、公共汽车站、收费站等）和行车变速的路段上，由于汽车的启动与制动、加速和减速，路面受到很大的水平作用力且在车辆重复荷载作用下会发生变形累积，如果沥青混合料的高温稳定性不足，路面就会出现较大的剪切变形，形成推移、车辙和拥包等破坏现象。因此提高沥青混合料的高温稳定性是十分必要的。

（2）沥青路面的低温稳定性

沥青路面的强度虽然随着温度的降低而增加，但其刚度也随着温度的降低而增加，刚度的增加导致其抗变形能力降低。特别是温度急剧下降时，沥青混合料受基层约束而不能收缩，将会产生很大的温度应力，若累积温度应力超过沥青混合料的极限抗拉强度时，路面就会出现开裂等破坏现象。这种破坏现象可分为两种情况，一种是由于温度下降而造成路面表面开始开裂而逐渐发展成裂缝；另一种是由于冰冻作用导致路基、基层收缩，基层出现开裂逐渐延伸到沥青面层而产生的裂缝。低温产生的路面裂缝大多是横向的，这往往是沥青路面损坏的开始，裂缝会进一步发展，随着雨水由裂缝渗入路面结构，逐渐导致路面工作状况的恶化。

3. 沥青路面的水稳定性

水可以使沥青从矿料表面脱落而出现路面水毁坏。提高沥青路面水稳性的措施包括提高沥青与矿料之间粘结力、在沥青中掺加抗剥落剂以及矿料用石灰浆处理。

（二）沥青路面的结构组合设计

沥青路面各结构层如何选择和布置，使整个路面结构既能够经受住行车荷载和各种不利的自然因素的作用，又能发挥结构层材料的最大效能，这是沥青路面结构组合设计所要解决的问题。

1. 路面结构组合的原则

（1）根据各结构层功能和交通的特点选择层次结构

由于面层、基层和垫层的作用是不同的，因此面层材料应选择高强、耐磨、热稳定性好以及不透水的材料；基层是主要的承重层，应选用有足够的强度、刚度和水稳性的材料；垫层应隔水、隔温，应选择水稳性、隔热性和吸水性好的材料。

（2）采用适当的层数和层厚

路面结构层数越多，越能体现材料内应力和应变的规律，层厚应考虑施工和造价，自上到下，应由薄到厚。

（3）根据各层的结构特点，做好层间组合结构层

各层间应该紧密稳定，消除相邻层间的不利影响。一般可以在沥青面层和半刚性基层或粒料基层之间设置连接层；沥青路面不能直接铺筑在片石基层上，应该设置碎石过渡层；在多雨地区或多雨的施工季节，为了防止雨水渗入基层，可以用单层的沥青表面处治做下封层。

（4）路面等级、面层类型和厚度的选择应满足交通量的要求，沥青路面类型应根据道路等级、使用要求、交通等级，并考虑施工难易和材料供给、施工机械设备等因素进行选择。

2. 路基设计要求

（1）在不利季节路基顶面设计回弹模量值，对快速路和主干路不应小于 30 MPa；对次干路和支路不应小于 20 MPa。当不能满足上述要求时，应采取措施提高路基的回弹模量。

（2）路床应处于干燥或中湿状态。

（3）季节性冰冻地区各级公路的中湿、潮湿路段，设计时应进行防冻厚度检验。防冻厚度与路基潮湿类型、路基土类、道路冻深以及路面结构层材料的热物性有关。若结构层总厚度小于最小防冻层时，应增加防冻层使其满足最小防冻厚度的要求。

3. 垫层设计要求

（1）垫层应具有一定的强度和良好的水稳定性。

（2）在下述情况下，应在基层下设置垫层：季节性冰冻地区的中湿或潮湿路段；地下水位高、排水不良，路基处于潮湿或过湿状态；水文地质条件不良的土质路堑，路床土处于潮湿或过湿状态。

（3）垫层宜采用砂、砂砾等颗粒材料，小于 0.075 mm 的颗粒含量不宜大于 5%。

（4）排水垫层应与边缘排水系统相连接，厚度宜大于 150 mm，宽度不宜小于基层

地面的宽度。

4. 基层设计要求

（1）基层是主要承重层，应具有稳定、耐久、较高的承载能力。基层可为单层或双层，无论是沥青混合料或粒料类基层，还是半刚性基层、刚性基层，均要求具有相对较高的物理力学性能指标。例如，半刚性基层应具有足够的强度和稳定性，较小的温缩、干缩变形和较强的抗冲刷能力，在冰冻地区应具有一定的抗冻性；用作上基层的半刚性材料宜选用骨架密实型级配，应具有一定的强度、抗疲劳开裂性能与抗冲刷能力。

（2）基层、底基层设计应贯彻就地取材、就近取材的原则，可选用无机结合料稳定集料类或沥青混合料、粒料、贫混凝土等材料。根据交通量及其组成、气候条件、筑路材料以及路基水文状况等因素，选择技术可靠、经济合理的结构。

（3）基层材料应根据交通等级、气候条件等具体选定（见表2-12）。石灰稳定类材料宜用于各类交通等级的下基层以及重、轻交通的基层。刚性基层适用于重交通、特重交通及港区等的道路工程。刚性基层最小厚度应大于150 mm。

表2-12 适宜各交通等级的基层类型

交通等级	基层类型
特重	贫混凝土、碾压混凝土、水泥稳定类、石灰粉煤灰稳定类、水泥粉煤灰稳定类
重	水泥稳定粒料、沥青稳定碎石基层、石灰粉煤灰稳定类、水泥粉煤灰稳定类
中或轻	沥青稳定碎石基层、水泥稳定类、石灰稳定类、水泥粉煤灰稳定类、石灰粉煤灰稳定类或级配粒料基层

5. 沥青面层设计要求

（1）应根据使用要求、气候特点、交通荷载与结构层功能要求等因素，结合沥青层厚度和当地经验，合理地选择各结构层的沥青混合料类型。表面层宜选用SMA、AC-C和OGFC沥青混合料，在各个沥青层中至少有一层应为密级配沥青混合料。

（2）沥青材料品种与标号的选择应根据道路等级、气候条件、交通量及其组成、面层结构与层次、施工工艺等因素，结合当地使用经验确定。

（3）沥青面层结构可采用单层式、双层式和三层式：单层式面层应加铺封层，或者铺筑微表处作为抗滑磨耗层；双层式沥青面层结构分为表面层、下面层；三层式沥青面层结构分为表面层、中面层、下面层。

（4）面层各层的混合料类型应与交通荷载等级及使用要求相适应，并应符合下列规定。

1）表面层应选用优质混合料铺设，并根据道路交通等级选择；轻交通道路，宜选用密级配 AC-F 型混合料；中交通道路，宜选用密级配粗型 AC-C 型混合料；重交通和特重交通道路，应选用 SMA 混合料、密级配粗型 AC-C 混合料，结合料应使用改性沥青；支路可选用沥青表面处治和沥青封层；交通量小的支路可选用冷拌沥青混合料。

2）中面层和下面层应采用密级配 AC 型混合料。在特重交通和重交通道路上，宜使用 SMA 混合料或改性沥青密级配 AC 型混合料。

3）在年平均降雨量大于 800mm 的地区，快速路宜选中级配沥青混合料 OGFC 作为沥青表面磨耗层或者排水路面的表面层。

（5）各类沥青面层的厚度应与混合料最大公称粒径相匹配，混合料一层的最小压实厚度宜符合下列规定：AC 混合料路面厚度不宜小于混合料公称最大粒径的 3 倍；SMA 混合料和 OGFC 混合料路面厚度不宜小于混合料公称最大粒径的 2.5 倍。

（6）沥青路面各结构层之间应保持紧密结合。各个沥青层之间应设黏层；各类基层上应设透层；快速路、主干路的半刚性基层上宜设下封层。

（7）非机动车道、人行道、步行街采用沥青路面铺装时，沥青混合料面层厚度不应小于 30 mm，沥青石屑、沥青砂面层厚度不应小于 20 mm。

二、水泥混凝土路面结构设计

（一）概述

水泥混凝土路面主要指以水和水泥合成的水泥浆为结合料，碎砾石为骨料，砂为填充料，按照适当的比例，铺筑而成的路面。即用水泥混凝土作为面板或基（垫）层所组成的路面。水泥混凝土路面具有刚度高和强度高，耐久性好；稳定性，水稳性和温度稳定性优于沥青路面；平整度和粗糙度好；养护费用少，运输成本低；路面色泽鲜明，能见度好，利于夜间行车等优点。但是具有路面必须设置接缝，增加施工和养护的难度，且易引起跳车，影响行车舒适性；混凝土需要养护，施工后不能立即开放交通；挖掘和修补困难，施工工艺较沥青混凝土路面复杂；对水泥和水的需求量大等缺点。

1. 水泥混凝土路面的分类

水泥混凝土路面按照面层类型可分为以下几种，本章主要讨论普通混凝土路面。

（1）普通混凝土（素混凝土或无筋混凝土）路面，除接缝和局部范围外，面板内部设置钢筋的水泥混凝；土路面，它是目前我国采用最广泛的一种水泥混凝土路面。

（2）钢筋混凝土路面，是指为了防止混凝土面层产生裂缝而在板内设置横、纵向钢筋或钢筋网的水泥混凝土路面。钢筋混凝土路面适用于混凝土板尺寸较大、形状不规则、路基或基层可能产生不均匀沉降的路段。

（3）连续配筋混凝土路面，是指除了在邻近的构造物或与其他路面交接处设置胀缝以及施工需要设置施工缝外，在路段内部不设置横缝，而连续配置纵向或横向钢筋的路面。由于钢筋用量较大，所以造价较高。

（4）钢纤维混凝土路面，是指在混凝土中掺加钢纤维的路面。钢纤维可以提高混凝土的韧度和强度，因此其路面厚度小于普通钢筋混凝土路面。一般适用于标高受到限制的路段的路面、旧混凝土路面上加铺层、桥面铺装、公共汽车站等地点。

（5）预应力混凝土路面，是指对混凝土面板施加预应力以抵消部分轮载和温度产生的拉应力的路面。它具有较大的柔性和弹性，可适应基础较大的不均匀变形，一般面板厚度 10~15 cm，板长可达 100~150 m。

2. 混凝土路面的设计内容

（1）路面的结构组合设计是指根据交通繁重程度，结合当地环境条件和材料供应情况，选择安排混凝土路面的结构层次，包括土基、垫层、基层和面层的结构层位，各层的路面结构类型、弹性模量和厚度。技术先进、工程经济合理的路面结构组合设计方案，应能保证混凝土面板在设计使用期内能承受预期交通的作用、提供良好的使用品质。

（2）混凝土面板的厚度设计是指按照设计标准的要求，确定满足设计年限内使用要求所需的混凝土面层的厚度。

（3）混凝土面板的平面尺寸和接缝设计是指根据混凝土面板内产生荷载应力和温度应力，进行板的平面尺寸设计，确定接缝的位置，设计接缝的构造，并采取有效措施提高接缝的传荷能力。

（4）混凝土路面材料组成设计是指确定混凝土水灰比、单位用水量、单位砂石料用量和外加剂用量，以保证混凝土路面具有合适的抗弯拉强度、耐久性、工作性和经济性。

（5）混凝土路面配筋和混凝土材料组成设计是指当交通量较大、地基有不均匀沉降或面板形状不规则时，沿板纵向设置的钢筋种类和配筋率以提高面板的弯拉强度，表面平整、抗滑耐磨，防止裂缝的出现。

（二）接缝设计

水泥混凝土面板是由一定厚度混凝土板组成的，具有热胀冷缩的性质。由于一年四季气温的变化，混凝土板会产生不同程度地膨胀和收缩。而在一昼夜中，白天气温升高，混凝土板顶面温度比底面高，这种温度差会形成板的中部隆起的趋势。夜间气温降低，板顶面温度比地面低，会使板的周边和角隅发生翘起趋势，这都使板内产生附加温度应力，在交通荷载的反复作用下，会造成板的断裂或拱胀等破坏。因此，水泥混凝土面层需要设置各种类型的接缝，把面层划分为尺寸较小的板，以减小伸缩变形和挠曲变形受到约束而产生的应力,减小面层破坏的可能性。

接缝的设计要能实现以下三个方面的要求:控制温度收缩应力和翘曲应力所引起的裂缝出现的位置;通过接缝能提供一定的荷载传递能力;防止坚硬的杂物落入接缝内和路面水的渗入。因此,接缝设计应考虑接缝设置位置、构造和缝隙的填缝。

水泥混凝土面层的接缝可分为纵缝、横缝,按接缝的功能可分为施工缝、胀缝和缩缝。设置缩缝的目的是减少收缩应力和温度翘曲应力,保证板因温度和湿度的降低而收缩时沿该薄弱面缩裂,从而避免产生不规则的裂缝;设置胀缝的目的是为混凝土面层膨胀提供余地,保证板在温度升高时能部分伸张,从而避免产生路面在热天的拱胀和折断破坏,同时胀缝也能起到缩缝的作用;施工缝是在每天路面施工完以及因雨天或其他原因施工需要中断混凝土浇筑时而设置的。

1. 纵向接缝的设置

(1) 纵向接缝的布设应依据路面宽度和施工铺筑宽度确定

1) 当一次铺筑宽度小于路面宽度时,应设置纵向施工缝。纵向施工缝宜采用平缝形式,上部应锯切槽口,深度宜为 30~40 mm,宽度宜为 3~8 mm,槽内应灌塞填缝料;

2) 当一次铺筑宽度大于 4.5 m 时,应设置纵向缩缝。纵向缩缝宜采用假缝形式,锯切的槽口深度应大于施工缝的槽口深度。当采用粒料基层时,槽口深度应为板厚的 1/3;当采用半刚性基层时,槽口深度应为板厚的 2/5。

(2) 纵缝应与路线中线平行

在路面等宽的路段内或路面变宽路段的等宽部分,纵缝的间距和形式应保持一致。路面变宽段的加宽部分与等宽部分之间,应以纵向施工缝隔开。加宽板在变宽段起终点处的宽度不应小于 1 m。

2. 横向接缝的设置

(1) 每日施工结束或因临时原因中断施工时,必须设置横向施工缝,其位置应选在缩缝或胀缝处。设在缩缝处的施工缝,应采用传力杆的平缝形式;设在胀缝处的施工缝,其构造与胀缝相同。当有困难需设在缩缝之间时,施工缝应采用设拉杆的企口缝形式。

(2) 横向缩缝可等间距或变间距布置,应采用假缝形式。快速路和主干路、特重和重交通道路、收费广场以及邻近胀缝或自由端部的 3 条缩缝,应采用设传力杆假缝形式。其他情况可采用不设传力杆的假缝形式。

(3) 横向缩缝顶部应锯切槽口,深度宜为面层厚度的 1/5~1/4,宽度宜为 3~8 mm,槽内应填塞填缝料。快速路的横向缩缝槽口宜增设深 20 mm、宽 6~10 mm 的浅槽口,缝内设置可滑动的传力杆。

（4）在邻近桥梁或其他固定构造物处或与其他道路相交处、板厚改变处、小半径平曲线处，应设置横向胀缝。设置的胀缝条数，应视膨胀量大小而定。低温浇筑混凝土面层或选用膨胀性高的基料时，应酌情确定是否设置胀缝。胀缝宽 20 mm，缝内应设置填缝板和可滑动的传力杆。

第七节　城市道路排水设施设计

一、概述

排水工程设计应依据城镇排水与污水处理规划，并与城市防洪、河道水系、道路交通、园林绿地、环境保护、环境卫生等专项规划和设计相协调。排水设施的设计应根据城镇规划蓝线和水面率的要求，充分利用自然蓄排水设施，并应根据用地性质规定不同地区的高程布置，满足不同地区的排水要求。

（一）排水系统的制度

排水制度是指排水系统对生活污水、生产废水和降水所采取的不同排除方式，根据污水和雨水的合与分，一般分为合流制、分流制两类。

1. 合流制排水系统

合流制排水系统是指将生活污水、工业废水和雨水混合在同一个管渠内的排水系统，又可分为直排式合流制排水系统和截流式合流制排水系统。

（1）直排式合流制排水系统

直排式合流制排水系统是最早出现的合流制排水系统，是将欲排除的混合污水不经处理直接排入天然水体。因污水未经处理而直接排放，会使天然水体遭受严重污染。国内外许多老城市几乎都采用这种排水系统。这种系统所造成的污染危害很大，现在一般不再采用。

（2）截流式合流制排水系统

截流式合流制排水系统是在邻近河岸的街坊高程较低侧建造一条沿河岸的截流总干管，所有主干排水管的混合污水都将接入截流总干管，并输送至下游的污水处理厂。在合流干管与截流总干管相交前或相交处须设置溢流井，当进入管道的城市污水和雨水的总量超过管道的设计流量时，多余的部分就会经溢流井排出。

初降雨时汇集量较小，一般都在截流总干管的设计截流能力范围内，故晴天的城市污水和雨天的初降雨都会排送至污水厂，经处理后排入水体。如果降雨持续，进入管道的污水流量超过截流总干管的设计输水能力后，就有部分污水经溢流井溢出直接排入水体。截流式合流制排水系统是国内外改造旧城区合流制排水系统常用的方式，比直排式合流制排水系统有所进步，但仍有部分混合污水未经处理直接排放，成为水体的污染源而使水体遭受污染。

2. 分流制排水系统

分流制排水系统是指将生活污水、工业废水和雨水分别在两个或两个以上各自独立的管渠内排除的体制。排除生活污水、工业废水或城市污水的系统称为污水排水系统，排除雨水的系统称为雨水排水系统。根据排除雨水方式的不同，又分为完全分流制和不完全分流制排水系统。

（1）完全分流制排水系统

完全分流制排水系统具有相互完全独立的污水排水系统和雨水排水系统，污水排放至污水处理厂处理后排放，雨水就近排入水体。

（2）不完全分流制排水系统

不完全分流制是指城市内只有污水排水系统，而未建雨水排水系统，雨水沿街道边沟、水渠、天然地面等原有雨水渠道系统排泄，或者在原有渠道系统输水能力不足之处修建部分雨水管道，城市进一步发展后再修建完整独立的雨水排水系统，逐步改造成完全分流制排水系统。

在一些大城市中，由于各区域的自然条件存在差异，同时排水系统的建设是逐步进行和完善的，有时会出现混合制排水系统，即既有分流制也有合流制的排水系统。混合制排水系统在原为合流制的城市进行排水系统的改扩建时常常出现。

（二）城市道路雨水排水系统的类型

城市道路路面排水系统，根据其构造特点，可分为以下3类。

1. 明沟系统

与公路地面排水相同，在街坊出入口、人行横道处增设一些盖板、涵管等构造物。明沟可设在路面的两边或一边，也可在车行道的中间，当道路处于农田区时，边沟要处理好与农田排灌的关系。

明沟的排水断面尺寸，可按照汇水面积经水力计算确定。一般也可根据当地实际经验来安排。明沟通常采用梯形断面，底宽不小于0.3 m，边坡视土质及护面材料而不同，用砖石铺砌或混凝土块护面时，一般用1∶0.75~1∶1的边坡。有些城市也有石砌或砖砌并加盖板的矩形明沟。

2.暗管系统

由街沟、雨水口、连管、干管、检查井、出水口等部分组成，埋置在地下的排水系统称为暗管系统。道路上及其相邻地区的地面水依靠道路设计的纵横坡度，流向行车道两侧的街沟，然后顺街沟的纵坡流入沿街沟设置的雨水口，再由地下的连管通到雨水干管，排入附近河流或其他水体中去。

3.混合式系统

这是明沟和暗管相结合的一种形式。城市中排除雨水可用暗管，也可用明沟。采用明沟可以降低造价，但在建筑物密度较高和交通频繁的地区，采用明沟往往引起生产、生活和交通不便，桥涵费用增加，占用土地较多，并影响环境卫生。因此，这些地区应采用暗管系统。而在城镇的郊区或其他建筑物密度较小，交通稀少的地区，应首先考虑采用明沟系统。

二、雨水管道及其构造物的规划设计

（一）雨水管道系统的设置原则

雨水管道系统是指整个城镇或某一分区、街坊范围内的雨水排除设施的总体。布置雨水管网要根据城镇总体规划、居住区详细规划，结合地形、现状、道路网布置以及竖向规划来安排，力求做到工程经济合理，管网疏密恰当，并避免埋深过大或过小，坡度过陡或过缓。一般宜着重考虑下述几个方面的问题。

1.充分利用地形，就近排入天然水体

规划雨水管线时，首先按地形划分排水区域，再进行管线布置。根据地面高度和河道水位，划分自排区和强排区。自排区利用重力流自行将雨水排入河道；强排区需要设雨水泵站提升所汇集的雨水，然后排入天然水体。

根据分散和直接的原则，多采用正交式布置，使雨水管渠尽量以最短的距离重力排入附近的池塘、河流、湖、海等水体中。只有当天然水体位置较远且地形较平坦或地形不利的情况下，才需要设置雨水泵站。

2.尽量避免设置雨水泵站

由于暴雨形成的径流量大，雨水泵站的投资也很大，且雨水泵站在一年中运转时间短，利用率低，所以排除雨水应尽可能靠重力流。但在一些地势平坦、区域较大或受潮汐影响的城市，必须设置泵站时，应把经过泵站排泄的雨水径流量减少到最低限度。

3.结合城市规划布置雨水管道

通常，应根据建筑物的分布、道路布置及街坊内部的地形、出水口位置等布置雨水管道，使雨水以最短距离排入街道两侧的雨水管道。干管两侧应根据用地需要每隔一段距离设置预留管和接户井，以便将来收集两侧用地的雨水。对竖向规划中确定的填方或挖方地区，雨水管渠布置必须考虑今后地形变化，作出相应处理。

雨水干管的平面和竖向布置应考虑与其他地下构筑物在相交处的相互协调，排水管道与其他各种管线在竖向布置上要求的最小净距应满足相关规范要求。在有池塘、坑洼的地方，可以考虑雨水的调蓄。在有管道连接条件的地方，应考虑两个管道系统之间的连接。

4. 合理布置出水口

雨水出口的布置有分散和集中两种布置形式。当出口的天然水体离流域很近，水体的水位变化不大，洪水位低于流域地面高程，出水口的建筑费用不大时，宜采用分散出水口，以便雨水就近排放，使管线较短，减少管径；反之，则可采用集中出水口。

5. 雨水口的布置

雨水口的布置应使雨水不致漫过路面而影响交通，因此一般应设置在街道交叉路口的汇水点和低洼处，不宜设在对人行不便的地方。

（二）雨水管道系统的设计步骤

雨水管道系统的设计是一项非常重要的工作，也是要求认真、细致的技术性工作。在进行一个地区的雨水管道设计时，应按照以下步骤进行。

1. 调查研究收集资料

首先调查研究、搜集和整理各种原始资料，并根据当地情况确定一些必要的设计基本数据，这是进行雨水管道设计的基础性工作。原始资料包括涉及地区的地形图、平面布置图、设计标高、城市交通规划、排水发展规划、河道的位置、道路的布置、地质和水文地质资料，以及有关暴雨、天气、冰冻等方面的资料。

如果当地没有雨量分析的成果，应根据当地或附近地区的雨量资料，求得设计采用的雨量曲线或雨量公式，并考虑具体情况后来确定设计重现期、径流系数、集水时间和设计流量等参数。

2. 划分雨水流水区域

根据雨水管道的设计原则，在比例尺 1：2 000~1：5 000 设计地区的地形图上划分排水区域，规划雨水管道的路线，确定水流方向。

3. 划分雨水设计管段

在管道改变管径、方向、坡度处，支管接入处、两条以上管道交汇处以及过长的直线管段上都应设置检查井。两个检查井之间管径没有变化的管段称为设计管段。由此可见，设计管段的起点和终点就是检查井的位置，计算时可以把两个检查井的间距作为计算管段的长度，但是其工作量比较大。

在计算雨水干管时，为了简化计算，可以把估计将采用同样管径和坡度的连续管段合并成为一个设计管段。

4. 划分设计管段汇水面积

每条管道都有其服务的汇水面积，各条管线和各个设计管段的汇水面积的区界是根据当地的地形和地貌决定的。设计管段划分好后，就可划分各相应管段的汇水面积。

5. 确定控制点的标高

根据地形图上等高线确定各设计管段的起讫点（即检查井）的地面标高；确定干管沿线的控制点（如支管交汇处、最低处、出口、与其他地下构筑物交叉处）的高程，以便下一步进行水力计算。

6. 确定径流系数

径流系数，可按《室外排水设计规范》（GB 50014-2006(2014 年版)）的规定取值，汇水面积的综合径流系数应按地面种类加权平均计算，并应核实地面种类的组成和比例（见表 2-1）。

表 2-1 不同地面的径流系数

地面种类	径流系数
各种屋面、混凝土和沥青路面	0.85~0.95
大块石路面和沥青表面处治路面	0.55~0.65
级配碎石路面	0.40~0.50
干砌石路面	0.35~0.40
非铺砌的土地面	0.25~0.35
公园或草地	0.10~0.20

7. 确定地面集水时间

地面积水时间是指雨水从集水面积的最远点到集水点所需要的时间。一般不需要进行计算，可根据街坊面积的大小、地面种类、坡度大小、覆盖情况及街坊内部排水系统等因素综合考虑，其取值一般为 5~15 min。

8. 确定设计重现期

根据区域的性质、城镇类型、地形及漫溢后造成的损失大小等因素确定设计重现期。经济条件较好，且人口密集、内涝易发的城镇，宜采用规定的上限；新建地区应按新规范执行，既有地区应结合地区改建、道路建设等更新排水系统，并按新规范执行；统一排水系统可采用不同的设计重现期。设计重现期的选用根据《室外排水设计规范》(GB 50014-2006(2014年版))来确定(见表2-2)。

表2-2 雨水管渠设计重现期

城镇类型 城区类型	中心城区	非中心城区	中心城区重要地区	中心城区地下通道及 下沉广场
特大城市	3~5	2~3	5~10	30~50
大城市	2~5	2~3	5~10	20~30
中、小城市	2~3	2~3	3~5	10~20

9. 确定暴雨强度公式

根据调查研究和搜集的资料,确定设计地区的暴雨强度公式,并绘制单位径流量和集流关系曲线。如果调查研究和收集的资料不能确定暴雨强度公式时,可采用自然条件基本相同的附近地区的暴雨强度公式。

10. 雨水管的水力计算

进行雨水管道的水力计算,即根据各设计管段的设计流量确定管道的直径、坡度、管底高程、覆土厚度及埋设深度并列入计算表。在进行雨水管道的水力计算时,应注意以下事项。

(1) 管道设计充满度

雨水管道均应按满流条件进行设计。明渠应在设计水位以上有不小于 0.2 m 的安全值,街道边沟应有不小于 0.03 m 的安全值。

(2) 雨水管道计算顺序

在进行雨水管道的水力计算时,应由管线的起点开始,沿着干管由上游依次向下游计算,一直算到另一支线交汇处,再自支线起点分段计算到交汇处,然后再沿着干线向下游计算。交汇处下游干管的起点高程,应根据交汇处最低的一个管底高程来计算。

(3) 设计流速

应考虑设计流速的最低值(不淤积泥沙)和最高值(不冲刷管壁或渠壁)。雨水管道的最小设计流速为 0.75 m/s;明渠和街道边沟内发生沉淀后容易清除,所以,可采用较低的设计速度,明沟和街道边沟采用 0.4 m/s 为最小流速。雨水在管道内从上游起流速逐渐增大,在支干管交汇处应使支干管流速接近,不宜使支管流速大于干管流速。

雨水管道的最大允许流速可以稍大些。非金属管道(混凝土或砖砌管)的最大允许流速一般采用 5 m/s;金属管的最大流速则采用 10 m/s。在明渠中,流速按不同的土质和铺砌材料而定,当流水深度 h 为 0.4~1.0m 时,最大设计流速见表2-3。如水流深度 h

在 0.4~1.0m 范围以外时,表 2-3 中的水流速度数值应乘以下列系数:h<0.4m 时,为 0.85;h>1.0m 时,为 1.25;h≥2.0m 时,为 1.40。

表 2-3 明渠最大设计流速

明渠类型	最大设计流速 /(m/s)
粗砂及亚黏土	0.8
亚黏土	1.0
黏土	1.2
石灰岩或砂岩	4.0
草皮护面	1.6
干砌石片	2.0
浆砌片石或浆砌砖	3.0
混凝土	4.0

(4)设计坡度

雨水管渠的最小坡度应按最小流速计算,最小设计坡度见表 2-4,雨水管渠的最大纵坡,应使管渠内的流速小于最大允许流速。

表 2-4 最小管径和最小设计坡度

管渠类别	位置	最小管径 /mm	最小设计坡度
雨水管和合流管	在街道和厂区内	200	0.004
雨水口连接管	在街道下	250	0.003
		200	0.01
明渠	-	-	0.005

在一般情况下,管底坡度最好接近地面坡度,让管顶覆土厚度基本相同。当遇到地面坡度很大时,为避免计算流速超过允许最大流速并满足最小覆土深度的要求,可设置跌水井。支管的跌水井不宜设在与干管交汇处,应设在交汇处的上游。

(5)最小管径

为了保证雨水管道养护上的便利,防止管道发生阻碍,《城市排水设计规范》中规定,雨水管道的最小管径见表 2-4。管径自上游随着沿城流量的逐渐增大而增大,所以一般情况下,大口径沟管的下游,不应采用较小口径的沟管。当下游管道由于地形坡度变陡而使管道坡度剧增时,根据水力计算用比上游小的管径可以排除设计流量时,管道可以采用较小的管径,但需符合有关的规定:当管径为 250~300 mm 时,下游管径小于上游管径只能减少一级;等于或小于 200 mm 时,不得超过两级。

11. 绘制平面设计图

将雨水管道的设计成果汇总绘制在 1∶500~1∶2 000 平面图上，平面图上应附有指南针。注明检查井的编号和桩号、设计管道的直径、检查井的间距、雨水口的位置；还必须标出人行道边线、附近构筑物、街坊的分区、大型公共建筑、地面等高线、道路、铁路及现有公共事业地下管线等。

施工平面图上还要注明水准标志的地点、编号和标高。起点的检查井和转折处的检查井的中心位置应用坐标标明。要拆迁的地下管线需特别详细注明。如果有旧雨水管道应说明其处理方法（拆除或利用）。要征用的土地及应拆除的房屋要用明显的符号及线条表示出来。绘制的平面图应达到：内容比较齐全，表达简明扼要，便于工程施工。

在做好以上各项工作的基础上，根据雨水管道设计的要求和原则编写必要的设计和施工说明。

第八节　城市道路附属设施设计

一、交通信号设备

城市道路主、次干道交叉口一般都设置交通信号设备指挥交叉口交通的通行。交叉口交通信号设备有：指挥信号灯、车道信号灯和人行横道信号灯。

1. 信号灯的设置

（1）人行横道信号灯主要设置在交通繁杂的交叉路口或路段，用以保证行人安全有秩序地横过车行道。人行横道信号灯在交叉路口一般与交叉路口指挥信号灯相连通同步使用，设置在人行横道线的两端。国外许多城市在一些路段的行人穿越点设置有行人控制的人行横道信号灯，国内目前已有少数城市开始在路段上设置人行横道信号灯。

（2）车道信号灯是为适应交通信号线控制和区域控制的需要，用以提前提示前方车道能否通行的信号灯，设在可变车道上，国内尚未设置使用。

（3）指挥信号灯是指挥交叉口各路口车辆通行的信号灯。指挥信号灯在交叉口的设置方式有三种：一种是设在交叉口中央，这种形式信号比较醒目，注意力容易集中，当交通特别拥挤时利于配合交通警察手势指挥；一种是设置在进入交叉口的路口停止线前，是最常见的设置形式．当道路宽度很大时，靠中间的机动车驾驶人员不易看清信号，所以宜用于一般的交叉口；另一种是设置在交叉口出口一侧，适用于较小的交叉口，有利于将停车线向前布置，缩短车辆通过交叉口的时间，信号也较醒目。道路宽度很大的三块板道路，可以分别为机动车道和非机动车道设置指挥信号灯。

（4）夜间黄色警告灯是夜间停止使用指挥信号灯指挥交通后，提醒车辆、行人注意前方是交叉口而设置的。黄色警告灯可以悬吊于交叉路口中央上空，也可以利用指挥信号灯的黄色灯代替。

2. 信号灯灯制

我国城市现行的信号灯灯制是：红-黄-绿灯制。红灯表示禁止通行；黄灯为腾清交叉口的变灯过渡信号，表示只许驶出交叉口，禁止驶入交叉口；绿灯为通行信号。此外还有闪灯信号，预示即将变换色灯信号。

目前在一些交通混乱的交叉口，已开始采用多方位信号灯，用绿箭头灯信号表示特许某方向通行，对改善交叉口交通秩序效果明显，但通行能力会受影响。

3. 信号灯操纵方式

（1）人工控制：是人工根据交通状况操纵的信号灯，可灵活变换色灯周期以适应交通量的瞬时变化，当道路使用效率不高、交通流量不均衡变化的时候，人工控制的信号灯效率较高，但在大城市很少采用。

（2）定时自动调节：使用按固定的周期变换色灯的自动信号灯。可以根据每天不同时间交通量的变化规律，调整和安排一段时间内的色灯周期，还可以与相邻交叉口联动，组织"绿波式交通"。绿波交通就是在交叉日间大致均匀、车种车速大致相同，车流量较大的一条城市主道上，合理调整各交叉口的信号灯周期，使进入这条干道的车辆依次行至各交叉口时都能遇到绿灯而无阻通行的交通信号灯线控制方式。

（3）电子计算机和传感系统控制

由传感系统将车辆驶近交叉口的讯号送入电子计算机分析，按分析后的最佳组织方案控制交通指挥信号，组织交叉口的交通，可以实现点（一个交叉口）、线（一条道路）、面（一个地区的道路网）的信号灯自动控制。

在国外一些先进国家的城市，由于车种单一、交通量较为均匀，都已实现了这种形式的自动控制。在我国城市，由于车种复杂，道路未形成完整系统，交通分布很不均匀，又存在大量与机动车流特点差异很大的非机动车流，实现这种形式的自动控制比较困难，目前仅在少数特大城市的部分地区进行试验性的区域控调。

二、交通标志

道路交通标志是用图形、符号、颜色和文字向交通参与者传递特定信息，用于管理交通设施。我国现行的交通标志分为主标志和辅助标志两大类（见彩色插页）。

1. 主标志：按其含义可分为6种。

（1）警告标志：是警告车辆、行人注意危险地点的标志。为顶角朝上的等边三角形，黄底黑边黑图案的标志牌，共42种。

（2）禁令标志：是禁止或限制车辆、行人交通行为的标志。主要为白底红圈、红杠黑图案的圆形标志牌，此外还有白底照边黑图案的解除禁令标志及八角形和倒三角形的让行标志，共42种。

（3）指示标志：是指示车辆、行人按标志含义行进的标志，为圆形、长方形和正方形蓝底白图案的标志牌，共29种。

（4）指路标志：是传递道路方向、地点、距离信息的标志，为长方形和正方形标志牌。一般道路为蓝底白图案，高速公路为绿底白图案，共62种。指路标志中的道路编号标志，国道为红底白字白边，省道为黄底黑字黑边，县道为白底黑字黑边。

（5）旅游区标志：是提供旅游景点方向，距离的标志。分为指引标志和旅游符号两类，为棕色底白色字符的正方形和长方形标志牌，共17种。

（6）道路施工安全标志：是通告道路施工区通行的标志，除路栏、锥形交通路标、警告灯号和道口标志外，施工标志为长方形，蓝底白字，图案部分为黄底黑图案，共26种。

2. 辅助标志：是设于主标志下起辅助说明的标志，不能单独使用。按其用途又可分为表示区域、距离、时间、车辆种类，警告禁令理由等，为矩形白底黑字黑边的标志牌，其16种。

此外，还有用于高速公路、城市快速路的可变信息标志，可及时通告关于速度限制、车道控制、道路状况、交通状况、气象状况等信息的变化。

3. 警告标志的视距要求

机动车驾驶员在驾车行进中对交通标志的感觉有发现、识别、认读、理解和行动五个阶段，完成这五个阶段车辆所行驶的距离可称为标志视距，与车速、标志尺寸、视角等有关。

三、交通标线

城市道路交通标线是由标划于路面上的各种线条、箭头、文字、立面标记和轮廓标等所构成的交通安全设施，共70种。其作用是管制和引导交通，可以与标志配合使用，也可单独使用。高速公路，一、二级公路，城市快速路、主干路上的交通标线应使用反光材料。

1. 交通标线按设置方式的分类

（1）纵向标线：沿道路行车方向设置；

（2）横向标线：与道路行车方向成角度设置；

（3）其他标线：字符标记或其他形式标线。

2. 交通标线按功能的分类

（1）指示标线：指示车行道、行车方向、路面边缘、人行道等设施；

（2）禁止标线：告示道路交通的遵行、禁止、限制等特殊规定，车辆驾驶人员及行人需严格遵守；

（3）警告标线：促使车辆驾驶人及行人了解道路上的特殊情况，提高警觉，准备防范应变措施。

3. 交通标线按型态的分类

（1）线条：标划于路面、缘石或立面上的实线或虚线；

（2）字符标记：标划于路面上的文字、数字及各种图形符号；

（3）突起路标：安装于路面上用于标示车道分界、边缘、分合流、弯道、危险路段、路况变化、路面障碍物位置的反光或不反光体；

（4）路边线轮廓标：安装于道路两侧，用以指示道路的方向、车行道边线轮廓的反光柱（或照片）。

4. 交通标线的标划

（1）白色虚线：划于路段中时，用于分隔同向行驶的交通流或作为行车安全识别线；划于路口时，用以引导车辆行进；

（2）白色实线：划于路段中时，用于分隔同向行驶的机动车和非机动车，或指示车行道的边缘；划于路口时，可用作导向车道线或停止线；

（3）黄色虚线：划于路段中时，用于分隔对向行驶的交通流；划于路侧或缘石上时，用以禁止车辆长时在路边停放；

（4）黄色实线：划于路段中时，用于分隔对向行驶的交通流；划于路侧或缘石上时，用以禁止车辆长时或临时在路边停放；

（5）双白虚线：划于路口时，作为减速让行线；设于路段中时，作为行车方向随时间改变之可变车道线；

（6）双黄实线：划于路段中时，用于分隔对向行驶的交通流；

（7）黄色虚实线：划于路段中时，用于分隔对向行驶的交通流；黄色实线一侧禁止车辆超车，跨越或回转，黄色虚线一侧在保证安全的情况下准许车辆超车、跨越或回转；

（8）双白实线：划于路口时，作为停车让行线。

第三章 城市道路建设节能问题分析

作为产业、人口、资源集聚之所,城市道路建设过程中的节能问题也是一个急需解决的问题。城市道路位于市区内,交通流量大、居民多,其社会影响面广,是城市基础设施的重要组成部分,占用城市投资比重大,因此如何在施工中节能降耗具有重大意义。本章将从道路照明、建设节能、环保等方面进行阐述。

第一节 概述

一、城市道路节能的概念

(一)城市道路节能概念的来源

1. 可持续发展理论

可持续发展理论于 20 世纪 70 年代在《人类环境宣言》中首次被提出,其是对全球范围内的环境破坏、资源过度消耗等问题的一种反思。目前,对可持续发展理论国际社会公认和接受的定义是布伦特兰夫人小组在"我们共同的未来"报告中提出的,即指"满足当代人的需要,又不损害子孙后代满足其需求能力的发展"。可持续发展是人类思想的重要飞跃,强调把环境问题与发展问题结合起来考虑,即强调环境与自然资源的长期承载力对发展的重要性,以及发展对提高生活质量的重要性。

在城市道路节能概念中,自然资源的可持续利用是实现可持续发展的基本条件,而对资源和能源的节约利用即节能概念,也主要来源于可持续发展理论。因此,城市道路节能概念实际上是可持续发展理论在城市道路建设领域的延伸,城市道路建设项目节能评价指标体系中各指标的设计过程和指标内涵的确定过程都是可持续发展概念的体现。例如,在城市道路设计中采用新型能源、绿色能源、可再生能源,以及筑路材料的回收再利用,并将这些设计理念和建设要求转化为更加具体的节能评价指标。

2. 绿色交通理论

绿色交通理论是由加拿大学者 Chris Bradshaw 于 1994 年提出,并迅速受到行业内专家的认可和关注。绿色交通概念可以简单地表述为：一种基于可持续发展的交通理念，强调对"人"的服务，通过对于城市土地的综合一体化利用以及倡导和发展绿色交通的交通发展模式。其途径主要是：通过引导城市居民更多采用慢行交通和公共交通的出行方式，减少居民使用小汽车的出行比例；创建低污染、低能耗、低占地，高效率、高品质，有利于社会公平的城市绿色交通发展模式，从而为城市居民的交通出行提供合适的交通服务设施，优化城市的交通条件，创造良好的城市环境。绿色交通涉及的范围超过了人们通常的认知，它既包含交通与环境及资源的关系，还涉及交通与社会的可持续发展，以及交通对社会经济的支持。绿色交通的本质是建立维持城市可持续发展的交通体系，以满足人们的交通需求，同时兼顾保护环境、节约资源和社会公平。绿色交通具有明确的可持续发展的交通战略目标，主张以最少的社会成本实现最大的交通效率，与城市土地利用模式相适应，与城市环境相协调，多种交通方式并存，优势互补。

正如"当斯定律"（Downs Law）所描述的那样，单纯通过道路建设无法解决交通问题。对于城市道路，单纯提高城市道路的道路面积或提高机动车通行能力，必然无法解决城市道路由于道路拥挤问题和机动车油耗大幅提高的问题。运用绿色交通的思想，优化城市居民出行方式，引导城市居民在中短途出行时，更多采用步行、自行车出行或公共交通等零能耗或低单位运量能耗的出行方式，具有非常重要的意义。绿色交通理论一方面阐明了减少城市交通能耗的方式方法，同时从侧面反映出通过设计和建造倡导绿色交通的城市道路，能够有效增强城市交通的整体节能效益。

（二）城市道路节能概念的界定

可持续发展战略的根本是控制人口、节约资源和保护环境，节约资源是它的最终目的之一；绿色交通旨在建设方便快捷、安全高效率、低公害的多元化城市交通系统，推动城市的可持续发展，其间接结果是城市道路运输的油耗节约。《绿色建筑评价标准》将绿色建筑定义为在建筑的全寿命周期内，最大限度地节约资源（节能、节地、节水、节材）、保护环境和减少污染，为人们提供健康、适用和高效的使用空间，与自然和谐共生的建筑。在道路行业中，国内一些学者从不同角度提出了绿色公路、低碳公路、节约型公路等，从不同角度深化了道路行业可持续发展概念，同时国内外学者在环境保护和生态平衡方面已进行了部分道路环境影响评价的深入的研究工作。

二、城市道路节能的本质和实现途径

城市道路节能的本质是建造可持续发展的城市道路，在满足人们交通需求的同时，注重资源能源的合理利用。综合国内外相关的研究成果可以知道，城市道路节能涉及的范围较为广泛，关联对象较多。一方面它包括了城市道路建设与城市资源能源投入的关系，如城市道路建设期间的筑路材料投入和施工机具的能耗关系；另一方面它包括了城市道路服务状况与城市资源能源消耗的关系，如道路建设与行驶车辆在里程缩短、通行条件改善等方面的行驶油耗节约的关系。

城市道路节能的实现途径可以从以下四个方面考虑：

第一，满足合理的道路交通需求；

第二，优化建设过程和进行资源充分利用；

第三，降低道路运营能耗和行驶车辆的油耗；

第四，优化路用资源分配，倡导绿色出行。

三、城市道路节能因素分析

（一）城市道路规模影响因素分析

1. 道路规模的确定与资源利用效率

由于城市道路满足其需要的基本通行能力是进行一切道路节能优化设计的前提，因而通过合理规划道路等级以实现道路通行功能，也是进行道路节能评价的重要步骤。城市道路规划设计需要根据实际通行需求，合理确定待建道路的道路等级，既要避免道路等级设置过高而造成建设资源能源的浪费以及道路功能和交通需求的不匹配，又要避免道路等级设置过低而造成道路设计使用年限内道路通行不畅，延误车辆的通行效率和增加不必要的车辆燃油消耗，同时需避免提前进行道路扩建或改建而造成更大的资源和能源浪费。综上所述，选定合理的道路建设规模一方面能极大提高城市道路的实际使用寿命；另一方面，根据不同等级城市道路在满足交通性能和生活性能偏重的不同，确定的待建道路等级，会对整条道路在设计使用年限内能否提供舒适安全的行驶路况、交通条件以及生活便捷需求产生影响。确定待建道路设计等级是否节能，可以从道路的通行能力、道路服务水平、通行后的交通分流能力等方面予以考虑。

2. 实际行车速度与油耗节约分析

车辆的实际行驶速度与车辆油耗存在重要联系，根据相关研究，当汽车车速保持在"经济时速"范围内，汽车的百公里油耗最低。在城市道路行车油耗问题中，还存在拥堵、非机动车和行人干扰等行驶阻抗干扰问题，如何尽量让汽车减少停车、制动等改变原有运行状态的行驶动作，尽量使汽车在经济速度下连续行驶，使汽车行驶节能与道路状况关系分析中，需要重点考虑的环节。

（二）城市道路选线节能因素分析

城市道路几何线形设计与道路的总里程相互影响和关联，在不考虑道路总里程的情况下，道路的几何线形选择间接影响城市道路筑路材料的投入量，而线形选择对运行车辆的油耗影响则较为直接。

1. 交叉口设计通行能力分析

交叉口是城市道路车流、人流相互衔接的重要环节，也是道路交通能否畅通节能的瓶颈部位。无论交叉口是否采用了交通管制，车辆在交叉口处均需要经过一个减速、停车、启动、加速的车辆行驶过程，其中所产生的通行延误往往降低了道路的平均行车速度。一般认为，在城市道路中车辆通过交叉口时比正常行驶路段消耗更多的燃料。不同的交叉口由于具有不同的通行能力，其车辆通过油耗也有所差别。例如，当采用立体交叉时，相交道路上的车辆互不影响，车辆能大体保持各自在进入交叉口前的行车速度；当采用平面交叉时，不同的交叉方式对车辆运行流畅度的影响差别较大，如采用多路交叉、错位交叉、畸形交叉，其交叉口通行能力会相对降低。因此，道路的交叉方式、交叉口间距和位置布设，都直接影响着道路的通行节能状况。

2. 城市道路平面线形节能影响分析

城市道路的平面线形设计需要与实际地形保持协调，合理的道路平面线形设计能够有效节约道路建设过程中筑路材料的投入量。同时，由于汽车在进出平曲线特别是较小平曲线时会经历换挡进行减速、匀速、加速的过程，这就使得车辆动能大量损失，同时车辆滚动阻力和内摩阻力增大，导致车辆油耗量急剧增加。因此，控制车辆进出平曲线的次数也是道路线形节约油耗的关键因素。现有的部分研究认为，平曲线的半径关系到车辆速度变化的突变程度，决定了车辆每一次换挡的能耗损失，在平面设计节能因素中也需要考虑。

3. 城市道路纵断面线形节能影响分析

城市道路纵断面设计中，不同的道路纵坡设计对道路节能会产生较大影响。首先，道路纵断面设计是否贴近实际地形，对道路沿线地貌资源的破坏大小和道路土方填挖方量有直接影响；其次，根据现有研究，当道路纵坡超过3%后，车辆油耗增加比例随着道路纵坡的增大而增加，同时随着爬坡行驶距离的增加，车辆上坡时燃油消耗持续增大；最后，在汽车下坡时需要采取制动，制动过程中汽车的动能通过摩擦转化为热能耗散掉，是一个能量进一步耗损过程。总的来说，随着道路纵坡的不断增加，车辆通行油耗也会持续增加，而节能效果也会逐渐降低。

4. 城市道路占地、拆迁量节能影响分析

不同的选线设计对项目沿线土地资源占用情况、房屋拆迁量会产生较大影响。

由于道路总里程直接关系到项目筑路材料的消耗量和行驶车辆的通行里程，同时基于我国人均耕地资源紧缺的现状，在满足道路项目基本功能的前提下，道路选线节能设计评价需考量新建道路线形农林土地占用比率。同时，新建的城市道路可能涉及沿线建筑物拆迁，考虑到建筑在其本身的使用年限内需要终止使用并异地重建，这又是一个建筑资源浪费的过程，道路节能设计也需要考虑道路沿线的拆迁规模。

（三）城市道路路面结构设计节能因素影响

1. 城市道路路面节能性能影响分析

道路的路面状况会直接影响行驶车辆的行车速度、行车安全和舒适性。根据相关的研究成果，高等级路面在提高行车速度，增强车辆行驶的安全性和舒适性方面占有极大优势。例如，沥青路面与砂石路面相比，行车速度可以提高到1.7~2倍，轮胎使用寿命增加约20%；与在非高架路面上行驶相比，汽车在高级或次高级路面上行驶能够节约20%~30%的燃油。

2. 城市道路筑路材料节能影响分析

道路建设过程需要使用大量筑路材料，国内尚没有权威的能耗参考比较，《加拿大道路维修节能指南》中将各种常用路面材料在生产、运输、施工中的耗能进行研究统计并获得了大致的建材能耗评估指标。目前，沥青、砂石、混凝土等筑路材料的再生利用技术正在逐步完善，利用这些废旧路面材料的再生利用技术能够提高筑路自然资源的利用率，同时避免需要生产新材料过程的能源消耗，从而在较大程度上实现节能。在路面结构设计中，再生利用建材的使用比例是一个极为重要的节能因素。

第二节　城市道路照明设计及节能措施

一、城市道路照明设计

（一）接地系统的设计

第一，TNS道路照明接地形式，城市道路照明系统的电源端直接接地，从配电变压器低压侧中性点（电源端）引出中性线（N线）、保护线（PE线）至用电端。城市道路照明系统用电设备外露导电部分，接保护线（PE线）进行保护，中性线（N线）与保护线（PE线）要严格分开。

第二，TT道路照明接地形式，城市道路照明系统电源端直接接地，城市道路照明系统用电端也直接接地。TT道路照明接地形式中，不是从电源中性线引出保护线（PE线）接入城市道路照明系统设备外壳。TT道路照明接地形式中，为城市道路照明系统专门设置接地极，引出保护线（PE线）接城市道路照明系统设备外壳。

（二）确定道路照明系统灯杆设计

首先，应该根据城市道路照明的实际需要确定照明灯杆的布设形式，在城市交通直线、居民区、厂矿、机关等部位多采用单侧布置灯杆的方式，选用单侧方式时应该控制照明的实际范围，形成规范的有效宽度；在城市高等级道路和主干路的照明设计和灯杆布设中一般选用双侧布置灯杆的方式，以此来消除单方向照明给驾乘者造成的眩光，做到对城市道路更为稳定的照明；其次，应该根据城市道路的设计选择适宜的灯杆高度，常规的灯杆高度要控制在6~10m的范围之内，对于主干道、快速路要控制高度在12m以内。同时，灯杆挑臂要控制长度和角度，不能出现长度超出2m，仰角大于15度的情况，做到对城市道路照明质量的有效保障。

（三）确定道路照明系统的功率密度

功率密度是道路照明功率密度的简称，其主要意义是指在道路交通系统上，单位路面面积需要照明的基本功率。确定道路照明系统的功率密度应该结合道路的功能与位置来具体划分，同时也应该根据车道数量做到全面调整。城市快速干线车道一般为双向六车道，由于设计行驶速度快，所以功率密度应该大于30LX；城市主干道交通压力大，双向六车道应该将功率密度控制在30LX~20LX之间，以确保行车安全；城市次干道形成压力不大，四车道道路应该将功率密度控制在20LX~15LX之间，低于四车道道路应该将功率密度控制在15LX~10LX之间。总之，通过控制功率密度实现对道路系统更为有效的照明，在确保道路通行能力与安全的基础上，建立起适于城市发展和节能城市建设的基本体系。

二、城市道路照明设计节能对策

（一）充分利用天然的采光

施行照明节能技术，要先对照明的含义有所了解。照明是指利用各种光源不同于太阳光，对工作和生活场所环境或者物体东西进行照亮，从而方便人们看清物体。照明包括两方面：一是天然采光，二是人工照明，利用太阳光的天然采光，利用人工光源的是人工照明。照明节能就是降低人工照明的损耗，大力提高天然光源的利用。当不使用人工照明时，就要最大限度地进行照明节能，利用天然光源进行照明，它更健康、更绿色环保，十分符合低碳生活的理念。充分运用好天然的照明非常关键，它是照明系统当中不可或缺的一部分。天然的照明是无穷尽的，是用不完的宝贵能源。如果可以在电气照明之中充分运用天然的照明，那么节能就不是什么问题。例如，在白天时应该尽量减少开灯，借助自然光进行照明，若是阳光照不到的地方可以借助反光镜等采光；假若天然光的亮度不够满足人们的工作生活需要，我们可以设计一个亮度可调的照明系统满足室内工作的需要，而且天然光源的照明会比人工照明更健康舒适。随着人们对照明材料的研究不断深入，借助导光方法和导光材料已经成为城市道路采光的首选方式。

（二）推广使用高光效灯具

合理的使用灯具是控制城市道路照明能源消耗的关键环节。灯具的选择也应该根据市政的照明需求和自然采光效果来选择，灯具既要满足良好的光照效果，同时还要具备节能减排的要求。此外，灯具的质量、使用年限、操作性、实用性以及经济性等也应当有较好的保障。在进行灯具的选择时，可以从以下几个方面予以考虑：在较低的城市道路中，可以采用荧光灯，在充分利用自然光的基础上，荧光灯就能充分满足室内的光照需求；对于高度较大的城市道路，则可以采用金属卤化物灯。这种灯具的照明效果好、使用寿命长、稳定性高，在一些室外道路中也有广泛的应用。在场地范围较大、高度较高的城市道路中，金属卤化灯能够起到良好的照明和节能减排效果。在一些高度大，且维护难度较高的城市道路中一般采用无极荧光灯来进行照明。特别要注意的是，荧光高压灯和热辐射灯的能源消耗量较大，在城市道路照明中应当尽量避免使用。

（三）选用 LED 灯

LED 作为一种新光源，以其能耗低、发光效率高、体积小等优点而逐渐引起人们的重视，并被应用于路灯灯具中，为城市照明技术的发展作出了重要的贡献。

由于人们对于照明质量的要求也越来越高，照明设施设计中不仅仅要考虑亮度，还要考虑照明色彩、造型、质感等。因此，也就需要对 LED 路灯设计进行不断的创新和改进，以提高城市照明质量。

城市基础工程中道路是核心性的纽带和重要的系统，为了提高城市交通的安全性和通行能力，应该做好城市道路照明系统的建设工作，在确保城市交通安全与能力的同时，提升道路系统的核心作用和纽带功能。在建设城市道路照明系统的过程中，应该将系统功能和节能作为重点，要利用设计环节的决定作用，采用各种措施强化市政道路照明系统的设计工作，做到对城市道路照明功能的满足，提升城市道路系统的经济和社会效益，做到对城市化和经济建设的体系性、功能性保障。

第三节　城市道路建设节能环保问题分析

一、城市道路施工环保节能概念

道路施工应该将环保节能作为主要的诉求点，施工单位应该利用一些新技术、新设备对资源和能源进行有效利用，做好控制工作。首先，交通工程要掌握一些节能技术，利用先进的节能技术来实现提高舒适程度的目标。交通工程施工节能技术在施工领域具有很高的价值，一般我们认为，道路施工环保节能概念就是指在道路的施工过程中，通过对节能技术的运用，从而达到控制消耗能源的目的，采用各种节能技术的有效运用完成对能源和资源消耗的控制，达到节能和环保的效果，并且还可以在确保过程质量的前提下，形成道路施工的新型技术体系。道路施工环保节能概念应该被牢记，交通工程不应该以牺牲环境为代价为大家造福，而是应该在兼顾环境平衡不受破坏的条件下为人民造福。

二、城市道路中的节能设计

（一）电力节能

路灯用电消耗为直接耗能，其一般可通过如下的技术措施实现节能目的：第一，对于高压钠灯、汞灯和无极灯等灯具进行单灯电容补偿，补偿后，其功率应不小于0.85；第二。近年来，LED路灯以其绿色环保、低功耗、光效高、光利用率高、使用寿命长等优点而逐步成为现在路灯市场、上的主流产品。LED路灯的使用，相比传统的高压钠灯节能20%~35%；第三，选择电缆除满足压降、灵敏度等基本参数要求外，应结合经济电流密度选用方式，以降低运行中电缆的铜耗；第四，安装智能照明系统，实现照明控制，以按需调控模式，将照明所形成的电力损耗显著降低。智能照明系统可以是集中的，也可以是单灯体的，具体可根据实际需要和综合造价整体考虑选用。

1. 电器自控设计

采取全线自动化控制体系，经计算机精确监测，对机电设备落实智能控制体系采取信息网络，实现集中监视、分散控制等各项控制措施结合。使用变压器应该尽量处于负荷中心，从而缩短供电距离。短距离供电能减少在供电过程中的电路损耗。低压侧可将无功补偿措施安置，可实现集中补偿模式，能确保线路无功传输减少，能减少电能损耗，实现节能目的。泵站动力负荷，可采用电机变频调速方式，以集水池中实际水压自动调节水泵电机的加减泵，以及调节其转速，达到最佳节能效果。

2.照明设计的节能措施

因为城市道路的工程量比较大，且线路较为复杂，采取风光互补的LED路灯，其工程作业量比较小，且安装运输便捷，省时省力，能将埋管、放线等步骤省略，能节省大量的材料费、人工费、运输管理费、电力费等各种费用。最关键的是，其后期几乎是零成本运行，不需要支付昂贵的电能消耗费用。风光互补太阳能路灯能够实现风能发电、太阳能发电，不需要承担电费，也不消耗市区电力，在风光互补灯安装时，也能减少电缆费用的支出。可见采取风光互补灯在市政道路工程中使用能实现减少投入，并充分将地理优势合理采用，丰富的风资源和太阳能资源，可缓解传统发电中的能源消耗问题。

（二）工艺设计

在排水管道中，使用防腐蚀、耐磨的塑料管道，在节约成本投入的基础上，也能减少水摩擦，减少水在输送过程中造成的损失，可实现费用降低，有一定的节能效果。污水管道工程中，需尽量采取重力敷设，提升高度，缩减污水泵站的数量，可降低运行费用，以此实现在运行过程中，减少使用费的支出。对于给水中的管网，需对其平差进行计算，确保管网的使用尽量合理化，减少不合理费用支出，减少运行费用，提高其运作效率。

（三）燃油节能

在汽车行驶过程中，会对燃油消耗造成影响的因素较多，除去汽车本身因素外，道路、交通、行驶状况等，都是导致汽车行驶燃油消耗的主要原因，可表现为以下几个方面：

1.车辆特点

在汽车行驶过程中，对燃油情况造成影响的因素有物理特性，以及汽车的形式特性、汽车载重、汽车重量、发动机转速、功率等，都是导致燃油损耗的主要因素。

2.道路调节因素

道路条件包括几何特征，有曲率、纵坡、路面宽度等因素；路面特征包括平整度。道路纵断面线性、道路平面线性都需要做合理设计，并尽量缩短长度，保持线性优美。

3.交通状况因素

交通条件是道路的服务水平情况，其中包括交通流大小、混合交通情况、离散程度、横向干扰程度、行人干扰程度、交通设施完善程度、车辆行驶速度等。在设计过程中，根据交通流量预测，优化交通方案，合理确定道路的断面形式，行人设施、节点交通组织等进行设计，从而达到提高道路服务能力和通行能力，确保道路功能最大限度的发挥其功效，实现最佳节能效果。

4. 地域因素

对于项目所在地的交通管理状态，也应该考虑在内，当地驾驶人员较为普遍的驾驶行为，也是在燃油节能的设计中需要考虑的内容。

三、加强道路施工环保节能的措施

（一）加强道路施工中的节能环保意识

作为施工单位或者工程人员，要想做好节能环保的工作，就必须从内心认清其重要性，从意识里面认清环保节能的意义。第一，有关部门和负责单位应该大力宣传道路施工环保节能知识，多开展一些宣传活动。特别是在工程的前期，这样既可以使施工单位充分认识环保节能的重要性，还可以引导社会公众提高对节能环保施工的认识，增强各自的社会责任感，最重要的是能够使大家自发地形成一种节能环保的自觉性。

第二，充分利用交通业的人力资源优势，加强培养技术型人才、管理型人才、一线的施工工人等等，要尽可能地让大多数的道路施工人员事先了解掌握节能环保施工的要求、原则、方法等，以便在工程施工中及时的、灵活地运用，保证实施效果。

第三，树立一些环保节能的典型企业单位，并且通过一些报纸、电视等宣传媒介大力宣传其优秀经验，在道路施工行业形成一个良好的示范作用，起到带头作用，可以给整个行业带来良好的循环。

（二）加强施工阶段的环保监测管理

交通工程项目施工的过程中，难免会发生一些毁林占地的现象，还有就是对空气造成污染，对水资源的破坏，甚至是造成水土污染等，这些问题都需要相关部门的监测和管理。环保行政管理部门应该认真履行职责，定期对道路施工项目进行监督，对于施工中的污染超标问题要进行揭发和控制。对于严重破坏环境并且不配合整改的施工单位，则应通过法律手段强行制止其不良行为，确保环境得到保护。

（三）采用先进设备

交通工程施工企业在施工过程中，应该采用一些先进的施工设备和施工技术，切记不要故步自封。只有不断地进行自我改进和完善，才能保障道路工程使用后性能的最大化。采用先进设备，不仅可以提高工程质量，还可以最大化地减少污染物排放量，特别是道路施工产生的废水、废渣等。在道路施工中，一定要结合现场的时间环境情况，保护周围的生态环境，针对不同的条件提出不同的方案，千万不要破坏周边的环境，一定要因地制宜。此外，在道路施工的过程中，要将隔离防护设备提前设置好，工程中的项目在实施时应该采取封闭式，尽量减少施工中产生的污水、噪声等。道路施工中产生的污染物，比如粉尘，如果处理不好会对人体造成直接伤害。

第四节　城市道路建设的节能评价

一、城市道路节能评价体系设计

（一）评价指标体系的构建方法

评价指标体系是指为达成一个确定的研究目的，建立一套指标间既相互独立又具有相互关联性的指标群，指标群必须能相对准确、全面地满足既定的评价要求。由评价指标体系的定义可知，在构建城市道路节能评价指标体系时，选择的指标群要能全方位的准确表征道路建设项目的节能状况。评价指标体系具体的构建方法比较多，从实际运用来看主要有以下三种方法：

1. 调查研究法

具体方法是通过调查研究，在收集有关指标的基础下，通过各指标间的相互比较和归类分析，构建评价指标体系，之后采用问卷咨询等方式，咨询相关专家和技术人员以获得最终调整后的评价指标体系的一种方法。调查研究法的特点是正确选择专家是否成功的关键，其研究进程也受制于初期指标的完整性以及咨询专家的配合状况。

2. 目标分解法

采用对研究对象的目标进行逐一分解，将研究对象的目标由总目标逐层分解为各层下级目标。当所分解的目标是可度量取值时，停止分解而构建评价指标体系的一种方法，其特点是目标分解过程的科学性和逻辑性难以控制。

3. 多元统计法

主要有因子分析和聚类分析等方法，从初步拟定的较多因素指标中找到关键性指标。一般通过定性法分析和定量分析两个步骤构建评价体系，一阶段的定性分析：主要目的是初步确定研究评价主体的各类要素，二阶段的定量分析目的在于确定各要素指标中较为主要的指标。其特点是逻辑性和科学性较强，同时能将定性和定量的评价指标合理结合起来。

（二）评价指标体系的建立程序

由于道路建设节能评价应考虑的因素相当多，意味着在实际道路节能评价中影响评价有效性的相关因素比较多，综合评价较为复杂。为了构建简明科学的评价指标体系，首先应分析各因素间主次关系，选取对城市道路建设项目节能起主要作用的因素，构建科学合理的城市道路节能评价指标体系。

城市道路节能评价指标体系的构建过程较为复杂，其步骤包括归纳现有研究成果、影响因素分析、初拟因素指标、确立指标体系结构、确定指标筛选原则、指标的筛选优化、确定评价指标的内涵和量化方法、评价指标的赋权、综合评价的计算等。

（三）评价体系结构设计

1. 层次型评价指标体系

层次性评价指标体系根据评价指标体系的目的和需要，通过分析评价内容的功能层次、结构层次、逻辑层次来建立相应的评价指标体系，这种评价指标体系在实际的评价应用中被较为广泛地使用。

2. 网络型评价指标体系

当所涉及的评价主体和影响因素比较复杂时，可能出现评价指标难以分解，一般可以尝试通过采用网络型评价指标体系处理一些特殊情况。

3. 多目标型评价指标体系

对于体系涉及多方面复杂的评价内容而言，追求单一的目标评价，往往具有非常大的局限性和危险性，一般所采用的解决办法是构建多目标评价体系。在多目标评价体系中，各个目标的评价指标体系类型并不确定，可以采用层次型的，也可以采用网络型的，甚至可以分解为多目标型。

二、评价指标的筛选原则

城市道路建设项目节能评价体系中涉及的指标比较多，每一个指标都从一个方面反映了线形的某些信息，并且这些指标间往往存在着复杂的横向或纵向关系，相互联系且相互制约。因此，为了保证所构建的评价指标体系能够达到系统上的最优，如何正确、科学地选择合适的评价指标是首先必须处理的问题。

1. 简明科学性原则

评价指标在选取的过程中将相关节能理论和具体的实际技术相结合，即选取的评价指标需尽量体现道路节能状况的本质内涵，同时尽可能以公认的科学理论和科技成果为依据，进行定性和定量表达。同时，指标体系应尽量繁简适宜，避免指标过于繁琐或指标内涵相互重叠。

2. 系统整体性原则

评价指标体系应将城市道路节能看作一个系统对象，由于反映道路节能状况的评价指标众多，且这些指标之间存在一定的相互联系和相互制约性，需要从整体把握，构建一个能综合反映城市道路节能整体状况的评价体系。

3. 导向性原则

选取评价指标的目的是通过使用构建的节能评价指标体系，来对现有城市道路规划设计方案进行评价和结果分析，为相关的城市道路建设的决策部门、管理部门和城市道路规划设计部门提供参考。由于城市道路节能方面的研究相对较少，在本书指标选用过程中不能盲目局限于行业现行的评价指标，应大胆创新和采用一些其他指标内涵能倡导部分重要的道路节能趋势的指标，即选取的各评价指标必须具有一定的导向性，能够引导道路节能规划设计和建造。

4. 前瞻性原则

城市道路节能评价目标和内容需具有长远持久意义，因此指标的选取必须考虑到节能领域内的动态变化。结合国家技术政策等发展战略目标，综合考虑道路建设行业现状特征及变化趋势，促进新的节能材料、节能技术和节能工艺的应用。对个别节能效益较高的指标，需进行具体分析，对其量值标准予以适当提高，以满足城市道路未来更高的节能要求。

5. 可行性原则

本书在评价指标的选择过程中，所选用的具体评价内容必须是切实可操作的。需要保证具体的指标数据采集过程在时间、空间、人物力、资金要求等相关主客观条件的限定，即具体评价指标资料应易于获取，收集方便且数据应尽量简洁便于处理。

三、城市道路建设可持续发展分析

（一）概述

1. 可持续发展定义、内涵及原则

（1）可持续发展定义

作为一个具有强大综合性和交叉性的研究领域，可持续发展涉及到众多的学科，产生了不同的定义。生态学家着重从自然方面定义可持续发展，理解可持续发展是不可超越环境系统更新能力的人类社会发展。经济学家着重从经济方面定义可持续发展，理解可持续发展是在保持自然资源质量和其持久供应能力的前提下，使经济的净利益增加到最大限度；社会学家从社会角度定义可持续发展，理解可持续发展是在不超出维持生态系统承受能力的情况下，尽可能地改善人类的生活品质，科技工作者更多地从技术角度定义可持续发展，把可持续发展理解为是建立极少产生废料和污染物的工艺或技术系统。目前在最概括的意义上得到国际社会接受和认可的定义由布伦特兰夫人小组提出，就是指既满足当代人的需要，又不损害子孙后代满足其需求能力的发展。

（2）可持续发展的思想内涵

可持续发展战略的思想基础是生态文明与人的和谐；行动准则是整体观念和未来取向；根本战略是控制人口、节约资源、保护环境；操作系统是政府行为、科技导向和公众参与。

在未来的发展战略中，其内涵概括起来有下述三个方面，即持续性、持续发展及持续利用：持续性指一种可以长久维持的过程或状态的特性，这种长久维持的过程或状态是以不破坏其原有系统结构和运动机能为最低限度，它是由生态持续性、经济持续性、社会持续性三部分组成。持续发展为既满足当代的需求，又不对后代满足其需求能力构成危害的发展战略，是不以破坏自然生态为代价的有效使用资源，以此满足人们日益更新其需求的发展战略。持续利用指人们在开发利用资源时，对于可再生资源即有限自然资源中可再生资源的开发速度不能大于其再生速度，否则将切断可再生资源的再生和生态平衡连续性的恢复，使其向着不可逆转的方向衰落、消亡。

（3）可持续发展的原则

1）以发展为主题

发展是人类共同的权利与需求，是国家实力和社会财富的体现。对于发展中国家而言，只有发展才能减少贫富悬殊，应对人口骤增和生态危机需要提供必要的技术和资金。发展是可持续发展的前提，离开发展这个基础，可持续发展就无从谈起。

2）体现公平

在可持续发展中，它要求现有的发展主体对自己的发展行动采取某种程度的自律。首先体现未来取向的代际平等，它强调当代人在寻求自身发展的同时，承认子孙后代有同等的发展机会，不损害后人的生存发展和拥有的资源财富；其次，体现整体观念的代内平等，任何地区的发展不能以损害别的地区的发展为代价，特别是要足够充分地维护弱发展地区的需求，要求在区域内部和不同区域之间，从成本效益角度实现资源利用与保护两者的公平负担与分配。

3）环境保护与资源限制利用

发展要以环境资源的支撑为前提，以环境容量为限度，与资源和环境的承载力相协调。发展的同时必须保护和改善地球生态环境，保证以持续的方式使用可再生资源，使人类的发展控制在地球承载能力之内。

4）多元的价值观

在可持续发展前提下，衡量一个国家、地区或城市发展的指标不再为单纯的经济增长，它不仅包括经济增长，而且包括改善人类生活质量、提高人类健康、提高社会福利、协调生活环境等。最近世界各国已开始采用"人类发展指数"以代替传统的人均国民生产总值，以求更为全面地反映社会持续发展的优劣。

2. 城市建设中的可持续发展观念

（1）城市建设中必须贯彻可持续发展观念

改革开放30多年来，我国的城市建设发生了巨大的变化。城市化引发的一系列问题逐步为有关专家学者所关注，掀起了探索在世界趋于全球化、知识经济、信息时代如何在生产建设中走可持续发展道路的高潮。

城市是国民经济的命脉。城市可看作一个有机的生命体，从功能上说，道路是它的血管，绿地是它的肺，政府是它的大脑，通讯设施是它的神经，给排水是它的排泄渠道等等。哪一部分出了问题，整个城市也就会出问题。城市包括建成区、城乡边缘带、郊区三部分，而城乡边缘带是实现可持续发展最关键的部位。目前在我国，城市建设中投入最大、发展最快的往往就是城乡边缘带，因为城市的扩展主要体现为城乡边缘带通过开发建设逐步变为新的建成区。城市建设中的偏差也往往出现在城乡边缘带的建设过程中。由于城乡管理机构、管理体制、管理方式的不同，城市建设管理的难点通常也集中于这个过程。当然，建成区也有旧城改造和公共基础设施更新改造、扩建、新建的管理问题；郊区也有农村建设、村镇建设和向城乡边缘带转移的管理、指导、控制问题。但是在目前我国城市化进程加速的情况下，如何在城市建设中以能力建设为动力和保障，实现以人为本的自然——经济——社会复合系统相互协调地发展，即如何在建设中实现城市经济社会的可持续发展，在新城区建设中问题最集中、最突出、最迫切需要解决。

（2）城市建设中可持续发展观念的内容

目前我国城市化进程正在全面提速，与它相联系的城市道路交通建设也在全国范围内大规模、高速度地发展。在城市建设中，必须始终全面坚持可持续发展的观念。

1）自觉控制城市建设规模、速度、方向、结构的观念

城市建设是人类一种有意识的经济活动，它受到一系列主客观因素的制约，不能无限扩大、随意进行。可持续发展要控制三个变量，即"能源""生物多样性"和"空间"。在空间控制上要着重控制城市空间，因为人类生存的空间必须与能源（以及清洁的水源

和其他资源）的可持续供应能力相适应，与生物多样性和谐共存所需要的空间相协调。城市是人类活动高度密集的空间，实际上是用空间换取时间，即通过高密度的空间聚集实现城市生活节奏的加快，来节省高度稀缺的时间。但城市的快节奏生活又以能源、水资源和其他资源的高消耗为代价，以挤压占领自然界各种生物的生存空间和生物多样性为代价，这样的城市空间扩展和作为其先行措施、基础活动的城市建设是缺乏可持续性的，从长远看、从人与其他生物共有的唯一家园即地球的整体来看，也是得不偿失、弊大于利。

2）城市建设与环境、社会、经济动态协调的观念

城市建设中的经济、环境、社会"三位一体"协调发展，要求城市建设不仅承担起为城市经济、周边区域经济以及国民经济可持续发展提供基础条件和先行结构的功能，而且承担起保护环境、美化环境、改善环境（包括维护生态、节约资源）的功能，以及服务社会、便利社会、安定社会、凝聚社会（包括稳定人口、改善人口）的功能。城市建设过程中必须重视这三种功能的动态协调和全面兼顾，使城市经济、社会、环境在动态协调状态下实现可持续发展。

城市建设的经济功能主要是为人类在空间上高度聚集的经济活动提供完善的基础设施、服务设施和充分有效的集中空间。从可持续发展战略角度来看，城市建设必须在为人类的城市经济活动提供日益改善的适宜空间的同时，也为人类其他方面、其他类型的经济活动保留足够的、未被城市建设活动破坏的完好空间，并为人类世世代代可持续地经济活动保留进一步开拓城市空间的余地。这就要求在城市建设中必须兼顾城市与非城市，兼顾目前和未来，兼顾建设和保护，兼顾城市建设的局部直接经济效益和整体长期经济效益。

城市道路建设的环境功能主要是实现城市建设活动与环境（包括自然环境、人文环境、生态系统、自然资源以及历史文化资源等）的良性适应。应该从可持续发展的视角，把城市道理看作一种兼具自然特征与人文特征的复合生态系统，并保持这个系统的动态平衡和自我完善。在城市道理建设中，从建设规划阶段就要充分重视建设形成的人造环境与自然环境的协调，重视建设形成的人类聚集空间与大自然生态空间的协调；在城市道路建设的施工阶段，要特别强调采用"绿色"设计、"绿色"技术、"绿色"工艺和"绿色"材料，强调对环境、生态的保护和对资源的节约使用。

总之，城市道路建设要全面兼顾经济功能、环境功能、社会功能（包括文化功能，特别是美学功能），协调城市道路建设与经济、环境、社会的关系，让居民在赏心悦目、方便舒适的城市中享受现代城市文明的成果。

3）城市道路建设与伦理道德文明建设综合配套的观念

城市道路建设属于物质文明建设活动，它必须与精神文明建设、政治文明建设同步进行。"以人为本"的发展观就是一种关心"每一个人自由而全面的发展"（马克思语）的崇高的伦理道德观念，是现代精神文明的体现。从可持续发展的角度看，"以人为本"就是要让每一个人都共同享受发展带来的利益，而不论这个人是有钱人还是穷人，是城里人还是乡下人，是发达国家的人还是发展中国家甚至最不发达国家的人，是目前正在从事经济、政治、文化等活动的人还是下一代人乃至许多代以后的人。城市道路建设的"文明施工"，不仅是对施工现场的建设人员而言的，而且是对城市道路建设的指导思想、规划设计、建设施工、监督管理等整个系统、整个过程、整个活动和所有参与者而言的。

因此，城市道路建设的服务对象绝不能局限于城市的现有居民，更不能为了这一部分人而损害、牺牲其他人的利益。城市建设应该尽可能地少占耕地，以免在增进城市居民利益的同时损害农民利益；如果因道路建设需要而不得不依法征用耕地（以及牧场、经济林等），就必须给被征地者合理的经济补偿，并在可能时安排好其中有劳动力者的就业出路。城市道路建设不得向城外倾倒建筑垃圾而向非城市居民输出污染。城市道路建设在规模、速度等方面的自觉控制也具有文明道德方面的意义，不能为了目前这一代城市居民的利益而占用过多土地，以致后代人没有足够的生存空间和发展余地；不能超过城市现有财力而搞太大规模的城市建设，不论是借长期债务来填补资金缺口，还是紧打紧算搞"半拉子工程"或不配套、不完整的城市道路建设，都是对子孙后代利益的侵犯，都可能妨碍后代人的发展。城市道路建设如果技术、工艺、效率水平低，也可能占用和浪费过多的资源，同样对不起子孙后代。

4）通过城市道路建设不断自我提高、自我完善的观念

可持续发展战略要求全面建设人的科技能力、体制能力、教育能力，以人的全面发展保障经济、社会、环境的可持续发展，以后者的可持续发展实现人的能力与素质的全面发展。从可持续发展的角度来要求城市道路建设中的能力建设，就不仅要通过城市道路建设形成和提高城市的经济能力（包括生产能力、流通能力、服务能力、经营管理能力、创新能力等），而且要通过城市道路建设提高城市和全社会的科技文化能力、组织制度能力、思想影响能力等等，使城市道路建设成为人类不断进步的火车头，成为人类自我提高、自我完善的重要手段。

在城市道路建设中，城市建设的科技文化能力包括两个方面要求：一方面，应当在城市道路建设中积极应用当代优秀科技成果，采用高效率、高精密度、高处理能力的先进技术设备，提高城市道路建设活动的科技含量和科学水平。例如，深圳市在全国最早

建立达到国际先进水平的国土管理信息化系统,云南建工集团也建立了相当卓越的管理信息系统。这样就可以在科学理论的指导和科学方法、科学手段的支持下,更好地实现城市道路建设的自觉控制,城市道路建设与经济、环境、社会的全面协调,以及城市道路建设与精神文明建设的密切配合;另一方面,应当在城市规划设计和建设实践中,注重设计和建设数字化城市,用现代信息技术、计算机控制技术和网络技术武装城市,全面提高城市经济生活、政治生活、文化生活等的实时化程度、敏捷程度、灵活程度、有效程度、合理程度、协调程度、开放程度和国际化程度。

(二)城市道路建设可持续发展的策略

1. 正确做出城市道路交通现状调查

从影响路网容量的因素看,道路基础设施作为机动车交通的载体只是反映了硬件条件。除此之外,路网的承受能力与城市交通宏观政策和管理也具有密切关系。这方面涉及到对私人机动车的使用和管理政策、对出租车发展的政策和对外来车辆的管理政策等等。应调查、收集的资料包括:交通网络结构及道路几何要素资料、历史道路交通量及流向资料、现有交通管理设施及效果资料等。道路网究竟能承受多少机动车保有量,这是城市决策者需把握的问题。要对交通发展的进度做出正确评估从而合理地分配和使用道路资源。

2. 制定交通发展策略,为城市交通提供必要的管制和调控

交通系统的规划是城市规划的有机组成部分,在国家总体规划的框架之下,交通系统发展的基本目标应以建立整合、高效、经济的道路交通网络,并使之持续满足国家、人民的需要。在确保环境质量的前提下,优化利用现有交通资源和保证公共交通的通畅。如今中国的大中城市,随着人流量、车辆的骤增,交通堵塞、拥挤现象愈来愈严重,而城市的地理条件也决定了不可能通过扩张来适应不断增长的交通需求。那么就只有通过充分发挥现有土地与交通资源的潜力,合理控制交通需求的增长,才有可能用有限的资源保证道路交通战略基本目标的实现。

3. 制定高水平的设计方案

市政道路多为政府财政筹集资金,在确定质量、进度、投资目标时有可能产生较大的随意性。另外,市政道路设计时要结合本城市的近期规划和长远期规划,综合考虑与给排水、电力、燃气及通信等管线的平面布置和交叉,避免发生大幅调整路线和管线布置冲突等现象。因此,建设单位在整个设计过程中要与设计单位保持良好沟通和联系,协调好各个管线单位间的关系,尽可能让设计单位交出高水平的设计方案。

4. 制定科学的城市交通发展模式

宏观交通发展战略规划的目的是制定城市交通发展政策,影响、优化交通结构。优化城市交通结构的本质是优化城市道路资源的利用。它通过交通政策的引导来实现,而政策的实施需要强有力的保证体系。在制定城市交通发展模式的过程中,应重视发展的观念。只有通过发展,逐步实现城市和国家的现代化,问题方能解决。机动化汽车技术要发展,城市也要发展,要通过城市的发展,适应城市机动化进程和汽车技术的合理发展。对城市建设用地的发展和道路交通设施的建设资金给予必要的保证。要有可持续发展的观念,近期的发展建设不能为远期的发展制造障碍,不能只顾经济效益而忽视社会效益和环境效益,要为远期的发展留有余地。

5. 加大立法执法力度并大力宣传交通法规

发达国家和地区的交通管理经验告诉我们,要管理好城市道路交通,既要建立切实可行的法规体系,并严格执行,又要使市民自觉遵守交通法规,让人人都参与交通管理,才能把城市交通管理好。首先,成立城市交通对策委员会。研究协调解决城市交通问题,从供求方面采取措施,科学制定交通法规进行综合治理;其次,严加治理交通污染。集中科技力量攻关,消减汽车尾气。严禁汽车喇叭鸣放的规定要继续执行,尽力制止和避免对城市交通规划管理的人为干扰,维护管理法规的严肃性。

6. 建立快捷高效的城市公共交通运输体系

统一对快速路、主干道、次干道及支路的认识,明确各类道路的技术标准、用地布局及交通管理要求,倡导系统性原则、远近期结合原则。为适应城市交通的机动化挑战,道路规划设计标准必须体现可持续发展思想,应大力提倡"高标准规划,严过程管理",必须进行城市机动车、非机动车、行人专用系统设计,实现交通空间分流。此外,还必须大力开展交叉口改造设计和管理,借助平面交叉口通行能力的大幅度提高,实现节点通畅。

(三)城市道路可持续发展的保障体系建设

1. 打造城市道路可持续发展的保障体系

(1)建立城市道路综合管理长效机制

城市道路的规划、设计、建设和管养,这四个环节是一个有机整体,密不可分,但目前我国却将这四个环节分别归属不同的部门管理。这种分割管理模式容易产生各自为阵、政出多门、职能不清的弊端,导致城市道路建设管理缺乏协调性、一致性和长远眼光。因此,成立包括上述各部分的政府综合协调机构,建立城市道路从政策研究制定到实施推进,从规划建设到管理,从技术标准规范制定到专业技术培训执行的一体化协调管理机制，可有效提高城市道路建设管理的效能和效益。对城市道路设施实行以政府决策为主导、专家和市民多元主体参与和监督的建设路线，能促进对城市资源的高效配置和使用，是实现城市道路可持续发展的重要保障。

（2）健全城市道路管理法规规章体系

城市道路法制化、规范化建设管理是城市道路可持续发展管理的法制保障。为解决城市道路可持续发展问题和各地执法依据及管理办法不足的矛盾，可以采取以下几点措施：一是尽快完善已颁布法规和管理文件中对城市道路管理的漏洞之处；二是可以结合发展需求出版新的行政规章和规范性、政策性文件并在实施中完善，逐步完善法规政策体系，这样可以在很大程度上解决当前依法行政与管理滞后的矛盾。

（3）形成城市道路发展资金保障制度

资金问题是制约城市道路发展的瓶颈之一。为保证城市道路的可持续发展，应采取多种投资渠道，加大道路资金投入，加快形成城市道路建设、管理和养护维修资金稳定、规范的财政投入机制和资金管理制度。根据我国实际情况，借鉴国外经验，可选用的城市道路建设投资渠道有：将车辆购置税费燃油税的一部分作为城市道路建设资金，鼓励城市开辟多种渠道筹集建设资金并制定设计资金筹集管理办法，鼓励银行等金融机构参与城市道路建设投资，鼓励民间资本参与城市道路建设投资并制定相应政策。

（4）加大技术保障、人才队伍的建设力度

1）技术保障

完善城市道路技术标准和规范，与时俱进地适度超前规划建设，加强城市道路管理，保障道路完好，发挥设施功能，促进经济社会和城市道路的可持续发展。

2）人才培养

城市道路领域技术人员的专业背景主要包括土木工程、交通工程、市政工程、城市规划及道路工程等相关专业。为适应城市道路快速发展，壮大道路建设和管理人才队伍，满足可持续发展的需要，必须加强城市道路技术专业人才和市政相关人才的教育和培训。

2. 实现城市道路可持续发展的配套措施

（1）城市道路可持续发展的规划

1）实施适度超前战略，促进经济社会发展以往的城市道路规划前瞻性不足，规模标准不尽合理，难以达成预想目标。不少城市道路在红线规划时，往往仅注重道路路幅宽度，并未考虑快慢车道的合理分配及断面形式的远近期结合，对道路两旁的建筑用地控制也不充分，难以立足未来渐进发展。基础设施建设对促进城市经济发展有重要作用。为跟上经济增长和生态文明建设步伐，发挥城市道路全局性、先导性及基础性作用，必须实施道路规划建设投资适度超前战略，以满足设计寿命和特殊时期的交通发展需要。

2）提倡路网系统规划，做到近远期结合

为适应城市交通的机动化挑战，道路规划必须体现可持续发展思想，通过道路功能的合理定位，促进城市经济发展。必须进行城市机动车、非机动车、行人通行系统设计，实现交通空间分流。对于分期实施道路，在道路断面分配时可适当考虑较宽的人行道、分隔带，而不必将远期所需机动车道宽度一次建成，待需要时再进行道路拓宽改造。

3）贯彻"以人为本"原则，凸显城市人文积淀

城市道路交通的核心是为人服务，在道路规划时，必须重视街道景观及居民步行空间等要素，进而改善市民出行环境，营造良好宜居空间。规划决策必须站高瞻远，不能就规划谈规划、就道路谈道路，应当有重点、有选择地保护部分景观优美、历史文脉深厚、具有代表性的历史街区，实现历史文脉的传承和发展，不因满足当代人的需求而对后代利益造成损害，从而实现城市道路与生态文明的和谐发展。

4）坚持整体观念，完善路网规划

以往城市在道路规划中，存在重视主干路、忽视次干道、支路的建设现象，导致路网级配不合理，违背城市道路可持续发展的有序性、协调性原则。经验表明，从快速路、主干路至支路，合理的路网级配应为"金字塔"形，而我国绝大多数城市路网结构却为"倒三角""纺锤"形，支路网密度指标远小于国标 $3\sim4km/km^2$ 的要求。因此应大幅度提高路网密度，尤其是支路及次干路网密度，调整路网层次结构，提高路网的整体供应和服务水平。

5）立足创新提高，完善规划设计标准

我国现行的《城市道路交通规划设计规范》其前身是《城市道路设计规范》。两部规范施行、修编间隔时间太长，跟不上时代发展需要，导致可执行力不强。为提高城市道路规划设计的科学性和合理性，应该及时修编规范，增强适用性、强制性和可操作性。

（2）城市道路可持续发展的设计

1）提倡人性化城市道路设计理念，完善道路设施功能

城市道路不仅要发挥交通功能，还赋予生活服务功能和文化艺术功能。可持续发展要求更加注重道路设计的文化、环境、艺术等方面的要求，将城市道路功能细化，注重市民拥有良好的生活空间。道路设计还应考虑伤残人、老人和儿童等行走不便群体的特殊要求，注重盲道、无障碍设计。城市交通系统、通讯设施系统、能源供应系统、给排水系统、城市环境系统和城市防灾系统等各类依附道路的设施要求同步设计。

2）重视交叉口渠化设计及改造，消除道路"瓶颈"现象

以往的道路建设往往忽视慢行系统设计，造成道路交通流在同一断面混合行驶，交

叉口机动车、非机动车和行人相互干扰严重。路段与交叉口（或桥梁）通行能力不匹配，严重制约着道路功能的发挥，甚至影响城市整体运行。因此，对于新建道路，必须根据车辆几何尺寸、设计时速等指标进行横断面优化和交叉口拓展；而在城市建成区，由于受自然、人文、环境、经济等因素制约，进行道路大幅度建设及现状道路全线拓宽已不现实，所以更要通过交叉口渠化、桥梁拓宽等方式实现节点通畅，提高道路通行能力。

3）降低能源消耗和对环境资源的破坏

道路设计应考虑节约能源和材料，使用环保节能、可重复利用材料和便于日后养护维修的材料，提高材料耐久性和使用寿命。应在工程方案中优化结构设计，减少原材料消耗，把对自然环境、资源的破坏降到最低。道路景观应合理利用原有环境资源和历史文化背景，尽可能保持所在地区生物多样性并降低对自然环境影响，不盲目追求人造效果，使道路和周边环境有机结合、相得益彰。

（3）城市道路可持续发展的建设

1）把城市道路工程质量放在首位

要保证城市道路工程质量，首先，设计、建设、监理、施工各方应履行好自己的职责，以工程的高质量为前提，发挥各自的优势，密切合作、协调管理，从根本做好质量控制。对于道路质量通病，应采取有效解决办法；其次，应避免将城市道路"民心工程"异化为"面子工程"而出现不合理的工期现象，这将导致施工工序难以规范操作，使工程质量控制流于形式。

2）应用先进技术和工艺

推行先进的施工材料、机械设备和工艺方法，从而提高工效、保证质量、缩短工期、节省投资，取得最佳社会经济环境效益。譬如，相较以前的沥青灌入式道路，推广厂拌灰土路基、水泥稳定碎石基层、沥青混合料面层的结构组合，既可保证质量、节约工期，又可减少对环境的污染。

3）在建设过程中尽可能减少不良影响，从而提高可持续性

具体措施有：第一，尽量减小交通干扰；第二，降低施工噪声；第三，使用环保节能、可再生材料；第四，维护、保护好公共设施；第五，在施工期保证通过车辆、行人的安全；第六，杜绝工地、运输扬尘和污染物排放；第七，尽量减少建筑垃圾等。

（4）城市道路可持续发展的管理与养护

1）加大城市道路管理养护经费投入，改变"重建轻养"现象

将思想理念从"重建设、轻管理，重大修、轻养护"向"建设和管养并重"转变。随着城市路网结构的日趋完善，养护管理将逐渐成为道路系统重点工作。积极实施道路

预防性养护策略，可有效延长道路使用寿命、保持道路完好率和平整度、发挥城市道路设施功能、降低道路寿命周期成本、延长中修及大修期限，实现城市道路的可持续发展。

2）理顺行业管理体制，明确权责关系，规范和促进行业发展

城市道路具有系统性、突发性、时效性、社会性、政治性等特点，其运行涉及城市生活、社会民生和公共利益。道路管理部门和单位为此承担着高度的社会责任和职业义务，必须理顺市、区等分级关系，保持政令畅通、形成合力，落实各级责任并形成长效机制，对路网实施统一管理或监管，促进行业均衡健康发展。

3）构建管理信息系统，规范行业改革发展

城市道路管理信息系统包括整个城市道路的空间信息系统，能输入大量的道路相关地理信息并对其进行动态描述，可为道路的规划管理提供科学准确数据。鉴于城市道路养护管理改革理论在全国工作方面基本处于缺位状态，没有规范的、统一的、具有宏观指导意义的养护管理方案。建议国家针对市政管养行业目前的整体现状和存在症结，制定规范市政管养行业改革与发展的指导性政策文件。

4）完善道路挖掘许可、道路占用管理程序

首先，将所有行政许可及行政处罚进行网上阳光运行；其次，严格按照规定的要求，对城市道路挖掘行为进行全方位的监管。完备各类监管台账，做好相应的监管工作。进一步明确市、区在管理、执法上的责任范围、职责、权限，加强对违法占用、违法挖掘以及批后挖掘、占用行为的监管工作；第三，加强信息沟通，建立完善的信息平台，对任何损害市政设施的行为，及时沟通、及时查处、及时反馈和信息共享，提升管理现代化水平。

（四）可持续发展视野下城市建设管理分析

1. 用可持续发展观念指导城市建设管理

城市建设中的可持续发展是一个复杂的系统工程，必须加强和完善政府有关机构对它的管理、指导和调节。我国在城市建设可持续发展和人居环境科学研究方面取得了一定进展，但是在理论认识、成果应用、对策建议、政策水平和实际效果方面，与发达国家相比仍存在一定差距。现在的问题不仅仅存在于技术层次，更存在于决策层。部分城市主管部门对于城市化进程与可持续发展的关系缺乏整体的了解，对于城市这样一个有机体的可持续发展没有系统全面的认识，不能从整体上对它的建设过程及其管理工作加以统筹安排。表现在具体工作上，或急于求成，急功近利；或以偏概全，挂一漏万。可以说，目前城市建设中的种种违背可持续发展原则的行为、后果，问题出在下面，根子在决策者、管理者。如果他们不牢牢树立可持续发展观念，不在城市建设的各方面工作

中贯彻可持续发展战略，城市建设必然无法走上可持续发展的轨道。城市建设管理问题与土地问题、人口问题、环境和生态问题同等重要，都是可持续发展的重要课题，这也是我国城市真正能够健康、有序、可持续发展之路。

政府机构要搞好城市建设管理，首先就要统一思想、转变观念，由过去那种只考虑目前经济上的需要与可能实施管理的观念，转变到兼顾目前与未来、经济与社会、环境、生态且以人为本的可持续发展的管理观念上来。在我国的城市建设管理工作中转变传统观念，树立可持续发展观念，应当在决策者和管理者之间确立以下的新观念、新思路：

（1）社会、经济与环境协调统一的发展观

部分城市管理者往往把"增长"和"发展"等同起来，片面地把经济增长率作为城乡发展的主要目标，忽略了社会进步和环境与资源保护的要求，从而导致城市建设中社会、经济和环境目标之间失衡，这正是"城市病"到处泛滥的重要原因之一。可持续发展战略是具有现代意义的发展观，它所追求的是社会、经济和环境目标的协调统一，即社会公平、经济增长和环境保护三个目标的相对平衡。城市建设管理者应针对不同地区的不同发展水平、发展条件以及在发展中所面临的不同问题，制定出城市建设在人口、社会、经济、环境、资源和文化等方面的不同目标；通过利用新的设计和规划技术，取得多方面目标之间的最佳组合，并利用法律、政策、经济和行政等手段，保证社会、经济和环境的协调统一。

（2）以区域为主体的多层次空间观

人类活动的大大小小的区域，实际上都是不同层次的人居环境系统，它们同时又是更大的，乃至全球人居环境系统的组成部分。从这一意义上来说，城市可视为全球、全国人居环境地的组成部分，并与一定的区域联系在一起。区域是建筑和城市赖以存在的载体，并且为建筑和城市的生存与发展提供必不可少的物质条件：脱离了区域，城市也就丧失了维持其生存和发展的可持续性的基础。就其自身而言，城市的发展是非持续性的，或者说根本无法实现可持续性。城市里人口、资金、技术和信息等高度聚集，但经济发展所需的土地、矿藏等自然资源十分匮乏；它创造出巨大的经济利益和社会效益，但消耗大量的自然资源，并且产生大量对环境有害的物质；它从周边地区获取维持其生存和发展所必需的部分物质供给（特别是粮食和蔬菜及副食品等），但把它所产生的大量废弃物转移到上述地区。这种种矛盾已足以说明，城市必须与它所在的区域密切联系在一起，它的生存和发展才可能成立；也只有当与区域联系在一起时，城市才有可能通过经济上的分工协作、社会上的结构组织和服务联系以及资源上的合理配置，实现这一层次的人居环境内部的自给自足和自我平衡，从而实现广义"城市"作为人居环境的可持续发展。

由此可见，要解决可持续发展的时空问题，必须将其落实在以区域为主体的多层次的人居环境上。尽管不同层次的人居环境可持续发展目标不同，而且所面临的问题和矛盾也不同，一个地区的可持续发展有可能造成其他地区发展的不可持续性，但正如有学者指出的："只有当所有小范围都力求实现自我平衡，才能实现全市、全地区、全国和全球的人居环境，包括社会和生态环境的持续发展。"因此，应由区域内各城市或城市的各区、各镇的建设主管部门协调、牵头，搞好各城市或各区、各镇各自建设规划、建设活动的相互衔接、配合和平衡，避免重复建设、分散建设和盲目建设，避免区域内各城市建设各自为政、相互牵制、彼此冲突。

（3）人与自然和谐共处的自然观

人与自然的关系问题并不是一个新的话题。在人类文明历经社会生产力的数次革命性变革，从采猎文明、农业文明、工业文明进入到今天的后工业文明；在人类对自身与自然的关系的认识不断加深，对自然的态度从依赖自然、改造自然、征服自然转向善待自然之际；在可持续发展的共识之下，在今天，需要对这一古老话题重新来认识。

诚如施里达斯·拉尔夫在《我们的家园——地球》一书中所述："作为人类，我们属于自然的一部分，而并非远离自然的一部分；在与自然的相处中，我们应当谦恭，而不应傲慢；我们应当下决心同自然和谐相处，而绝非掠夺破坏。"作为人类生产和生活活动的一部分，城市道路建设的目的就在于为人类创造适宜的生活、工作、学习、交往环境。其中既应包括人工环境，也应包括自然环境；要自觉地把人类与自然和谐共处的关系体现在人工环境与自然环境的有机结合方面。尊重并充分体现环境资源的价值（这种价值一方面体现在环境对社会经济发展的支撑和服务作用上，另一方面也体现在其自身的存在价值上）。具体而言，城市道路的规划设计，不仅要考虑环境在创造景观方面的作用，更要重视环境在保持地区生态平衡方面的作用。有意识地在人工环境中增加自然的因素，如进行绿色建筑、绿色城市的实验与实践等。不仅重视对建筑、城市等实体空间的建设，也要重视对绿色空间的建设，即"大地园林化"建设。包括人工环境之中的休闲用地、公园绿地和小面积的农业用地；以及人工环境之外的大面积农业用地、自然保护区和生态绿地等，自觉追求人工环境与自然环境的齐头并进；不仅要改善以往人工环境建设对自然环境造成的污染和其他不利影响，还要对未来道路建设活动可能对生态环境产生的影响进行评价，并且在规划设计中采取各种技术手段，尽可能将这些影响降到最低限度，尽可能地减少对资源的消耗。

自然生态系统的高效、低耗与循环利用的生存模式，给我们运用生态学原理，探求结合自然的、持续发展的城市道路建设以重要启示。生态观使我们发现城市交通发展具有生长、新陈代谢、进化（功能转变）、繁殖（城市数量增加）、衰亡等生态特征。这为我们探索符合生态原理的城市道路建设规划提供了一个重要途径，有助于找出城市的最适功能或阈限；使我们重视物资、资源的循环利用，充分利用可再生性资源（太阳能、风能、潮汐能、地热等），减少对人工能源的依赖。政府还要为保护自然环境、生态平衡和自然资源坚决执法，制定符合本地实际的行政法规、制度或禁令，切实担负起保护自然的责任。

（4）以人为本的人文观

人类生存和发展的需求是使道路和城市出现和发展的原动力。道路作为人类的历史遗迹，记录了人类对自身利益认识的演变过程，并体现出各个时期不同的人文观。从中世纪对神的侍奉，到文艺复兴时期人性的解放，是一个大的进步；从工业革命之后对技术的盲目依从和崇拜，到提出可持续发展战略、提倡以人为本的人文观。这些均是对人类自身认识的再次觉醒，是又一次极大地飞跃，必须认识到：满足人类生存和发展地需求，既是建筑与城市发展的根本动力，也是其最终目标，也就是使人类安居乐业。

当前，对人文思想地追求成为新的社会发展趋势。在此形势下，城市道路建设首先要满足全体社会成员的物质需求。要从社会的基本需求出发，利用先进的现代科技，解决广大人民生产和生活中的实际问题。现代城市应该为人们提供舒适、美好、便利、安全地居住环境，例如向所有人、特别是中低收入居民提供适当的住房，改善人类居住区的功能等。现代城市又应该为人们提供高效率、高质量、全面配套、集中而方便地出行条件、服务条件以及其他交通条件，从物质条件来讲主要是各种生产经营性建筑物、公共基础设施及其他配套设施，使人们能够通过聚集在城市中开展的经济活动满足自身需要。城市道路建设同时还要重视满足社会的人文需求，为人们提供各种先进、完善、优美、高品质的交通基础设施、教育科研设施、卫生体育设施等，充分发挥交通建设对促进人类可持续发展的重要作用，以城市交通建设保障和推动城市和整个社会地建设。

2. 可持续发展战略指导下的城市道路建设全系统管理

（1）可持续发展战略指导下的城市道路建设部门管理

1）明确城市道路建设管理职责

城市道路建设部门应当设立负责城市道路建设中环境及生态保护、资源节约的高效、精干的专门机构或在有关管理机构中指派专人在此方面负责，明确职责、加强管理。该部门或专门人员要与城市道路规划、道路清洁养护、道路园林绿化等部门互通信息、互相配合。在他们之间应该明确各自职责和权限，且由后一类政府专门机构牵头协调，不扯皮、不推诿、不掣肘。

2）完善城市道路建设管理制度

城市人大及其常委会要以可持续发展战略为指导，以国家规定的城市道路建设各项技术标准、环境标准、安全标准、质量标准为依据，针对各城市经济、社会、人口、环境、生态、资源的具体、特殊情况，按照法定程序制定城市道路建设方面的地方性法规，以规范当事人行为。国家法律和地方性法规必须广泛宣传普及，并成为人们的自觉行动。

政府有关部门应该依法制定严密、合理、可行的城市道路建设管理规章制度，包括城市道路建设中的技术标准、质量标准、安全标准、环境标准、生态标准、资源消耗标准等，并规定对违反标准、损害可持续发展行为的处罚方式，经常认真监督检查，及时制止和处罚错误行为，规范城市道路建设活动，实现可持续发展。

3）科学制定、认真实施城市道路建设管理政策

搞好城市道路建设管理的政策调节，城市政府及其主管城市道路建设的部门，要针对每一时期城市道路建设中关系到可持续发展的主要问题，制定有针对性、诱导性和可操作性的政策，及时地、有分寸地予以引导、调节。对城市建设的政策调节手段有税收手段、利率手段、补贴手段、融资手段等。

税收手段可以在税法允许的范围内，以较低的税率或减免税政策来优待和鼓励城市道路建设中有利于可持续发展的行为，以提高税率来惩罚破坏可持续发展者；利率手段和融资手段可以用较低的利率、较宽地借款条件、较大地贷款金额和较长地偿还期限，从资金供应及其成本上支持符合可持续发展战略的城市道路建设活动，用方向相反的上述手段来抑制不符合该战略的活动。

财政补贴手段可以适当资助城市道路建设中那些对可持续发展有利、却对行为主体自身不利地行动。它如果与利率手段结合起来，就成为贴息手段，使有财政贴息的贷款变得更加优惠。

（2）城市道路建设有关企业、单位的管理

1）加强城市道路建设有关单位、人员的资质管理

城市道路建设能否做到可持续发展，在一定程度上取决于有没有足够的符合可持续发展要求的城市道路建设者。城市道路建设管理部门要严格实施对城市道路建设参加单位和从业人员的资质管理，包括资金能力，技术能力，履行环境、资源、安全、质量等方面要求、标准的情况；对于环保、安全等方面状况不达标的要限期整改，整改不力或拒不执行的则要坚决清除出城市道路建设队伍。

2）加强城市道路建设的行为管理

城市道路建设主管部门不仅要根据可持续发展战略要求制定一整套城市道路建设的行为规范和检验标准，而且要根据这些规范、标准严格检查有关单位、有关人员的行为

是否符合要求。主管部门对城市道路建设活动的检查包括经常性检查和临时性检查两种方式。

经常性检查是按预定的间隔较短的时间进行常规检查。它的优点在于：一是可以及时发现城市道路建设中妨碍可持续发展的行为，二是这种检查定期进行、成为惯例以后，被检查的企业、单位有可能在检查压力下逐渐展开自查，使问题解决；它的缺点在于：一是可能流于形式、走过场；二是被检查者可能预先做好准备，弄虚作假，使检查失去实际意义。

临时性检查没有预定的日期和固定的间隔期，不预先通知被检查者。它比经常性检查的真实程度更高，而且可以针对当时当地对可持续发展产生威胁最大的问题着重检查、反复检查。但如果两次检查间隔太大，则可能会漏掉应制止的行为。因此这两种检查方式不可偏废，要把它们结合起来使用。

3）加强城市道路建设中违规行为的处理

在城市道路建设行为检查中发现违规行为，要及时严肃处理。严重违规、造成重大损失、对可持续发展有巨大不利影响的事件，要向上报告，认真总结事件发生的原因和教训，提出切实可行的整改措施，并请示对事件的处理办法和对主要责任人的处罚方式。对典型事件，可以通报批评，公开处罚主要责任人，以收到对其他单位、其他个人的教育警示作用。

（3）城市道路建设系统有关人员的管理

1）搞好城市道路建设系统全体人员的可持续发展观念教育

如果没有正确的思想，那么也就没有正确的行动。城市道路建设活动是由城市道路建设系统全体人员在政府的领导和全社会的协助下具体实施的。只有这个系统的全体人员认真学习、全面领会了可持续发展战略观念，才能把可持续发展战略切实贯彻到城市道路建设实践之中。因此，必须搞好对城市道路建设系统全体人员的可持续发展观念教育。城市道路建设行政主管部门的领导干部和工作人员要带头学习可持续发展战略理论，认真思考如何把它落实到城市道路建设实践之中。此外，城市道路建设领域各企业、单位的负责人也要学在前头、用在前头。还要向全体职工（不仅包括正式职工，而且应当普及到参加城市道路建设工程施工的农民工、临时工）进行可持续发展观念教育，提高其在本职工作中实施可持续发展战略的自觉性、主动性。在学习教育中，可以结合国内外城市道路建设在可持续性方面的优秀案例和失误教训，尤其是本市及本单位的实例开展讨论，通过结合实际进一步掌握可持续发展战略的精神实质，进而弄清本市、本单位在城市道路建设活动中贯彻可持续发展战略的任务、要求以及具体做法。

2）把可持续发展方面要求纳入城市道路建设系统人员考核标准

从系统的角度来看，城市道路建设系统的每一个管理工作者、建设工作者的工作，都通过自己所在机构、企业、单位的整体工作成果，与可持续发展战略的全面实施发生了联系。只有人人都充分重视、随时考虑可持续发展的要求，城市道路建设才能较好地实现可持续发展战略。因此，城市道路建设系统各管理机构、各企业、各单位应该把本单位实施可持续发展的任务要点、责任内容合理地分解为下属各部门、各成员的具体工作要求，制定明确可行地考核标准和相应地奖惩办法，从经济利益和名誉待遇上促使每一个工作人员都成为贯彻可持续发展要求的模范。

3）用可持续发展观念指导城市道路建设系统人员的业务知识培训

城市道路建设系统人员仅仅懂得什么是可持续发展，了解城市道路建设工作中为什么要做到可持续发展，知道自己在可持续发展方面应该而且可以做什么、不可以做什么，当然非常重要，但是还远远不够。他们还必须知道自己该怎么做。在科学技术迅速进步、城市道路建设面貌日新月异的今天，可持续发展的要求也是不断发展、不断深化的，实施手段处在经常更新、日趋复杂的状态之中。因此，必须在城市道路建设系统人员的业务知识培训中贯穿可持续发展要求。要让有关操作人员及时掌握城市道路建设技术的新进展，了解新材料、新工艺、新设备的性能、特点和对环境、生态、资源、社会等的可能影响，以及防范和消除不良影响、发挥和扩大有利影响的方法、技术。有关管理人员要及时配备并熟练掌握先进适用的环境、生态、灾害事故监测控制的设备和手段，提高处理与可持续发展有关问题的能力和效率。有关决策人员也要懂一些这方面的技术和方法，减少决策失误，并更好地带领下属共同实现城市道路建设中的可持续发展。

第四章　城市道路工程施工技术

道路工程的施工周期长，在施工的过程中出现了很多不确定因素。了解道路工程施工的技术特点，有助于更好地改善施工技术。增强道路工程施工技术水平的提高和改善，更好的加快道路工程的工作效率，更好的促使道路工程进步发展。本章主要对城市道路工程施工技术进行论述。

第一节　城市道路工程施工内容和基本要求

一、城市道路施工分类

城市道路根据项目建设的性质分为新建和改建两类。

新建道路：城市规划或交通规划中明确的新建道路或决策机构筛选出的新建项目，新区、高新技术区、城市拓展区的道路建设属于这一类型，这类型的道路施工相对简单，施工对周边道路交通影响也相对有限，只是在相交道路部分需要考虑交通阻隔，及施工运输车辆造成的交通拥堵。

改建道路：大规模城市改造中原有道路不能适应发展要求需要改造升级、拓建、绿化美化。改建道路所在路网往往是交通量较大区域，改建道路的实施，不但影响自身路段的交通，还将自身的部分或全部交通负荷转移到周边的路网上，使已经饱和的路网交通压力陡然增大，往往造成整个区域的交通拥挤，改建道路根据建设项目的等级、规模和影响，按其对城市道路的施工占道情况分为完全占道、部分占道和不占道施工三类。

完全占道的施工：集中施工，完全封闭施工道路上的交通。这种情况对道路交通的影响表现为：道路完全断流，车辆须绕道行驶，增加其他道路的交通压力，并可能导致相连接道路成为断头路；影响周边建筑物的对外交通，包括车辆出行和行人出行；影响两侧人行道行人的正常通行；需要调整道路的公交线路，给市民的出行带来不便；改变现有的交通设施，对周边的环境产生影响，此种情况对城市的交通影响最大，道路交通组织需要慎重考虑。

部分占用道路施工：施工时分段或分方向地进行。这种情况对道路的影响表现为：道路被部分占用，容易形成交通瓶颈，道路通行能力减小，影响周围建筑物的对外交通，包括车辆和行人的出行，影响两侧人行道行人的正常出行，公交停靠设施可能需要迁移，增加市民的出行距离；同样对周边的交通环境会产生较大影响。对地区的交通非常敏感，稍有不慎也会导致地区的交通瘫痪。基本不占用道路的施工：项目本身的道路红线很宽，断面形式便于改造，越线违章建筑较少，改建以断面改造为主，改造影响范围较小，基本不占用现有道路，此种情况对道路的交通影响相对较小，但出入施工场地的车辆可能会对相邻道路的交通产生一定影响，也给周边建筑物的对外交通带来不便，应根据实际情况合理处理。

二、城市道路施工特点

城市道路的施工不同于普通公路、高速公路的施工，普通公路、高速公路的施工几乎不涉及地下管线且不考虑人流、车流对施工的影响，而城市道路的施工却涉及道路、电力、通信、燃气、热力、给排水的管道线网的布设，涉及人流、车流的交通组织，因而在施工中涉及上述多家单位参与建设或协调，因此城市道路的施工相对于公路工程要复杂得多。城市道路施工有以下特点：

（一）施工工期紧，任务重

交通是城市的命脉，这就决定了城市道路的建设必须在最短的时间内完成，以尽可能减少施工对社会的影响，并且尽快发挥其预定作用。因此城市道路工程对施工工期的要求十分严格，工期只能提前不能延后，施工单位往往根据总工期倒排进度计划。另外城市道路施工一般都要进行交通封闭，而交通封闭都有明确的期限，到期必须开放交通，所以一旦交通封闭完成就必须立即开工，按期通车，按期开放交通。

（二）动迁量大，施工条件差

城市是居民生活的聚集区，各种建筑物占地面积广，导致部分建筑物处在道路红线范围内，需要进行拆迁。城市道路施工常常影响施工路段的环境和周围的交通，给市民的生活和生产带来不便，同时由于市民出行的干扰，导致施工场的受限，需要频繁的交通转换，增加了对道路工程进行进度控制、质量控制、安全管理的难度。

（三）地下管线复杂

城市道路工程建设实施当中，经常遇到电力、通信、燃气、热力、给排水的管道线网位置不明，产权单位提供的管位图与实际埋设位置出入较大的情况，若盲目施工极有可能挖断管线，造成重大的经济损失和严重的社会影响，增加额外的投资费用。

（四）管线迁改程序复杂，管线类型多，施工单位多，施工协调难度大

城市道路施工中往往涉及大量正在运营的既有线路的迁改和新建，由于这些管线分属不同的产权单位，不同专业施工门类，需要不同施工资质的施工单位，根据施工进展情况安排进出场，由此带来施工协调难度很大的情况，需要建设单位组织定期召开协调会。

（五）质量控制难度大

在城市道路的施工中，由于工期紧，往往出现片面追求进度忽视质量管理的情况，另外城市道路路基施工中由于施工断面短小给大型设备的使用带来困难，井周、管线回填、构造物回填等质量薄弱点多，路面施工中人、车流的干扰，客观上都对质量控制造成影响。要多方控制协调，方能保证正常施工。

（六）车辆行人的干扰大，交通组织压力大

在城市道路施工期间，施工区域会占据部分行车线路，为了尽量减少城市道路施工对交通的影响，城市道路施工往往采取分段施工、分车道和分时段施工等诸多方法来尽量降低对交通的影响，但是由于上下班高峰期车流量特别大，施工路段的道路不能满足顺畅通车要求，容易造成拥堵现象。施工车辆与社会车辆、行人的交织也给交通及施工安全带来极大隐患，如何组织好交通，在城市道路建设中尤为重要。

（七）环保要求提高

城市道路施工期间，原材料的运输和装卸、施工机械作业等环节会造成周围道路的污染，会产生扬尘、噪声、污水、垃圾等对环境有不利影响的因素，随着人们环境保护意识的提高，这些不利因素都必须在施工中尽量消除和避免，尽力为人们维持一个安静祥和的生活环境是城市道路施工的新任务。

（八）景观绿化生态要求提高

城市道路是城市景观的视觉走廊，同时也是城市文化、品质和风貌的展示窗口，也应该是人们了解、感受和体验城市绝佳的界面，随着打造"宜居城市""环境友好"城市理念的提出，城市道路不再是传统意义上的人车出行通道，也赋予了美化城市、净化城市、亮化城市的职能。

三、城市道路施工内容

城市道路的主要施工内容有管线施工、软基或特殊路段地基处理、路基施工、路面施工、路缘石施工、人行道板施工、绿化。管线施工时将各类管线预埋至地下，以充分

利用城市道路的地下空间。管线的位置一般处在车道分隔带下方、非机动车道下方和道路两侧绿化带下方，这样既方便施工，又方便管线的维修。管线的种类不同，使得各类管线的施工工艺、工序不尽相同。软基或特殊路段地基处理是指如果地基不够坚固，为防止地基下沉拉裂造成路面破坏、沉降等事故，需要对软地基进行处理，使其沉降变得足够坚固，提高软地基的固结度和稳定性。目前主要的处理方法有：换填、抛石填筑、盲沟、排水砂垫层、石灰浅坑法等。

路基施工主要是通过土石方作业，修筑满足性能设计要求的路基结构物，并为路面结构层施工提供平台。路基的施工工艺较简单，但工程量较大，涉及面广，比如土方调配、管线配合施工等。路面施工包括底基层施工、基层施工、面层施工。路面施工要求严格，必须使路面具有足够的强度，抵抗车辆对路面的破坏或产生过大的形变；具有较高的稳定性，使路面强度在使用期内不受水文、温度等自然因素的影响而产生幅度过大的变化；具有一定的平整度，以减小车轮对路面的冲击力，保证车辆安全舒适地行驶；具有适当的抗滑能力，避免车辆在路面上行驶、起动和制动时发生滑溜危险；行车时不致产生过大的扬尘现象，以减少路面和车辆机件的损坏，减少环境污染。路缘石是设置在路面与其他构造物之间的标志。起到分割机动车道、非机动车道与人行道并引导行车视线的作用。

人行道是城市道路中供行人行走的通道，人行道一般高于机动车、非机动车车道，人行道中必须按要求设置盲道，并与相邻构造物接顺。城市道路绿化是指在道路两旁及分隔带内栽植树木、花草以及护路林等以达到隔绝噪声、净化空气、美化环境的目的。道路绿化起到改善城市生态环境和丰富城市景观的作用，但需避免绿化影响交通安全。另外城市道路施工还包括公交站台、交通信号指挥系统、交通工程（指示牌、交通标线）照明及亮化等工程的施工。

四、城市道路施工基本要求

路基施工要求有足够的强度，变形不超过允许值，整体稳定性好，具有足够的水稳稳定性。路面施工必须满足设计要求的承载力，平整度良好，具有较高的温度稳定性，抗滑指标、透水指标符合规范要求，尽量降低行车噪声。桥头施工及管线铺设完成后需进行回填压实，压实过程需严格按照规范要求进行，确保桥头不跳车、管线部位路基无沉降。位于行车道内的管井口，需进行井周加固，防止井口下沉，施工中要严格控制井口高程，使得管井口与路面平顺无跳车。管线、管廊在施工完成后应清理干净，雨水管出口应明确，并与既有水系沟通。道路景观要充分利用道路沿线原有的地形地貌，因地制宜地进行绿化布局，在满足交通需要的前提下，突出自然与人文结合、景观与生态结合，形成城市独有的绿化景观文化。

路缘石施工要求缘石的质量符合设计要求，安砌稳固，顶面平整，缝宽密实，线条直顺，曲线圆滑美观；槽底基础和后背填料必须分打密实；无杂物污染、排水口整齐、通畅、无积水现象。

人行道施工要求铺砌稳固，表面平整，缝线直顺，灌浆饱满，无翘动、翘角、反坡、积水、空鼓等现象。盲道铺砌中砂浆应饱满，且表面平整、稳定、缝隙均匀。与检查井等构筑物相接时，应平整、美观，不得反坡。不得用在料石下填塞砂浆或支垫方法找平。在铺装完成并检查合格后，应及时灌缝。铺砌完成后，必须封闭交通，并应湿润养护，当水泥砂浆达到设计强度后，方可开放交通。行进盲道砌块与提示盲道砌块不得混用。盲道必须避开树池、检查井、杆线等障碍物。路口处盲道应铺设为无障碍形式。

第二节 城市道路施工开工准备

一、建设单位为施工所做的准备工作

城市道路施工由于涉及多种管线的施工以及诸多配套工程需要实施，城市道路项目的复杂性和综合性是毋庸置疑的。很多问题单凭道路施工单位出面协调就会显得力不从心，也有勉为其难之嫌，而城市道路的建设单位（包括市、区级的建设项目）往往是政府的职能部门，其组织、协调作用是不可替代的。建设单位除完成项目的立项审批、设计施工招标、前期的征地拆迁工作外，在项目开工前还应做好以下几项工作：

1.在完成道路项目的初步设计后，应及时委托规划部门实施管线的综合规划和设计

（1）根据城市建设的总体规划确定需要预埋的管线。

（2）与各管线单位沟通，结合工程所在区域的现状确定与道路匹配的管线走向。

（3）结合施工图设计的要求明确与道路性质相符的管线位置及标高等。

2.组织召开各管线单位参加的专题协调会

在管线综合规划完成后，建设单位的工程负责部门要做细致的准备工作，并及时组织召开由各管线单位分管负责人及相关人员、管线设计代表参加的专题协调会，其目的是通报项目情况、提供相关资料、明确任务。

（1）介绍项目规划、投资、设计情况，重点介绍项目计划开工时间、工程施工计划、竣工通车时间。

（2）提供立项的纸质文件、管线综合设计的电子版给各管线单位。

（3）对于已实施管廊同沟同井的单位，会议应确定牵头单位，以便统一、高效管理。

（4）根据道路施工的开工竣工时间及项目施工总体计划，确定各管线单位完成管线设计、施工招投标，及施工单位初步的进场时间。

（5）明确沟通机制，及时汇总参会人员的通信方式并及时分发。

（6）会后应尽快形成会议纪要，并将会议纪要及时传发各参会单位，同时报送各管线单位主管部门，寻求各主管部门的大力支持。

3. 根据施工单位的申报及时组织交通组织方案的审查

凡是涉及影响既有道路通车的施工，必须编制交通组织方案并经公安交通主管部门审查通过。方可根据交通组织方案实施封闭、分流、限流的措施。

（1）帮助施工单位完成交通组织方案的编制，并进行初步审查。

（2）敦促施工单位及时将交通组织方案上报公安交通主管部门。

（3）组织由公安交通主管部门、设计、监理、施工单位参加的方案审查会。

（4）根据会议要求，施工单位修改完善方案并根据方案要求及时完成指路标志、标式等的施工。

（5）组织公安交通主管部门根据方案要求对各项交通组织设施进行验收，通过后办理相关手续（登报通告等），正式开工。

（6）提醒施工单位，将通告的组织方案归档。

4. 适时召开交警、市政、公交部门的专题协调会，协调好城市道路配套设施的管线预埋，考虑到节省政府投资以及公交站台的亮化和信号指挥系统的同步实施，使得它们的通信管及供电管实现沟通，召开这样的协调会是必要的。会议将根据交警、公交部门各自的要求和规范，将预埋管的数量、种类和线路走向等放进照明系统的设计中，并由负责照明的施工单位统一负责预埋。

5. 其他工作内容

（1）定期组织各管线产权单位及其施工单位、道路设计单位、道路监理单位、道路施工单位参加的管线施工协调会。各参建单位应在道路施工单位的统一组织安排下按序展开施工，但建设单位不能因此而不参与协调。事实上，在施工过程中还是会有许多矛盾，有些问题必须有建设方参与才能解决。

（2）加强与道桥施工项目经理的沟通。一个合格的参与城市道路建设的项目经理必须有更强的大局意识，更加细致、踏实的工作作风和顽强的意志品质。一条城市道路能保质保量、完美地按时通车将意味着工完料清，没有返工现象发生。而要达到这个境界，建设方需做的工作将贯穿工程的全过程。

二、施工单位为施工所做的准备工作

（一）道路沿线障碍物排查

施工单位进场以后首先要组织人员对照施工图纸，对施工区内的地下管线、地上杆线和影响施工的未拆迁建筑物进行排查。地下既有管线包括雨水管、污水管、自来水管、燃气管、热力管、光缆、地埋电缆等。施工单位要及时和管线所属产权单位沟通，咨询管线有关单位，查看原有管线竣工图纸。由于竣工图纸与现场实际埋设的管线位置会有较大出入，所以应结合原有图纸和露出地面管井位置，在现场根据实际情况进一步垂直线路方向挖探测坑，沿线路方向挖探测沟。并在管线图纸上进行详细标注，特别是原有管线横穿施工路线的位置必须认真查明。

地上杆线包括电力、通信等，施工单位应查明线路的性质，如电力线的电压等级及杆路编号、通信线的光缆芯数等，并在图上标注清楚，通知相关单位召开协调会，确定迁移废除方案。随着城市道路建设标准的不断提高，为使建成道路景观协调、美观，现在一般都会要求电力、通信杆线由架空改为地埋，对于在施工期间要保持运营的电力、通信线路改地埋，要通过杆线的二次迁移（即先完成一次外迁，待电力管、通信管做通后再二次回迁）或调整施工顺序的方法来解决。

（二）障碍物清理处理措施

所有障碍物调查清楚后在业主的统一安排下及时和产权单位沟通，分成两类：一类：废弃迁建、重建的；另一类：不废弃照常使用的。对于废弃迁建的障碍物应通知产权单位按照施工工期的要求制定停用计划。对不废弃的管线应在每次开挖前组织施工人员进行施工交底，明确管位及开挖注意事项，开挖时应通知管线所属单位进行监护，防止误挖。对于燃气、热力、自来水等有安全风险的管线开挖，应编制抢修应急预案，制定安全应急预案。对管线薄弱位置或开挖比较频繁的部位要根据现场情况对原有管线进行的防护、加固。在项目部应设置值班抢修电话，明确联系人，方便在发生管线损坏时及时抢修。

（三）交通组织方案编制

城市道路的施工都会对原有车辆及行人的出行产生影响，新建道路仅在与原有道路的交叉口产生影响，改建道路因为施工类型的不同产生的影响程度有大有小，但科学合理的交通组织方案对减少施工对车辆、行人出行的影响，保障施工车辆的出入安全尤为重要，施工单位应根据现场道路施工情况及通行道路交叉情况编制临时交通组织方案，报交警部门审批。

编制原则：社会车辆通行：尽量安排绕行，提前一个月通过市政主要媒体发公告告知市民，在主要路口提前设置绕行告示，设置绕行标志；公交线路：尽量调整公交线路和站点设置，确实无法避让的要在施工现场设置临时社会便道，或安排半幅通车半幅施工；沿线居民聚集区（居民小区）：提前通告，并在小区附近设置施工告示牌，设置必要通道（人车混行）沟通小区与主要道路，并在沿线设置减速标志；沿线厂矿企业：因出入货车或超长车辆多，根据具体需要设置社会便道，应考虑车辆转弯、超限需要。

（四）施工围挡及防护设施

施工区及道路交叉口应设置施工围挡，隔断施工区和人车联系，保障行人和社会车辆安全。临近人车通行道路的基坑开挖应设置防护围栏，深基坑要采取牢固的基坑防护措施，防止可能的基坑塌陷影响人车安全。

（五）防止环境污染的措施

建立环境保护管理制度及考评制度外，应在施工车辆的出入口应设置临时洗车点防止车胎带泥污染路面，运土车辆不应装载太满或加装围挡板防止抛洒滴漏，施工便道、施工现场每天安排不定期的洒水尽量减少扬尘，高噪声的工作避免安排在夜间施工，施工产生的建筑垃圾应运到政府指定的弃土场，严禁乱堆、乱倒，废水及生活污水应引流到污水管道。

（六）项目部建设

1. 新建项目的设置原则

新建道路施工组织及施工管理相对简单，项目部建设可以按照文明施工的要求临时征地搭建项目部。为方便管理一般选择将项目部设置在标段中点，最好是临近既有道路以方便出行。沿道路两侧红线外临时征地搭设施工队临时营地，用于现场施工工人生活及施工机械停放，一般来说临近水源地或既有道路设置属于较理想的设置。

2. 改建项目的设置原则

旧城区的规划道路及老路改造项目，施工组织和施工管理相对复杂，在老城区一般很难找到现成的空地用于搭建项目部，一般在道路沿线寻找租用废弃的村镇委办公地、工厂办公区、停业的小酒店、空置门面房等，但不到万不得已尽量不在居民聚集区内设置项目办公区，减少对居民生活的干扰。现场施工工人生活及施工机械停放，可因地制宜采用租用民房在征地红线内绿化带位置搭建或设置。

（七）项目临建设置

城市道路工程的临时设施建设大部分都不需要设置在现场，砼可以采用商品砼，水泥稳定碎石、二灰碎石、沥青料均应采取厂拌方式运抵现场施工。旧城区的规划道路及老路改造项目的石灰消解场建议不放在现场，避免对城市环境造成危害。建议采取将石灰消解场设置在取土场附近，消解好的石灰按照掺灰量的70%~80%先行掺好，运抵现场后翻拌时补掺到设计用量，以加快施工进度减小对城市环境的影响。

第三节 路基施工技术

一、填方路基施工技术

路基施工应做好施工期临时排水总体规划和建设，临时排水设施应与永久性排水设施综合考虑，并与工程影响范围内的自然排水系统相协调。

1. 路基填料

（1）含草皮、生活垃圾、树根、腐殖质的土严禁作为填料。

（2）泥炭、淤泥、冻土、强膨胀土、有机质土及易溶盐超过允许含量的土，不得直接用于填筑路基；使用时，必须采取技术措施进行处理，经检验满足设计要求后方可使用。

（3）液限大于50%、塑性指数大于26.含水量不适宜直接压实的细粒土，不得直接作为路堤填料；需要使用时，必须采取技术措施进行处理，经检验满足设计要求后方可使用。

（4）粉质土不宜直接填筑于路床，不得直接填筑于冰冻地区的路床及浸水部分的路堤。

2. 路堤施工

（1）施工取土。

1）路基填方取土，应根据设计要求，结合路基排水和当地土地规划、环境保护要求进行，不得任意挖取。

2）施工取土应不占或少占良田，尽量利用荒坡、荒地，取土深度应结合地下水等因素考虑，利于复耕。原地面耕植土应先集中存放，以利再用。

3）自行选定取土方案时，应符合下列技术要求：

地面横向坡度陡于1：10时，取土坑应设在路堤上侧。

桥头两侧不宜设置取土坑。

取土坑与路基之间的距离，应满足路基边坡稳定的要求。取土坑与路基坡脚之间的护坡道应平整密实，表面设坡度为1%~2%向外倾斜的横坡。

取土坑兼作排水沟时，其底面宜高出附近水域的正常水位或与永久排水系统及桥涵出水口的标高相适应，纵坡不宜小于0.2%，平坦地段不宜小于0.1%。

线外取土坑等与排水沟、鱼塘、水库等蓄水（排洪）设施连接时，应采取防冲刷、防污染的措施。

4）对取土造成的裸露面，应采取整治或防护措施。

（2）选择施工机械，应考虑工程特点、土石种类及数量、地形、填挖高度、运距、气象条件、工期等因素，经济合理地确定。填方压实应配备专用碾压机具。

（3）压实度检测应符合以下规定：

1）用灌砂法、灌水（水袋）法检测压实度时，取土样的底面位置为每一压实层底部；用环刀法试验时，环刀中部处于压实层厚的1/2深度；用核子仪试验时，应根据其类型，按说明书要求办理。

2）施工过程中，每一压实层均应检验压实度，检测频率为每1000m2至少检验2点，不足1000m2时检验2点，必要时可根据需要增加检验点。

3. 土质路堤

（1）地基表层处理应符合下列规定。

1）二级及二级以上公路路堤基底的压实度应不小于90%；三、四级公路应不小于85%。路基填土高度小于路面和路床总厚度时，基底应按设计要求处理。

2）原地面坑、洞、穴等，应在清除沉积物后，用合格填料分层回填分层压实。

3）泉眼或露头地下水，应按设计要求，采取有效导排措施后方可填筑路堤。

4）地基为耕地、土质松散、水稻田、湖塘、软土、高液限土等时，应按设计要求进行处理，局部软弹的部分也应采取有效的处理措施。

5）地下水位较高时，应按设计要求进行处理。

6）陡坡地段、土石混合地基、填挖界面、高填方地基等都应按设计要求进行处理。

（2）路堤填筑应符合下列规定：

1）性质不同的填料，应水平分层、分段填筑，分层压实。同一水平层路基的全宽应采用同一种填料，不得混合填筑。每种填料的填筑层压实后的连续厚度不宜小于500mm。填筑路床顶最后一层时，压实后的厚度应不小于100mm。

2）对潮湿或冻融敏感性小的填料应填筑在路基上层。强度较小的填料应填筑在下层。在有地下水的路段或临水路基范围内，宜填筑透水性好的填料。

3）在透水性不好的压实层上填筑透水性较好的填料前，应在其表面设坡度为2%~4%的双向横坡，并采取相应的防水措施。不得在由透水性较好的填料所填筑的路堤边坡上覆盖透水性不好的填料。

4）每种填料的松铺厚度应通过试验确定。

5）每一填筑层压实后的宽度不得小于设计宽度。

6）路堤填筑时，应从最低处起分层填筑，逐层压实；当原地面纵坡坡度大于12%或横坡坡度陡于1∶5时，应按设计要求挖台阶，或设置坡度向内且大于4%、宽度大于2m的台阶。

7）填方分几个作业段施工时，接头部位如不能交替填筑，则应先填路段，应按1∶1的坡度分层留台阶；如能交替填筑，则应分层相互交替搭接，搭接长度不小于2m。

4. 填石路堤

（1）填料应符合以下规定。

1）膨胀岩石、易溶性岩石不宜直接用于路堤填筑，强风化石料、崩解性岩石和盐化岩石不得直接用于路堤填筑。

2）路堤填料粒径应不大于500mm，并不宜超过层厚的2/3，不均匀系数宜为15~20。路床底面以下400mm范围内，填料粒径应小于150mm。

3）路床填料粒径应小于100mm。

（2）基底处理应符合以下规定。

1）承载力应满足设计要求。

2）在非岩石地基上，填筑填石路堤前，应按设计要求设过渡层。

（3）填筑应符合以下规定。

1）承载力应满足设计要求。

2）在非岩石地基上，填筑填石路堤前，应按设计要求设过渡层。

（3）填筑应符合以下规定。

1）路堤施工前，应先修筑试验路段，确定满足孔隙率标准的松铺厚度、压实机械型号及组合、压实速度及压实遍数、沉降差等参数。

2）路床施工前，应先修筑试验路段，确定能达到最大压实干密度的松铺厚度、压实机械型号及组合、压实速度及压实遍数、沉降差等参数。

3）二级及二级以上公路的填石路堤应分层填筑压实。二级以下砂石路面公路在陡峻山坡地段施工特别困难时，可采用倾填的方式将石料填筑于路堤下部，但在路床底面以下不小于1.0m范围内仍应分层填筑压实。

4）岩性相差较大的填料应分层或分段填筑。严禁将软质石料与硬质石料混合使用。

5）中硬、硬质石料填筑路堤时，应进行边坡码砌，码砌边坡的石料强度、尺寸及码砌厚度应符合设计要求。边坡码砌与路基填筑宜基本同步进行。

6）压实机械宜选用自重不小于18t的振动压路机。

7）在填石路堤顶面与细粒土填土层之间应按设计要求设过渡层。

（4）填石路堤施工质量应符合以下规定。

1）填石路堤施工过程中的每一压实层，可用试验路段确定的工艺流程和工艺参数，控制压实过程；用试验路段确定的沉降差指标检测压实质量。

2）填石路堤填筑至设计标高并整修完成后，其施工质量应符合规定。

3）填石路堤成型后的外观质量标准：路堤表面无明显孔洞。大粒径石料不松动，铁锹挖动困难。边坡码砌紧贴、密实，无明显孔洞、松动，砌块间承接面向内倾斜，坡面平顺。

5.土石路堤

（1）填料应符合以下规定：

1）膨胀岩石、易溶性岩石等不宜直接用于路堤填筑，崩解性岩石和盐化岩石等不得直接用于路堤填筑。

2）天然土石混合填料中，中硬、硬质石料的最大粒径不得大于压实层厚的2/3；石料为强风化石料或软质石料时，其CBR值应符合规定，石料最大粒径不得大于压实层厚。

（2）在陡、斜坡地段，土石路堤靠山一侧应按设计要求，做好排水和防渗处理。

（3）填筑应符合以下规定：

1）压实机械宜选用自重不小于18t的振动压路机。

2）施工前，应根据土石混合材料的类别分别进行试验路段施工，用来确定能达到最大压实干密度的松铺厚度、压实速度及压实遍数、沉降差等参数。

3）土石路堤不得倾填，应分层填筑压实。

4）碾压前应使大粒径石料均匀分散在填料中，石料间孔隙应填充小粒径石料、土和石渣。

5）压实后透水性差异大的土石混合材料，应分层或分段填筑，不宜纵向分幅填筑；如确需纵向分幅填筑，应将压实后渗水良好的土石混合材料填筑于路堤两侧。

6）土石混合材料来自不同料场，其岩性或土石比例相差较大时，宜分层或分段填筑。

7）填料由土石混合材料变化为其他填料时，土石混合材料最后一层的压实厚度应小于300mm，该层填料最大粒径宜小于150mm，压实后，该层表面应无孔洞。

8）中硬、硬质石料的土石路堤，应进行边坡码砌，码砌边坡的石料强度、尺寸及码砌厚度应符合设计要求。边坡码砌与路堤填筑宜基本同步进行。软质石料土石路堤的边坡按土质路堤边坡处理。

（4）中硬、硬质石料土石路堤质量应符合以下规定：

路段确定的沉降差指标，检测压实质量。

（5）土石路堤的外观质量标准：路基表面无明显孔洞；大粒径填石无松动，铁锹挖动困难；中硬、硬质石料土石路基边坡码砌紧贴、密实，无明显孔洞、松动，砌块间承接面应向内倾斜，坡面平顺。

6.高填方路堤

（1）高填方路堤填料宜优先采用强度高、水稳性好的材料，或采用轻质材料。受水淹、浸的部分，应采用水稳性和透水性均好的材料。

（2）基底处理应符合下列规定：

1）基底承载力应满足设计要求。特殊地段或承载力不足的地基应按设计要求进行处理。

2）覆盖层较浅的岩石地基，宜清除覆盖层。

（3）高填方路堤填筑应符合下列规定：

1）施工中应按设计要求预留路堤高度与宽度，并进行动态监控。

2）施工过程中宜进行沉降观测，按照设计要求控制填筑速率。

3）高填方路堤宜优先安排施工。

二、挖方路基施工技术

（一）土方开挖

路堑的开挖施工应根据放样桩和分界线、坡度及高程自上而下分层开挖，并将挖掘出来的土石按施工计划尽可能运至填土段或指定的地点堆放，做到边挖边填、边压实。确需弃土时，弃土堆应置于路堤坡脚或路堑两端，弃土堆边坡坡度不应陡于1：1.5。不得乱挖、超挖，严禁掏洞取土。当路堑挖至接近设计边坡时，宜采用人工修整；接近路床设计高程时，应根据土质情况预留一定厚度的土层作保护、调平、碾压路床之用，并保持一定的排水坡度，雨季预留厚度宜为20~50cm，冬季视当地冻土深度确定。施工期间应保证截水沟及临时排水设施的排水通畅。路堑组织施工的方法，应根据其深度及纵向长度，采用横挖法、纵挖法及纵横混合法组织施工。

1.横挖法。横挖法按横断面全宽沿道路纵向开挖，此法适用于短而深的路堑。掘进时逐段成形向前推进，运土由相反方向送出，此方法可以获得较高的挖掘深度，但工作面较窄。当路堑过深时，可分成台阶同时掘进，以增加工作面，加快施工进度。每一台阶应有单独的运土出路和排水沟渠，以免相互干扰，影响工效，造成事故。人工开挖台阶高度宜为1.5~2m，机械开挖台阶高度宜为3~4m。各层台阶应有独立的运土通道，人工运土通道宽度不宜小于2m，机械运土单车通道不应小于4m，双车通道宽度不宜小于8m。挖土纵坡坡度可取2%~3%。

2.纵挖法。沿路堑纵向将高度分成不大的层次依次开挖，称为纵挖法。纵挖法适用于较长的路堑。当路堑的宽度和深度都不大，可以按横断面全宽纵向逐层挖掘，称为分层纵挖法。挖掘的地表应向外倾斜，以利排水。此方法适用于铲运机和推土机施工。

当路堑的长宽和深度比较大时，可先在路堑纵向挖一条通道，然后向两侧开挖，称为通道纵挖法。通道作为机械通行或出口路线，如果路堑很长，可在适当位置选择一个（或几个）地方，将路堑的一侧横向挖成马口，把长路堑分成几段，各段再采用纵向开挖，称为分段纵挖法。此法适用于一侧堑壁不厚不深的傍山长路堑。

3.纵横混合法。纵横混合法是将横挖法、通道纵挖法混合使用的方法，先由路堑纵向挖出一条通道，以增加开挖坡面，但要注意每一开挖面应能容纳一个作业组或一台机械组合。纵横混合法适用于路堑深、土方量大、进度要求快的工程。施工前应用统筹法合理安排、统一调度、有序施工。严禁人机混合作业。

土方工程开挖施工应符合下列规定：

1.可作为路基填料的土方，应分类开挖分类使用。非适用材料应按设计要求或作为弃方并按规定处理。

2.土方开挖应自上而下进行，不得乱挖超挖，严禁掏底开挖。

3.开挖过程中，应采取措施保证边坡稳定。开挖至边坡线前，应预留一定宽度，预留的宽度应保证刷坡过程中设计边坡线外的土层不受到扰动。

4.路基开挖中，基于实际情况，如需修改设计边坡坡度、截水沟和边沟的位置及尺寸时，应及时按规定报批。边坡上稳定的孤石应保留。

5.开挖至零星、路堑路床部分后，应尽快进行路床施工。如不能及时进行，宜在设计路床顶标高以上预留至少300mm厚的保护层。

6.应采取临时排水措施，确保施工作业面不积水。

7.挖方路基路床顶面终止标高，应考虑因压实而产生的下沉量，其值通过试验确定。

（二）岩石开挖

按开挖难易程度，比较坚硬的路基土，俗称岩石。岩石开挖方法有爆破法、松土法或破碎法。开挖前应根据工程地质勘探资料，按照路基土的类别、风化程度、节理发育程度等来确定开挖方式及开挖工具。对软化石和强风化岩石能用机械直接开挖的应采用机械开挖；石方量小，工期允许时，也可采用人工开挖。凡不能使用机械或人工直接开挖的岩石，应采用爆破法开挖。石方工程开挖施工应符合下列规定。

1. 石方开挖应根据岩石的类别、风化程度、岩层产状、岩体断裂构造、施工环境等因素确定开挖方案。

2. 深挖路基施工，应逐级开挖，逐级按设计要求进行防护。

3. 爆破作业必须符合《爆破安全规程》（GB6722-2014）。爆破施工组织设计应按相关规定报批。

4. 石方开挖严禁采用峒式爆破，近边坡部分宜采用光面爆破或预裂爆破。

5. 爆破法开挖石方，应先查明空中缆线、地下管线的位置、开挖边界线外可能受爆破影响的建筑物结构类型、居民居住情况等，然后制定详细的爆破技术安全方案。

6. 爆破开挖石方宜按以下程序进行：爆破影响调查与评估→爆破施工组织设计→培训考核、技术交底、主管部门批准→清理爆破区施工现场的危石等→炮孔钻孔作业→爆破器材检查测试→炮孔检查合格→装炸药及安装引爆器材→布设安全警戒岗→堵塞炮孔→撤离施爆警戒区和飞石、震动影响区的人、畜等→爆破作业信号发布及作业→清除盲炮→解除警戒测定、检查爆破效果（包括飞石、地震波及对施爆区内构造物的损伤、损失等）。

7. 边坡整修及检验

（1）挖方边坡应从开挖面往下分段整修，每下挖 2~3m，宜对新开挖边坡刷坡，同时清除危石及松动石块；

（2）石质边坡不宜超挖；

（3）石质边坡质量要求：边坡上无松石、危石。

8. 路床清理及验收

（1）欠挖部分必须凿除。超挖部分应采用无机结合料稳定碎石或级配碎石填平碾压密实，严禁用细粒土找平。

（2）石质路床地面有地下水时，可设置渗沟进行排导，渗沟宽度不宜小于100mm，横坡坡度不宜小于0.6%。渗沟应用坚硬碎石回填。

（3）石质路床的边沟应与路床同步施工。

三、路基压实施工技术

(一)一般土路基的压实

路基压实施工的要点包括选择压实机具、压实方法,确定压实度,确定填料的含水量,采用正确方法压实,检查路基压实质量等。

1.选择压实机具。为了保证路基压实度的要求,一般采用机械压实,选择压实机具应综合考虑路基土性质、工程量的大小、施工条件和工期气象条件及压实机具的效率等。

2.确定路基压实度。

3.确定填料的含水量。铺土前应做标准击实试验,确定填料的最佳含水量和最大干密度。碾压应在接近最佳含水量时迅速进行,一般控制在最佳含水量误差2%以内压实。当含水量过大须翻松、晾干或呛灰处理。对过干土可以均匀加水使其达到最佳含水量,需要的加水量可按下式计算。加水宜在前一天均匀喷洒于土堆或取土坑表面,使其渗入土中。喷洒后要适当拌和均匀,以防止干湿不均。

$$m = (\omega - \omega_0)Q(1+\omega_0)$$

式中:

m——所需加水量(kg);

ω_0——土原来的含水量(以小数计);

ω——土的压实最佳含水量(以小数计);

Q——需要加水的土的总质量(kg)。

4.采用正确方法压实。道路土基填方,要特别控制压实松铺土厚度,不应使其大于30cm。宜做试验路段,并按试验结果确定松铺土厚度。机械填筑整平压实,可用铲运机、推土机配合自卸汽车推运土料填筑路堤,分层填土,且自中线向两边设置2%~4%的横向坡度,及时碾压。雨期施工更应注意设置较大横坡和随铺随压,保证当班填铺的土层达到规定压实度。经检查填土松铺厚度、平整度及含水量,符合要求后进行碾压。压路机碾压路基时,应遵循先轻后重、先稳后振、先低后高、先慢后快以及轮迹重叠等原则,根据现场压实度试验提供的松铺厚度和控制压实遍数进行压实。若控制压实遍数超过10遍,应考虑减少填土层厚度,经检验合格后,方可转入下道工序,以防止填土层底部达不到规定压实度。

采用振动压路机碾压时,第一遍应不振动静压,然后由慢到快、由弱到强进行压实。各种压路机开始碾压时,均应慢速,最快不要超过4km/h。碾压直线段由边到中,小半径曲线段由内侧向外侧，纵向进退进行。碾压轮迹重叠 1/3 以上，纵、横向碾压接头必须重叠，并压至填土层表面平整，无松散、发裂，无明显轮迹即可取样检验压实度。

（5）检查路基压实质量。压实度 K 是工地实测干密度 γ 与室内标准击实试验得到的最大干密度 γ 之比，其值按下式计算。

$$K = \frac{\gamma}{\gamma_0} \times 100\%$$

（二）路堑及其他部位填土的压实

1. 路堑压实。路堑、零填路基的路床表面 30cm 内的土质必须符合规范对土质的要求，否则要换填符合要求的土。土质合格的也要经过压实，检验压实度。

2. 桥涵及其他构筑物处填土压实。

（1）桥涵两侧填土。

填土底部与桥台基础距离应不小于 2m，桥台顶部距翼墙端部应不小于桥台高度加 2m；拱桥的桥台填土顶部宽度应不小于台高的 4 倍；涵洞顶部填土每侧不小于 2 倍的孔径。桥涵两侧、挡土墙后背及修建在路基范围内的其他构筑物周边，宜采用砂类土、砾石类土等透水性能好的填料填筑；也可采用粉煤灰、石灰土填筑，并要分层对称填筑。主干路松铺厚度应不大于 15cm，其他等级道路松铺厚度宜小于 20cm。桥台填土宜与锥坡填土同时进行。

（2）挡土墙填土。

挡土墙的填料、分层应与桥涵填土相同，填土层顶部应做成向外倾斜的横坡。设有泄水孔的挡土墙，孔周反滤层施工应与填土同步进行。

（3）收水井周边、管沟填土。

宜采用细粒土或粗中砂回填。细粒土松铺厚度宜为 15cm 左右，中粗砂宜为 20cm 一层。填料中不得含有大于 5cm 的石块、砖碴。填筑时，在井和管沟两边应对称进行。

（4）检查井周填土。

检查井周 40cm 范围内，不宜采用细粒土回填，而应采用砂、沙砾土或石灰土回填。砂、沙砾土的松铺厚度不宜大于 20cm，石灰土的松铺厚度宜为 15cm 左右。填筑应沿井室中心对称进行。

（三）填石路基的压实

填石（土石）路堤应采用 18t 以上的重型振动压路机或 25t 以上的轮胎压路机碾压。水中填石高出水面 50cm 左右宜先用 2.5t 以上的夯锤先夯击，再用振动压路机碾压。场地狭窄处，半填路段的沙砾料，宜采用手扶振动压路机或振动夯，分层（每层

15~20cm）压（夯）实。

1. 路基压实前，应用大型推土机将石料摊铺平整，个别不平处，应人工配合用石屑进行调平碾压。

2. 填石（土石）路基压实，应按先两侧后中间的方法进行，压实路线应纵向平行，碾压行进速度、压轮重叠宽度与土路基压实相同，经反复碾压至无下沉、顶面无明显高低差为止。

3. 当采用重锤夯击时，以落锤锤击不下沉且发生弹跳为度。下一锤位置应与原夯击面重叠 40~50cm，相邻区段应重叠 1~1.5m。

（四）高填方路堤的压实

高填方路堤的施工除要满足一般路堤的施工技术要求外，还要注意基底的承载力、路堤的沉降和路堤稳定性。当路基松软虽经碾压仍不能满足设计要求的承载强度和回弹模量时，必须进行加固处理。

第四节　路基季节性施工措施

一、冬期施工

1. 在反复冻融地区，昼夜平均温度在 -3℃ 以下，且连续 10d 以上，或者昼夜平均温度虽在 -3℃ 以上，但冻土仍没有完全融化时，均应按冬期施工处理。

2. 高速公路、一级公路的土质路堤和地质不良地区二级及二级以下公路路堤不宜进行冬期施工。河滩低洼地带，可被水淹没的填土路堤不宜冬期施工。土质路堤路床以下 1m 范围内，不得进行冬期施工。半填半挖地段、挖填方交界处不得在冬期施工。

3. 冬期路基施工应采取措施，及时排放雨雪水及路堑开挖时出现的地下水。

4. 冬期施工路基基底处理应符合下列规定。

（1）冻结前应完成表层清理，挖好台阶，并应采取保温措施防止冻结。

（2）填筑前应将基底范围内的积雪和冰块清除干净。

（3）对需要换填土地段或坑洼处需补土的基底应选用适宜的填料回填，并及时进行整平压实。

（4）基底处理后应立即采取保温措施防止冻结。

（5）冬期填方路堤施工应符合下列规定：

1）路堤填料，应选用未冻结的砂类土、碎石、卵石土、石渣等透水性良好的材料。不得用含水量过大的黏性土。

2）填筑路堤，应按横断面全宽平填，每层松铺厚度应比正常施工减少20%~30%，且松铺厚度不得超过300mm。当天填土应当天完成碾压。

3）中途停止填筑时，应整平填层和边坡并进行覆盖防冻，恢复施工时应将表层冰雪清除，并补充压实。

4）当填筑标高距路床底面1m时，碾压密实后应停止填筑，在顶面覆盖防冻保温层，待冬季过后整理复压，再分层填至设计标高。

5）冬季过后必须对填方路堤进行补充压实，压实度应达到本规范相关要求。

（6）冬季挖方路基施工应符合下列规定：

1）挖方边坡不得一次挖到设计线，应预留一定厚度的覆盖层，待到正常施工季节后再修整到设计坡面。

2）路基挖至路床顶面以上1m时，完成临时排水沟后，应停止开挖，待冬季过后再施工。

（7）河滩地段可利用冬期水位低，开挖基坑修建防护工程，但应采取措施保证工程质量。

二、雨期施工

1.路基排水应符合下列规定：

（1）雨期施工应综合规划、合理设置现场防排水系统，采取有效措施，及时引排地面水。

（2）对施工临时挤占的沟渠、河道应采取措施保证不降低原有的排水能力。

（3）路堤填筑的每一层表面应设2%~4%的排水横坡。

（4）在已填路堤路肩处，应采取设置纵向临时挡水土埂、每隔一定距离设出水口和排水槽等措施，引排雨水至排水系统。

（5）雨期路堑施工宜分层开挖，每挖一层均应设置纵横排水坡，使水排放畅通。

2.路基基底处理应符合下列规定：

（1）在雨期施工前应将基底处理好，孔洞、坑洼处填平夯实，整平基底，并设纵横排水坡。

（2）低洼地段，应在雨期施工前将原地面处理好，并将填筑作业面填筑到可能的最高积水位0.5m以上。

3.填方路堤施工应符合下列规定：

（1）填料应选用透水性好的碎（卵）石土、沙砾、石方碎渣和砂类土等。利用挖方土作填料，含水量符合要求时，应随挖随填及时压实。含水量过大难以晾晒的土不得用作雨期施工填料。

（2）雨期填筑路堤需借土时，取土坑的设置应满足路基稳定的要求。

（3）路堤应分层填筑，当天填筑的土层应当天或雨前完成压实。

4.挖方路基施工应符合下列规定：

（1）挖方边坡不宜一次挖到设计坡面，应预留一定厚度的覆盖层，待雨期过后再修整到设计坡面；

（2）雨期开挖路堑，当挖至路床顶面以上 300~500mm 时应停止开挖，并在两侧挖好临时排水沟，待雨期过后再施工；

（3）雨期开挖岩石路基，炮眼宜水平设置。

5.结构物基坑在雨期开挖后未能及时施工时，应采取防浸泡措施，必要时雨后应对基坑地基承载力再次检测，以确定能否满足设计要求。

6.制订雨期施工安全预案，做好防洪抢险的准备工作。

第五节　路基防护与加固工程施工技术

一、坡面防护施工技术

（一）植物防护

1.植被防护施工应符合下列规定：

（1）植被施工，铺、种植被后，应适时进行洒水、施肥等养护管理，直到植被成活；

（2）种草施工，草籽应撒布均匀，同时做好保护措施；

（3）灌木（树木）应在适宜季节栽植；

（4）养护用水应不含油、酸、碱、盐等有碍草木生长的成分。

2.三维植被网防护施工应符合下列规定：

（1）三维植被网中的回填土应符合设计要求，宜采用客土，或土、肥料及腐殖质土的混合物；

（2）三维植被网应符合设计及有关标准；

（3）三维植被网的搭接宽度不宜小于100mm。

3. 湿法喷播施工，喷播后应及时养护，成活率应达到90%以上。

4. 客土喷播施工应符合下列规定：

（1）喷播植草混合料的配合比（植生土、土壤稳定剂、水泥、肥料、混合草籽、水等）应根据边坡坡度、地质情况和当地气候条件确定，混合草籽用量每1000m³不宜少于25kg；

（2）气温低于+12℃时不宜喷播作业。

（二）骨架植物防护

1. 浆砌片石（或混凝土）骨架植草防护施工应符合下列规定：

（1）骨架内应采用植物或其他辅助防护措施。植草草皮下宜有50~100mm厚的种植土，草皮应与坡面和骨架密贴。

（2）应及时对草皮进行养护

2. 水泥混凝土空心块护坡施工应符合下列规定：

（1）预制块铺置应在路堤沉降稳定后方可施工；

（2）预制块铺置前应将坡面整平；

（3）预制块经验收合格后方可使用；

（4）预制块应与坡面紧贴，不得有空隙，并与相邻坡面平顺。

3. 锚杆混凝土框架植物防护施工质量应符合相关规定。

（三）圬工防护

1. 喷浆防护施工应符合下列规定：

（1）喷护前应采取措施对泉水、渗水进行处治，并按设计要求设置泄水孔，排、防积水；

（2）喷射顺序应自下而上进行；

（3）砂浆初凝后，应立即开始养护，养护期一般为5~7d；

（4）应及时对喷浆层顶部进行封闭处理。

2. 喷射混凝土防护施工应符合下列规定：

（1）作业前应进行试喷，选择合适的水胶比和喷射压力。喷射混凝土宜自下而上进行。

（2）做好泄水孔和伸缩缝。

（3）喷射混凝土初凝后，应立即养护，养护期一般为7~10d。

（4）喷射混凝土防护施工质量应符合相关规定。

3. 锚杆挂网喷射混凝土（砂浆）防护施工应符合下列规定：

（1）锚杆应嵌入稳固基岩内，锚固深度根据设计要求结合岩体性质确定。锚杆孔深应大于锚固长度 200mm。

（2）钢筋保护层厚度不宜小于 20mm。

（3）固定锚杆的砂浆应捣固密实，钢筋网应与锚杆连接牢固。

（4）铺设钢筋网前宜在岩面喷射一层混凝土，钢筋网与岩面的间隙宜为 30mm，然后再喷射混凝土至设计厚度。

（5）喷射混凝土的厚度要均匀，钢筋网及锚杆不得外露。

（6）做好泄、排水孔和伸缩缝。

（7）锚杆挂网喷射混凝土（砂浆）防护施工质量应符合相关规定。

4. 干砌片石护坡施工应符合下列规定：

（1）边坡为粉质土、松散的砂或粉砂土等易被冲蚀的土时，碎石或沙砾垫层厚度不宜小于 100mm。

（2）基础应选用较大石块砌筑，如基础与排水沟相连，其基础应设在沟底以下，并按设计要求砌筑浆砌片石。

（3）砌筑应彼此镶紧，接缝要错开，缝隙间用小石块填满塞紧。

5. 浆砌片（卵）石护坡施工应符合下列规定：

（1）砂浆终凝前，砌体应覆盖，砂浆初凝后，立即进行养护。

（2）路堤边坡采用浆砌片石护坡，宜在路堤沉降稳定后施工。

（3）在冻胀变化较大的土质边坡上，护坡底面应铺设 100~150mm 厚的碎石或沙砾垫层。

（4）浆砌片石护坡每 10~15m 应留一伸缩缝，缝宽 20~30mm。在基底地质有变化处，应设沉降缝，可将伸缩缝与沉降缝合并设置。

（5）泄水孔的位置和反滤层的设置应符合设计要求。

6. 水泥混凝土预制块护坡施工应符合下列规定：

（1）在寒冷地区，预制块混凝土强度不宜低于 C20；

（2）路堤边坡护坡宜在路堤沉降稳定后施工；

（3）铺设混凝土预制块前应将坡面平整，碎石或沙砾垫层的厚度不宜小于 100mm；

（4）预制块应错缝砌筑，砌筑坡面应平顺，并与相邻坡面顺接；

（5）泄水孔的位置应符合设计要求，并保证畅通。

7. 浆砌片石护面墙施工应符合下列规定：

（1）修筑护面墙前，应清除边坡风化层至新鲜岩面。对风化迅速的岩层，清挖到新鲜岩面后应立即修筑护面墙。

（2）护面墙的基础应设置在稳定的地基上，地基承载能力不够，应采取加固措施，基础埋置深度应根据地质条件确定，冰冻地区应埋置在冰冻深度以下至少250mm。

（3）护面墙背必须与路基坡面密贴，边坡局部凹陷处，应挖成台阶后用与墙身相同的圬工砌补，不得回填土石或干砌片石。坡顶护面墙与坡面之间应按设计要求做好防渗处理。

（4）应按设计要求做好伸缩缝。当护面墙基础修筑在不同岩层上时，应在变化处设置沉降缝。

（四）封面、捶面防护

1.封面防护施工应符合下列规定：

（1）封面防护不宜在严寒冬季和雨天施工。

（2）封面前岩体表面要冲洗干净，土体表面要平整、密实、湿润。

（3）封面厚度应符合设计要求，封面应分两层进行施工，底层为全厚的2/3。面层为全厚的1/3。封面厚度要均匀，表面光滑，封面与坡面应密贴稳固。

（4）大面积封面宜每隔5~10m设伸缩缝，缝宽10~20mm。

（5）封面初凝后应立即进行养生。

（6）按设计要求做好边坡封顶和排水设施。

2.捶面护坡施工应符合下列规定：

（1）嵌补填平边坡坑凹、裂缝。

（2）厚度要均匀，表面光滑，捶面与坡面应密贴稳固。

（3）伸缩缝设置、边坡封顶、排水、养生方法、气候要求与封面防护施工要求相同。

（五）膨胀土路基边坡防护

1.边坡施工应避开雨季作业，以防边坡遇水膨胀破坏。

2.边坡施工过程中，应注意做好预防排水，顶部应及时封闭。

3.边坡修整后，应立即防护。

二、沿河路基防护施工技术

1.沿河路基防护工程基础应埋设在局部冲刷线以下不小于1m或嵌入基岩内。

2.导流构造物施工前，应根据现场具体情况，采取相应措施，避免冲刷农田、村庄、公路和下游路基。

3.植物防护施工应符合下列规定：

（1）经常浸水或长期浸水的路堤边坡，不宜采用种草防护。

（2）沿河路堤边坡铺草皮防护，宜采用平铺、叠铺草皮的方法，坡面及基础部分的铺置应符合设计要求。基础部分的铺置层的表面应与地面齐平。

（3）植树防护宜采用带状或条形。防护河岸路基或防御风浪侵蚀，宜采用横行带状；防护桥头引道路堤，宜采用纵行带状。

（4）植树应选用喜水性树种，林带应由多行树木组成，乔灌木要密植。

（5）植树后，应采取有效措施加以保护。

4．砌石或混凝土防护应符合下列规定：

（1）石料应选用未风化的坚硬岩石。

（2）开挖基坑时，应考察地质情况，与设计要求不符时，应进行处理。基础完成后应及时用符合设计要求的材料回填。

（3）铺砌层底面的碎石、沙砾石垫层或反滤层，应符合设计要求。

（4）坡面密实、平整、稳定后方可铺砌。砌块应交错嵌紧，严禁浮塞。砂浆应饱满、密实，不得有悬浆。

（5）每10~15m宜设伸缩缝，基底土质变化处应设沉降缝，并按设计要求做好伸缩缝、沉降缝及泄水孔。

（6）采用干、浆砌片石时，不得大面平铺，石块应彼此交错搭接，不得松动。采用干、浆砌河卵石时，必须长方向垂直坡面，成横行栽砌牢固。采用铺砌混凝土预制块时，应按设计规格和要求检验合格后方可铺筑。就地浇筑混凝土板时，宜采取措施提高早期强度，混凝土表面应平整、光滑。

5．护坦防护施工中，护坦顶面应埋入计算河床以下0.5~1.0m。

6．抛石防护施工应符合下列规定：

（1）抛石体边坡坡度和石料粒径应根据水深、流速和波浪情况确定，石料粒径应大于300mm，宜用人小不同的石块掺杂抛投。坡度应不陡于抛石石料浸水后的天然休止角。

（2）抛石厚度，宜为粒径的3~4倍；最大粒径时，不得小于2倍。

（3）抛石石料应选用质地坚硬、耐冻且不易风化崩解的石块。

（4）抛石防护除特殊情况外，宜在枯水季节施工。

7．石笼防护施工应符合下列规定：

（1）根据设计要求或根据不同情况和用途，合理选用石笼形状；

（2）应选用浸水不崩解、不易风化的石料；

（3）基底应大致整平，必要时用碎石或砾石垫层找平；

（4）石笼应做到位置正确，搭叠衔接稳固、紧密，确保整体性。

8. 浸水挡土墙施工应符合下列规定：

（1）浸水挡土墙应选用坚硬未风化且浸水不崩解的石块；

（2）应注意浸水挡土墙与岸坡的衔接。

9. 土工膜袋防护施工应符合下列规定：

（1）按设计要求整平坡面，放线定位，挖好边界处理沟。

（2）膜袋铺展后应拉紧固定，防止充填时下滑。

（3）充填材料应根据设计要求和实际情况合理选用，充填应连续。

（4）需要排水的边坡，应适时开孔设置排水管。

（5）膜袋顶部宜采用浆砌块石固定。有地面径流处，坡顶应采取防护措施，防止地表水侵蚀膜袋底部。

（6）岸坡膜袋底端应设压脚或护脚棱体，有冲刷处应采取防冲措施。

（7）膜袋护坡的侧翼宜设压袋沟。

（8）膜袋与坡面间应按设计要求铺设好土工织物滤层。

三、挡土墙施工技术

1. 挡土墙施工前，应做好截、排水及防渗设施。

2. 在岩体破碎、土质松软或地下水丰富地段修建挡土墙，宜避开雨季施工。

3. 明挖基坑应符合下列规定：

（1）施工过程中应对地质情况进行核对，与设计不符时，应及时处理；

（2）基坑开挖宜分段跳槽进行；

（3）坑内积水应随时排干；

（4）采用倾斜基底时，基底标高应按设计控制，不得超挖填补。

4. 基底检验合格后，应及时进行下道工序施工。

5. 挡土墙端部伸入路堤或嵌入地层部分应与墙体同时砌筑。挡土墙顶应找平抹面或勾缝，其与边坡间的空隙应用黏土或其他材料夯填封闭。

6. 挡土墙与桥台、隧道洞门连接应协调施工，必要时应加临时支撑，确保与墙相接的填方或山体的稳定。

7. 重力式挡土墙。

基础施工应符合下列规定：

（1）应将基底表面风化、松软土石清除。

（2）硬质岩石基坑中的基础，宜满坑砌筑。

(3)雨期在土质或易风化软质岩石基坑中砌筑基础时,应在基坑挖好后及时封闭坑底。当基底设有向内倾斜的稳定横坡时,应采取临时排水措施,辅以必要坐浆后安砌基础。

(4)采用台阶式基础时,台阶与墙体应连在一起同时砌筑,基底及墙体台阶转折处不得砌成垂直通缝,砌体与台阶壁间的缝隙砂浆应饱满。

(5)基坑应随砌筑分层回填夯实,并在表面留3%的向外斜坡。

墙身施工应符合下列规定:

(1)墙身要分层错缝砌筑,砌出地面后基坑应及时回填夯实,并完成其顶面排水、防渗设施。

(2)伸缩缝与沉降缝内两侧壁应竖直、平齐,无搭叠;缝中防水材料应按设计要求施工。

(3)泄水孔应在砌筑墙身过程中设置,确保排水畅通,并应保证墙背反滤、防渗设施的施工质量。

(4)当墙身的强度达到设计强度的75%时,方可进行回填等工作。在距墙背0.5~1.0m以内,不宜用重型振动压路机碾压。

四、边坡锚固防护施工技术

1. 破碎且不平整的边坡,必须将松散的浮石和岩渣清除,用浆砌片石填补空洞,对坡面缝隙进行封闭处理。边坡修整后应平整、密实,无溜滑体、蠕变体和松动岩体存在。

2. 边坡开挖和钻孔过程中,应对岩性及构造进行编录和综合分析,与设计相比出入较大时,应按规定处理。

3. 修整边坡的弃渣应按有关规定堆放,不得污染环境。

4. 钢筋制作与安装应符合《公路桥涵施工技术规范》(JTG/TF50-2011)的规定。

5. 浇筑混凝土时,模板应加支撑固定。

6. 锚杆施工应符合的规定:孔深小于3m时,宜采用先注浆后插锚杆的施工工艺。注浆时,浆体除孔口200~300mm外,应均匀充满全孔。锚杆插入后应居中固定。杆体外露部分应避免敲击、碰撞,3d内不得悬吊重物,3d后方可安装垫板。

7. 预应力锚索

(1)严禁使用有机械损伤、电弧烧伤和严重锈蚀的钢绞线。严禁将钢绞线及锚索直接堆放在地面或露天储存,避免受潮、受腐蚀。

(2)施工前应按设计要求进行预应力锚索的锚固性能基本试验,确定施工工艺。

（3）锚索束制作安装应符合下列规定：

1）锚索束制作宜在现场厂棚内进行；

2）下料应采用机械切割，严禁用电弧切割；

3）普通锚索束必须进行清污、除锈处理；

4）锚固段锚索束应按设计安装；

5）在锚索入孔前，必须校对锚索编号与孔号是否一致，做好标记；

6）锚索束必须竖直地安放在钻孔中心。

（4）锚固端灌浆应符合下列规定：

1）放入锚索束后应及时灌浆；

2）无黏结锚索孔灌浆宜一次注满锚固段和自由段；

3）灌浆应饱满、密实。

（5）锚索张拉应按设计要求进行，并应符合下列规定：

1）张拉设备必须按规定配套标定，标定间隔期不宜超过6个月。拆卸检修的张拉设备或压力表经受强烈撞击后，都必须重新标定。

2）孔内砂浆的强度未达到设计强度的75%时，不得进行张拉。

3）锚索张拉采用张拉力和伸长值进行控制，用伸长值校核应力，当实际伸长值大于计算伸长值的10%或小于5%时，应暂停张拉，查明原因并处理后，可继续张拉。

4）锚索锁定后，在48h内若发现有明显的预应力松弛时，应进行补偿张拉。

（6）封孔应符合下列规定：

1）封孔灌浆应在锚索张拉、检测合格、锁定后进行；

2）封孔灌浆时，进浆管必须插到底，灌浆必须饱满；

3）封孔灌浆后，锚头部分应涂防腐剂，并按设计要求及时进行封闭。

第五章 城市道路建设项目后评价分析

公路建设项目后评价是总结已经建成公路项目的经验教训，促使公路项目运营状况的正常化，提高未来公路项目决策的科学化水平，从而提高公路项目的管理水平和投资效益，并为国家公路项目投资计划、政策的制定提供依据。本章对城市道路建设项目后评价分析进行了系统地分析。

第一节 概述

一、城市道路建设项目后评价的必要性

可行性研究和项目前评价都是在项目建设前进行的，其判断、预测是否正确，项目的实际效益如何，需要在项目竣工运营后根据实际数据资料进行的再评价来检验，这种再评估就是项目后评价。项目后评价是建设项目管理周期中的一个重要环节，也是一种科学有效的项目管理手段，它是对已完成的投资项目或规划的目的、执行过程、效益、作用以及影响所进行系统地、客观地分析，来评价项目的决策、管理和实施，通过经验教训的总结，为决策者和投资者服务，为新项目的决策提供较为可靠的依据，并进一步完善可行性研究的有关理论和内容。同时，这种评价可为项目的实施反馈信息，以便及时调整建设计划；也可为建成项目进行诊断，提出完善项目的建议和方案。在项目后评价的基础上，决策部门还可以对国家、地区或行业的规划进行分析研究，为调整政策和修订规划提供依据。

城市道路建设项目后评价工作是指在道路通车后，经过一段时间的运营考核，按照系统工程的思想方法，对建设项目从立项决策、设计方案、工程施工直至通车运营的全过程各阶段的工作的成功与失败，全面对照总结，为不断提高决策、设计、施工管理水平，合理利用建设资金，提高建设资金的投资效益，全面改进建设管理，制定相关政策等提供科学依据。

城市道路建设项目后评价不仅可以考察城市道路项目实施后的运行情况，而且可以

衡量和分析实际情况与预测情况的差距，确定城市道路项目前评价中的预测、判断、结论是否正确，并分析原因，吸取教训，总结经验，为今后改进城市道路建设项目评价工作以及同类项目立项决策和建设提供依据。项目后评价的作用主要表现在以下几个方面：

第一，总结项目管理的经验教训，提高项目管理水平。项目后评价通过对已经建成项目前实际情况的分析研究，总结项目管理经验，指导未来项目管理活动，从而可以提高项目管理水平。

第二，提高项目决策科学化水平。通过建立完善的项目后评价制度和科学的方法体系，一方面可以增强评价人员的责任感，促使评价人员努力做好评价工作，可以对城市道路建设项目前期工作进行比较全面的、客观的检测和衡量，以提高项目预测的准确性；另一方面可以通过项目后评价的反馈信息，及时纠正项目决策中存在的问题，从而提高未来项目决策的科学化水平。

第三，为国家投资计划、政策的制定提供依据。后评价项目的经验和教训可以为今后类似项目的投资决策或改进方案提供借鉴的模式，具有对共性或重复性的决策起示范和参考的作用。

第四，可以分析其实际效果与可行性研究工作中的预期效果偏差较大的原因，从而总结城市道路建设项目可行性研究和项目管理工作，如施工组织方式、设备、物资供应方式、招投标、承发包和工程建设等方面的成功经验及失败教训。

第五，可以对城市道路建设项目的运营管理进行诊断，促使城市道路运营状态的正常化，可以分析研究通车初期和交通流量达到正常时期的实际情况，比较实际状况和预测状况的偏离程度，探索偏差原因，提出改进可行的措施，从而促使项目运营状态的正常化，提高项目的经济效益和社会效益。

第六，发现宏观投资管理中的不足，从而使国家及时地调整某些适合经济发展的技术经济政策，修订某些过时的指标参数。

二、城市道路后评价的特点

项目后评价有其内在的规律和特点，在原理、作用以及实施步骤上都有别于项目可行性研究、项目前评价、项目中间评价、竣工验收、项目审计检查以及一般性的工作总结，这些工作的进行有利于后评价工作的开展，但无法替代后评价的作用和要求。

（一）与可行性研究和前评价相比

项目可行性研究和项目前评价是指在项目决策之前，在深入细致地调查研究、科学预测以及技术经济论证的基础上，分析评价建设项目的技术先进适用性、经济合理性和

建设可能性的过程,其目的为建设项目投资决策提供依据。与可行性研究和前评价相比,项目后评价的特点是:

1. 现实性

项目后评价分析研究的是项目实际情况,是在项目投产的一定时期内,根据企业的实际经营结果,或根据实际情况重新预测的数据,而项目可行性研究和前评价分析研究的是项目预测情况,依据历史和经验性资料,具有一定的预测性。

2. 全面性

在进行项目评价时,既要分析其投资过程,又要分析经营实施过程。不仅要分析项目投资经济效益,而且要分析其经营管理,发掘项目的潜力。

3. 探索性

项目后评价要分析企业现状,发现问题并探索未来的发展方向,从而要求项目后评价人员要具有较高的专业性和创造性,把握影响项目效益的主要因素,并提出切实可行的改进措施。

4. 反馈性

项目可行性研究和前评价的目的在于为计划部门投资决策提供依据,使项目后评价的主要目的在于为有关部门反馈信息,为后续项目管理、投资计划和投资政策的制定积累经验,并用来检测投资决策正确与否。

5. 合作性

项目可行性研究和项目前评价一般只通过评价单位与投资主体间的合作,由专职的评价人员就可以提出评价报告。而后评价需要更多方面的合作,如专职技术经济人员、项目经理、企业经营管理人员、投资项目主管部门等,各方融洽合作,项目后评价工作才能顺利开展。

由此也决定了项目后评价与项目可行性研究、项目前评价有较大的差别。主要表现在:

1. 在项目建设过程中所处阶段不同

项目可行性研究和前评价属于项目前期工作,它决定项目是否可以上马,项目后评价是项目竣工投产并达到设计生产能力后对项目进行的再评价,是项目管理的延伸。

2. 比较的标准不同

项目可行性研究和项目前评价依靠国家、部门颁布的定额标准、国家参数来衡量建设项目的必要性、合理性和可行性。后评价虽然也参照有关定额标准和国家参数,但它主要是直接与项目前评价的预测情况或国内外其他同类项目的有关情况进行对比。检测项目的实际情况与预测情况的差距,并分析其产生的原因,提出改进措施。

3. 在投资决策中的作用不同

项目可行性研究和前评价为项目投资决策提供依据。直接作用于项目投资决策，前评价的结论是项目取舍的依据，后评价则是间接作用于项目投资决策，是投资决策的信息反馈。通过分析项目指标实际完成情况来评判投资决策是否正确，用以总结过程、指导未来。通过项目后评价反映出项目建设过程和投产阶段（乃至正常生产时期）出现的一系列问题，将各类信息反馈到投资决策部门，从而提高未来项目决策科学化水平。

4. 价的内容不同

项目可行性研究和前评价分析及研究的主要内容是项目建设条件、工程设计方案、项目的实施计划以及项目的经济社会效益，主要是通过对项目的必要性和可能性等进行评估、对未来经济效益进行预测活动。后评价的主要内容是针对前评价内容进行再评价，此外还包括对项目决策、项目实施效率进行评价，以及对项目实际运营状况进行深入的分析。

5. 组织实施上不同

项目可行性研究和前评价主要由投资主体（设计单位、建设单位或银行）或投资计划部门组织实施，后评价则由投资运行的监督管理机构为主，组织主管部门会同计划、财政、审计、银行、设计、质量、司法等有关部门进行或者单设的后评价机构进行，以确保项目后评价的公正性和客观性。

6. 评价的性质不同

项目前评价是以数量指标和质量指标为主要依据，定量评价为主的纯经济评价行为；而项目后评价是集行政、经济法律于一身的综合性评估，是一种以事实为依据、以提高经济效益为目的、以法律为准绳，对建设项目实施结果的鉴定行为。

（二）与项目中评价相比

项目后评价不同于项目中评价，中评价也称中期评价，是指在项目实施过程中，通过项目实施的实际状况与预测（计划）目标的比较分析，揭示问题，分析原因，提出改进措施的过程，其目的是改进项目管理。项目后评价与项目中评价的主要区别是：

1. 在项目管理中所处的阶段不同

项目中评价是在项目实施过程中的评价，也就是在项目开工后至项目竣工投产之前对项目进行的再评价；而进行项目后评价的时机选择在项目实施过程完毕后，即在项目运营阶段。

2. 目的和作用不同

项目中评价的目的在于检测项目实施状况和预测目标的偏离程度，并分析其原因，将信息反馈到项目管理机构，以改进项目管理；后评价的目的在于检测项目前期工作、项目实施、项目运营全过程中项目实际情况与预测目标的偏差程度，并分析其原因，提出改进措施，将信息反馈到计划、银行等投资决策部门，为投资计划、政策的制定和改进项目管理提供依据。

3. 组织实施不同

项目中评价不必像项目后评价那样需要一个相对独立的机构来组织实施，其组织管理机构可以设在项目管理机构内，人员也可以由项目管理人员承担。而后评价则不然，因为它涉及对项目实施过程的评价，由项目管理人员进行后评价显然不适合。

4. 评价的内容不同

项目中评价的内容范围限定在项目实施阶段，如回答项目实施进展与目标进度有何程度的偏差，而后评价内容范围较广泛，而且重点放在项目运营阶段的再评价上。项目中评价重点在于诊断和解决项目进行中发生的问题或争端，推动和保证项目的有效进行，中评价为搞好后评价工作提供有利的条件或资料。

三、城市道路项目后评价的作用

城市道路建设项目后评价对于提高项目决策科学化水平，促进国家或金融机构的投资活动规范化，弥补拟建项目从决策立项至实施运营整个过程的缺陷，改进项目管理和提高投资等方面发挥着极其重要的作用。具体而言，城市道路建设项目后评价的作用有以下几个方面：

第一，总结整个项目建设管理的经验教训，提高管理水平。

第二，检验项目前期评价中的预测分析，提高项目决策科学化水平，通过完善项目后评价制度和方法体系，一方面可以增强前期评价人员的责任感，提高项目预测的准确性和科学性；另一方面通过后评价的反馈信息，及时纠正项目决策中存在的问题，从而提高未来项目决策的科学水平。

第三，监督项目的实施与投资决策，确保项目实现预定目标，把项目后评价纳入基本建设程序，决策者和执行者预先就会知道自己的决策要受到事后的评价和审查，就会感到压力和责任的重大，为促使决策者和执行者在主观上认真努力做好工作。因此，从这一点来说，后评价对项目具有监督和检查作用。

第四，为国家投资计划、投资决策的制定和银行等金融机构及时调整信贷政策提供依据。通过建设项目后评价可以及时修正宏观投资管理中存在不适当的技术经济政策和过时的评价指标,以确保投资管理的良性循环和确保银行等金融机构投资资金的按期回收。此外,国家还可以充分地运用法律的、经济的、行政的手段,建立必要的法律、法规、各项制度和机构,促进城市道路项目投资管理的良性循环。

四、城市道路建设项目后评价需遵循的原则

由于城市道路后评价时所涉及的内容比较多,因此需要考虑的因素也比较多,同时需要耗费大量的时间。因此,在对城市道路进行后评价时,应遵循以下原则:

(一)独立性原则

独立性原则是指后评价时不受项目决策者、管理者、执行者以及前评价人员的干扰,不同于项目决策者和管理者自己的评价,它是后评价的公正性和客观性的重要保障。为确保评价的独立性,必须从机构设置、人员组成、履行职责、技术组成等方面综合予以考虑,使评价机构在评价时能够保持相对的独立性。后评价的机构应为独立的中介组织。

(二)客观性和公正性原则

客观性和公正性原则要求城市道路后评价工作必须从实际出发,尊重客观事实。根据项目通车后实际调查的有关资料或重新预测的数据,客观地衡量项目的实际运营情况和实际投资效益,及对当地区域的发展有影响作用。在分析论证时,要坚持公正、科学的态度,以科学的辩证唯物主义全面地分析问题,既要依据当时当地的客观环境条件评价当时的工作,又要以发展的眼光评价项目建设成功的经验和问题。在发现问题、分析原因和做出结论时,避免出现主观性的情况,应客观地对项目的决策实施及其结果作出评价。

(三)可操作性和实用性原则

城市道路项目后评价涉及面广,且由于各个城市道路的种类、规模和用途各不相同,难度较大,因此在后评价时,要求评价的方法具有可操作性和实用性,应避免使用高深繁杂的数学模型等评价方法,而是根据城市道路项目所具有的共性,采用简单易懂、通用性较强的评价方法,且要求报告的文字具有可读性,报告所总结的经验教训有可借鉴性,使尽可能多的单位和个人从项目评价信息中受到的启发。

(四)定性分析和定量分析相结合的原则

城市道路项目本身具有投资大、周期长等特点,决定了其建设和运营必将给公路沿线及周边地区产生深刻且长远的社会、经济以及环境上的影响。因此,城市道路社会经济效益的特点决定了评价应遵循定性分析和定量分析相结合的原则。定量分析是对项目

中能直接或间接量化的部分进行定量计算和分析研究，定量分析的方法常用的有加权评分法、环比评分法、强制评分法等；定性分析则是对不能量化部分的分析和评价，定性分析要客观公正、全面，防止出现主观片面，并采用现代科学方法，如特尔菲法评分法等使定性指标定量化。

五、城市道路建设项目后评价的程序

城市道路建设项目后评价是一项涉及面广的系统工程，需要有严密的程序作为保障。各个具体项目的后评价工作程序因项目自身特点而有所不同，但从总体来看，项目后评价都应遵循一个合理的、循序渐进的基本程序。这个程序一般包括提出问题、筹划准备、选择评价指标、收集资料、分析研究、编写报告、成果送审等七个阶段，其具体步骤如下：

1. 提出问题

先明确项目后评价的具体对象，在项目评价机构的统一领导下组成评价小组，确定项目后评价的具体要求。

2. 筹划准备

熟悉项目的基本情况，例如建设项目的规模、技术标准、工期总投资等，确定调研地点和内容，制订工作计划，做好分析评价的准备工作（包括查阅资料，对项目进行实地调研等）。

3. 选择评价指标

根据国家的社会发展目标和政策，由评价人员结合项目的具体情况，找出项目可能产生的效益与影响，定出项目评价的指标，例如财务内部收益率、投资项目回收期、财务净现值等。

4. 收集资料

制定详细的调查提纲，确定调查对象和调查方法，并进行广泛的社会调查。

收集项目建设前后项目影响区域内有关方面的资料，并采用科学预测方法预测项目影响时限内可能发生的变化。

5. 分析研究

根据调查预测资料围绕项目后评价内容，对项目影响区域所产生的影响进行定量和定性分析与评价，发现问题提出改进措施。

6. 编写报告

将分析研究成果汇总，编制出项目后评价报告，分析项目当初决策是否合理，对如何提高项目的社会经济效益提出建议，并提供给委托单位和被评价单位。

7. 成果送审

把编制完成的项目后评价报告上报给有关部门组织审查，有关部门根据国家有关政策、法规进行审查，并及时反馈审查意见。

六、城市交通调查与规划理论

（一）城市交通因素

城市交通的四个基本因素是用地、人、车（机动车、轨道机动车、自行车和其他非机动车）和路。其中用地和人是对城市交通起决定性的因素，车和路是对城市交通起影响性作用的因素。

1. 用地

城市交通是由人或物体同城市空间位置之间相互联系所形成的一种人类活动，是土地利用水平和城市交通设施供应状况共同作用的结果。因此，城市用地是产生交通、吸引交通的根源。确定性质的城市用地产生和吸引交通的数量的指标称为交通生成指标，表示交通的产生和吸引量与城市用地等相关因素的关系。交通生成指标的确定源于社会调查，经整理归纳，成为一定时期内确定交通量的指标，是交通规划基础数据的依据。这些指标要同城市规划用地的分类区分开，不同性质的用地应该有相应的交通生成指标。交通生成指标的用地相关因素有：城市用地性质、面积、居住人口密度、就业人口密度（就业岗位密度）。其他相关因素有：工业门类、技术水平、工业产值、工业产量、运输总量、生活供应量指标、商业零售额、平均家庭收入等。

2. 人

城市居民出行是构成城市客运交通的主要内容。出行目的包括上下班出行（含上学放学）、生活出行（购物、社交）、公务出行三大类。交通规划中主要研究上下班出行，这是形成客运高峰的主要出行目的，具体包括出行方式、平均出行距离、日平均出行次数的研究。出行方式：居民出行采用步行还是交通工具的情况。规划要确定居民的出行结构，即居民出行的步行率、骑（自行）车率、乘（公共交通）车率等。

平均出行距离：就是居民平均每次出行的距离。还可用平均出行时间和最大出行时间来表示。平均出行距离与城市规模、城市形态、城市用地布局、人口分布、出行方式等有关。城市交通条件的改善可使相同的出行时间内的出行范围增大，即加大平均出行距离；或相对相同的出行时间内的出行范围增大，即加大了平均出行距离；或对于相同的出行距离减少了平均出行时间，相对拉近了空间距离。

日平均出行次数：每日人均出行次数，反映了城市居民对生产、生活活动的需求程度。生产活动越频繁，生活水平越高，日平均出行次数就越多。

3. 车

机动车和非机动车是构成城市道路交通的主要内容，无论是对机动车或非机动车都需研究以下因素：车辆（可折算成标准车）的保有量、出行率、空驶率；平均出行距离（平均运距）；车流速度、密度、流量。

4. 路

道路是容纳城市交通的主要设施，包括路段和交叉口两个部分。城市道路各路段和各交叉口的规划交通量必须考虑该路段和交叉口的通行能力（容量），并与之相适应，一般都应留有一定的发展余地。停车设施的布局及停车能力应与道路交通的停车需求相匹配。

（二）交通调查分析

正确的决策来源于科学的预测，而科学的预测又必须来源于系统严密的调查和准确的情报信息。交通调查就是通过对多种交通现象进行调查，提供准确的数据信息，为交通规划、交通设施建设、交通控制与管理、交通安全、交通环境保护和交通流理论研究等各方面服务。

1. 交通调查的定义和对象

交通调查是指对规划对象区域的交通需求特征、交通系统及其关联设施以及道路交通流特性进行调查，为交通规划提供可靠的依据，是制定科学合理的交通规划的基本前提和极其重要的环节。在进行交通系统规划过程中的每个阶段，都需要有和该阶段相对应的各种各样的基础数据。在制定交通规划时，为分析交通现状和存在的问题，建立交通需求预测模型并预测交通需求，分析交通的供求平衡以及交通供求关系的发展趋势，通常要进行大规模的交通调查，这一部分工作在制定交通规划的过程中占有相当大的比重。因此，进行合理而有效的交通调查，是城市交通规划中的重要课题之一，也是规划成败的关键。

（1）第一类数据

第一类数据是基本数据，主要包括以下四种。

1）交通系统方面。主要是调查交通技术、交通设施和车辆、交通服务、有关交通的制度和政策等的现状及将来的发展动向，掌握交通服务供给方面的情况。

2）交通需求方面。主要是调查规划对象地域的人口、各种主要经济指标、交通需求现状以及将来的发展趋势。这方面调查和数据的收集整理主要是把握交通服务需求方面的情况。

3）交通流方面。主要是调查研究对象地域现在的道路交通发生、吸引量，机动车交通出行量、路段路口交通量等现状数据及相应的交通服务状况（旅行时间、速度、交通密度、拥挤度、利用成本、安全性、舒适性及方便性等）。

4）对环境、社会的影响及资源状况。对环境的影响（包括噪声、振动、空气污染、日照障碍、地域隔断、自然生态平衡、水环境、地基沉降等）；对经济社会的影响（包括文化遗产、古迹、景观、地域社会、动迁设施、建筑物、可达性、生活圈、市场圈、群众性活动、交流、产业、设施所处环境的变化及再开发等）；资源（包括土地、空间、能源消耗、所需人员、建设费用、运营、维修管理费用及费用负担等）。

（2）第二类数据

第二类数据为其他有关因素的数据，主要有以下几方面的内容。

1）经济社会动向，包括人口、社会结构、生活方式、价值观、产业结构、技术革新、国际环境等。

2）地域条件，包括气候、地形、地势、地理、风俗、历史、文化、政治等。

在交通规划时，应该把第一类数据作为基本数据，即主要对第一类数据进行调查收集，而第二类数据可以根据现有统计和地域经济社会规划、国家总体规划及其他现有调查结果为基础来进行整理得到。

2. OD 调查

OD 调查就是对出行的起终点进行的调查，目的是得到现状出行生成形态、交通设备资料、土地使用动态及影响交通的社会、经济等各项因素。反映城市交通流动特征的 OD 调查主要包括居民出行抽样调查、货运抽样调查两类。根据交通规划的需要还可以分别进行流动人口出行调查、公共交通客流调查、对外交通客货流调查、出租汽车出行调查等。

（1）交通区的划分原则

交通区界是交通调查、数据汇总和规划分析预测的统计单位，交通区界系统一般由地带、交通大区和交通小区三个规模层次组成，适用于不同要求和级别的城市规划项目。

根据交通工程基本理论，城市交通规划的交通区界划分应满足如下原则：

1）尽量利用河流、铁路等屏障和快速路及主干路路网作为交通大区和小区划分边界线。现状形成的快速道路网骨架变动的可能性极小，有利于交通区边界的稳定性，符合城市交通的长远发展。由快速道路网围合而成的城市用地组团也比较符合城市发展的次序，组团内居民的交通出行特征较为接近，有利于规划期交通出行量的分析和预测。

2）为便于对交通特征的研究，同一个交通小区内，用地性质具有均质性；不同性质的用地应尽可能划分为不同的交通小区。

3）交通小区划分、交通大区的归并尽量与行政区界限、街道/社区界限相一致，便于现状数据统计和分析。而且，随着社区概念的形成和推广，行政区域界线的划分也越来越注重地缘的概念，目前一般采用以快速路及主干路路网划分交通大区的方法。

4）交通区界划分遵循均衡性和边界规则。在用地开发同等强度的情况下，应大小相当。一般用地开发强度越强的小区划分越小，反之亦然。由中心区至外围地区，交通小区面积由小到大。平均来看，交通小区用地面积不超过1平方千米、人口不超过1万人。

5）交通小区划分具有发展性，对于发展变化相当快的城市外围地区和郊区，交通小区划分应灵活多变且留有余地，兼顾用地发展规划，使规划期与现状调查所使用的交通小区尽可能保持一致，历次交通调查所使用的交通小区应尽可能保持一致。

（2）居民出行调查

居民出行OD调查的目的是取得客流的出行生成规律以及土地使用特质、经济社会条件等，一般都采用抽样家访的方法进行调查。调查的内容包括家庭地址（交通区）、用地性质、家庭成员情况、经济收入、出行目的、每日出行次数、出行时间、出行路线、出行方式等。

通过居民出行调查，可以研究居民出行生成形态，得到交通生成指标、居民出行生成与土地使用特征（性质、面积、密度）和经济社会条件之间的关系。

（3）货运调查

货运调查的目的同样在于取得出行生成规律以及土地使用特征和经济社会条件的资料。货运调查常采用抽样发调查表或深入单位访问的方法，调查各工业企业、仓库、批发部、货运交通，专业运输单位的土地使用特征、产销储运情况、货物种类、运输方式、运输能力、吞吐情况、货运车种、出行时间、路线、空驶率以及发展趋势等情况。

3. 交通量调查

交通量是指单位时间内通过道路某断面（一般为往返两个方向，如特指时可为某一方向或某一车道）的车辆数（或行人数），又称为交通流量或流量。交通量是描述交通流特性的最重要的参数之一。交通量调查的目的在于通过长期连续性观测或短期间歇和临时观测，收集交通量资料，了解交通量在时间、空间上的变化和分布规律，为交通规划、道路建设、交通控制与管理、工程经济分析等提供必要的数据。交通量数据是交通规划中用到的一种最基本的资料，因此交通量调查是十分重要的。交通量按其研究的目的不同，可以分成以下几类。

（1）按交通性质分类

1）机动车交通量。国外一般指的是小汽车交通量。我国由于绝大多数道路上行驶的是混合交通，机动车交通量往往包括了汽车、拖拉机、摩托车及其他特种车辆等。其中汽车交通量，在公路上以卡车为主，在城市道路和一部分高等级公路上则以小汽车为主。

2）非机动车交通量。这是我国混合交通流中一个重要的组成部分。城市道路上电动车和自行车交通量特别大，是我国特有的一种交通现象。农村公路上尚存在很少部分的人力车、畜力车，近郊公路上则有一定数量的自行车和人力三轮车。

3）混合交通量。即将各种机动车和非机动车交通量按一定折算系数换算成某种标准车型的换算交通量。通常提到的交通量往往指的是已换算的混合交通量，如特指某种车辆交通量则应有所说明。

4）行人交通量。指在人行道上或通过人行横道过街的行人数。

（2）按计时单位分类

通常用得最多的是小时交通量（辆/h）、日交通量或称为昼夜交通量（辆/日）。其他按不同计时单位分还有：

1）秒交通量（又称秒率）（辆/s）。

2）1min、5min、15min 交通量（辆/min、辆/5min、辆/15min）。

3）信号周期交通量（辆/周期）。

4）白天 12h 交通量（7 点至 19 点）（辆/白天 12h）。

5）白天 16h 交通量（6 点至 22 点）（辆/白天 16h）。

6）周、月、年交通量（辆/周、辆/月、辆/年）等。

（3）按交通量特性分类

由于交通量时刻在变化，为了说明代表性交通量，一般常用平均交通量、最大交通量、高峰小时交通量和从最大值算起的第 n 个小时交通量之类的表示方法：

1）平均交通量。取某时段间隔内交通量的平均值（一般以辆/日为单位），作为某一期间交通量的代表。按其不同目的可分为：

①平均日交通量（ADT）：任意期间的交通量累计之和除以该期间的总天数所得的交通量。

②年平均日交通量（AADT）：一年内连续累计交通量之和除以该年的天数（365 或 366）所得的交通量。

③周平均日交通量（WADT）：一周内交通量之和除以周日天数（7）所得的交通量。

④月平均日交通量（MADT）：一月内交通量之和除以该月天数（28、29、30 或

31）所得的交通量。

⑤年平均月交通量（AAMT）：一年内连续累计交通量之和除以一年的月份数（12）所得的交通量。

2）最高小时交通量。这是在以 1h 为单位进行连续若干小时观测所得结果中最高的小时交通量，其单位为辆 /h。它既可用观测地点的整个断面的交通量来表示，也可用每一车道交通量表示。按其用途可分为：

①高峰小时交通量（PHT 或 VPH）：一天 24h 内交通量最高的某一小时的交通量。一般还分为上午高峰（早高峰）和下午高峰（晚高峰）小时交通量。其时间的区划一般从 n 点到（n+1）点整数区划。为研究分析目的亦可寻找连续 60min 最高交通量（非整点到非整点）。

②年最高小时交通量（MAHV）：一年内 8760(闰年为 8784)h 中交通量最高的某一小时交通量。

③第 30 位年最高小时交通量（30HV）：一般简称为第 30 小时交通量。将一年中所有 8760 小时的交通量按顺序由大至小排列时其第 30 位的小时交通量。

（4）交通量调查的程序

交通量调查实施的程序一般包括以下步骤。

1）接受交通量调查任务，明确调查目的，确定应提交的结果内容。

2）拟订交通量调查方案设计。

3）确定具体的调查内容、日期、时间、方法及所需仪具等与实施交通量调查有关的细节。

4）组织人力，开展交通量调查。

5）汇总、整理资料。

6）对所获得的数据进行归纳、分析。

（5）交通量资料整理与分析

在进行了大量的交通量观测之后，对于花费了许多时间、人力、财力等所获得的所有资料，应该十分珍惜，认真整理和分析，以便让这些资料发挥应有的作用。

交通量调查中，在收集了必要的数据之后，需要将数据进行整理分析，或列成表格，或绘成图式，然后用适当的统计方法来正确地评价所得的调查结果。为了能真正了解交通量实况，必须正确地进行现场调查和统计分析。如果数据不是以正确的方式收集，或是计算、分析的方法不正确，则可能会得出不正确的结论。

交通流量资料的整理、计算和分析，通常可分为对连续观测和非连续观测资料的分析两种。对连续一年的交通量资料可求算出年的平均日交通量，月、周日交通量变化系数，第30位年最高小时交通量及第30小时系数等参数，从而为公路规划、设计提供必要依据。对连续1天24h交通量调查，可利用此资料绘制交通量的小时变化柱状图或曲线图，以分析交通量的昼夜和小时变化，也可用以计算对非连续24h的高峰小时流量比。高峰小时交通量调查的资料，可用以计算高峰小时系数，扩大的高峰小时交通量，以分析高峰小时交通的特点。对于交叉口的交通量调查，其数据可分析高峰小时交通特点，各项流量的大小，并绘制交叉口流向流量图等。

利用上述交通量资料还可分析交通量的方向分布。交通量资料的分析，比之车速资料分析要简单一些，主要是进行时间序列分布、方向分布和地点（路段）分布等的分析，但要注意平均值的计算、交通量的计算以及有效数字和精度等问题。

根据观测手段或计数的方法不同，交通量资料的整理与分析方法大体可分为两大类。

1）对于由机械计数自动记录的资料，一般不用专门进行人工整理，可直接计数器打印输出，并利用电子计算机进行图表的绘制和一些系数的直接计算。

2）对于大量广泛的人工计数资料，一般都是间断调查的，延续的时间较短，但涉及的范围很广，种类很多。对于这些资料一般都由人工整理、分析。

4. 车速调查

（1）车速的相关概念

车速是单位时间内车辆所行驶的距离，由于车辆的用途不同，派生出若干具有特定用途的车速，常用的有：地点车速、行程车速、行驶车速、运营车速、临界车速、设计车速、时间平均车速等。

1）地点车速：车辆通过道路某一地点（道路某断面）时的车速，亦称瞬时车速。它是描述道路某地点交通状况的重要参数，常用于研究制订限制车速、设计车速及交通流理论研究。

2）行程车速：亦称区间速度，是车辆行驶在道路某一区间的距离与行程时间的比值。行程时间包括行驶时间和中途受阻时的停车时间。行程车速是评价道路行车通畅程度与分析车辆发生延误原因的重要数据。

3）行驶车速：亦称运行车速，是车辆行驶在道路某区间的距离与行驶时间（即行程时间中扣除因阻滞而产生的停车时间）的比值。行驶车速是衡量道路服务质量、估算路段通行能力及延误的主要参数。

4）运营车速：车辆在运输路线上的周转速度，即车辆行驶距离与运营时间的比值，例如公共汽车的运营时间包括行驶时间、停车延误时间、停靠站等待时间、起终点掉头时间和发车间隔时间。运营车速是衡量运输企业管理水平和运输效率的重要指标。

5）临界车速：又称最佳速度，指通行能力最大时的车速。从理论上考虑通行能力时采用。

6）设计车速：在道路几何设计要素具有控制性的特定路段上，具有平均驾驶技术水平的驾驶员在天气良好、低交通密度时所能维持的最高安全速度，也是表明道路等级与使用水平的主要指标。

7）时间平均车速：道路某断面上车速分布的平均值，即断面上各车辆通过时地点车速的算术平均值。

（2）车速调查的目的和意义

由于道路设计、交通规划、交通控制与管理、交通设计及道路质量评价均以车速作为最基本的资料，因此车速调查成为道路交通工程中最重要的调查项目之一。常见的调查有地点车速调查和区间车速（行程车速）调查。

1）地点车速调查的目的

①掌握某地点车速分布规律及速度变化趋势。

②作为交叉口交通设计的重要参数。

③用于交通事故分析。

④判断交通改善措施的成效。

⑤确定道路限制车速。

⑥设置交通标志的依据。

⑦局部地点如道路弯道、坡度、瓶颈等处的交通改善设计的依据。

⑧交通流理论研究中的重要参数。

2）区间车速调查的目的

①掌握道路交通现状，作为评价道路服务水平的主要指标。

②路线改善设计的依据。

③作为衡量道路上车辆运营经济性（时间和车辆油耗）的重要参数。

④作为交通规划中路网交通流量分配的重要依据。

⑤确定交通管理措施及联动交通信号匹配时的依据。

⑥判断道路工程改善措施前后效果对比的重要指标。

⑦交通流理论研究中的重要参数。

（3）车速调查方法

决定车速的两个变量是距离和时间。在实际调查中，通常将距离事先测定，称为一个常量，然后观测车辆通过该段距离所需的时间。

车速量测的方法可分为人工量测法和自动量测法。人工量测法是先选择测速地点，量取一定距离，然后用秒表测定车辆行驶于该距离内所需的时间，从而计算得到车速；自动量测法往往是同时测得距离和时间，通过仪器内部计算，得到该路段的车速。使用的仪器有五轮仪、光感测速仪、雷达测速仪、气压管测速仪及各种检测器。

（4）车速资料的整理和分析

各种车速测定后，应立即汇总，分析测得数据的可靠性，淘汰特殊数据（如测错数据或由于特殊原因而使测定值偏离实际很大的数据），进行数据处理。并根据不同的调查目的绘制成图表，进行车速与其他影响因素的相关分析。

5. 密度调查

交通密度是指在单位长度车道上，某时间段所存在的车辆数一般用辆/km/车道表示。根据定义，密度基本上是在一段道路上测得的瞬时值，它不仅随时间的变化而变动，也随测定区间的长度而变化。为此常将瞬时密度用总计时间的平均值表示。此外，必须选择适当的区间长度，因为它与总计的时间有关。在选定的区间长度内，视不同的需要按不同的方向或不同的车道取值。在实际应用中，往往还采用较易测得车辆的道路占用率来间接表征交通密度，车辆占用率越高，车流密度越大。道路占用率包括空间占用率和时间占用率。

仅用交通量等参数难以全面描述交通流的实际状态。例如交通流量趋近于零，既可以是描述车辆数极少时的道路交通，也可以表示交通严重拥挤，车流处于停滞状态时的交通。而密度的大小，则可直接判定拥挤程度，从而决定采用何种交通管理和控制措施。

此外，密度资料还是研究交通流理论的重要基础数据；划分服务水平的依据；分析交通瓶颈的依据。

观测密度主要有出入量法和照相法。出入量法是一种通过观测取得中途无出入交通的区段内现有车辆数或行驶时间的方法。其中又分为试验车法及车牌照相法等。照相法测定方法是用动态录像仪在高处进行摄影，还可以利用普通飞机或直升机从空中向下摄影，后者具有低速且在某种程度上能停在空中的性能，因此被广泛采用。

6. 通行能力调查

道路通行能力是指在一定的道路、交通、环境条件下，道路上某一断面在单位时间内能通过的最大车辆数，其单位通常为辆/h。

道路通行能力是道路的一种性能，是度量道路疏导车辆能力的物理量。当道路上的交通流量小于通行能力时，司机驱车前进就会有一些驾驶自由，有变换车速、转移车道和超车的可能性。交通量等于或接近通行能力时，车辆行驶的自由度会逐渐降低，一般只能以同一车速共同行进,如遇到干扰就会减速、拥挤,甚至阻滞。

当交通量超过通行能力时,车辆就会发生拥挤,甚至完全堵塞。道路通行能力是道路的一项重要指标,是道路规划设计必需的基础数据;同时也是交通管理的具体指标,其大小主要取决于道路条件、交通条件及度量标准。道路条件是指道路的几何线形组成,如车道宽度、侧向净空、附加车道、道路线形、视距、路面性质和状况、坡度以及沿线的街道化程度等。交通条件是指交通流中的车辆组成、车道分布、交通流量的变化、交通管理及交通控制等。所谓度量标准是指计算通行能力的前提条件。按交通流运行状况的特征,道路通行能力可分为四类情况:路段的通行能力(连续车流);信号交叉口的通行能力(间断车流);匝道的通行能力(分流、合流);交织路段的通行能力。

(1)调查的必要性

下述情况都必须进行通行能力调查。

1)要了解目前发生拥挤和阻塞的道路、交叉口,研究发生阻塞的原因并分析各种不同条件对阻塞所产生的影响时。

2)对特定的道路或交叉口拟进行交通设施或交通运营管理的改造、完善和建立信号标志以及对所做的工作进行前后效果对比时。

3)对现有道路网交通状况进行综合评价时。

4)为拟建的交通设施和交通管理提供基础资料,检验新建和改建道路及交通设施与目前交通需求是否适应时。

由此可见,道路工作者会经常遇到诸如通行能力、阻塞的原因之类的问题。可是用实测方法求得通行能力的场所是有限的,所以通常须先设法通过对现有交通设施下通行能力的调查,再尽可能依据正确的理论推算通行能力。

(2)调查方法

关于通行能力的调查,国内目前尚未有比较统一而成熟的方法,即使是对同一对象、同一地点、同一时刻进行观测也会因为计算方法的不同而使观测方法有所差异。

1)连续通行路段的调查

连续通行路段的通行能力必须考虑到车道分工及车道位置,如是专用车道还是混合车道;是中间车道还是靠路边的车道。如果靠路边车道上设置有公共汽车停靠站,还须调查公共汽车停靠站处的通行能力。除道路条件以外,还要对交通条件及交通流进行综合观测,通常有如下调查项目:交通量、车速、车流密度、车头时距、车头间距、车道利用率、超车次数、公交停靠站通行能力八项。

观测方法主要分为摄影观测和非摄影观测两种,以采用摄影观测最为方便,而且上述八项调查可同时进行。但是,该方法的缺点是摄像机的位置往往受到各种条件的限制、测量成本高、观测后整理工作量大。采用非摄影观测时,车头时距可以通过测量车速及司机跟车行驶的反应时间推算而得。各个项目可以分别进行,但必须在同一时间范围内同步观测,这样做需耗费较多的人力,而且观测技术上亦有一定困难。

2) 信号交叉口的调查

在信号交叉口处,由于人口引道的待行车队在每次绿灯信号放行时通过停车线进入交叉口的车辆数往往有限,因此易形成阻塞并在此处不断积累。通过停车线进入交叉口的车辆数与待行车队的长短无关,而与交叉口处的道路、交通条件以及人口的信号显示情况有关。

通行能力一般由各入口引道决定,在交叉口的几何构造、交通条件一定的前提下,有时也可以认为是一个绿灯每小时可能通过的车辆数。但应区别于通常说的每小时绿灯通行能力。因为当使用每绿灯小时通行能力时,信号的周期和绿信比(一个信号相位的有效绿灯时长与周期时长之比)将按交通控制的需要而改变,在确定适宜的绿信比时常常要用到通行能力这一概念,亦即每绿灯小时通行能力是确定绿信比的基本资料。所以根据实际要求,最好不要把绿信比包含在入口引道的固有通行能力上,也就是说,信号交叉口某一入口的通行能力应等于每绿灯小时通行能力乘以绿信比。信号交叉口通行能力的计算方法有很多种,国内常用的有停车线法、冲突点法,此外还有时差放行法。

3) 环行交叉口的调查

环行交叉口是自行调节交通的交叉口,进入交叉口的所有车辆都以同一方向绕中心岛行进,变车流的交叉为合流、交织、分流。它的功能介于平面交叉与立体交叉之间。国内城市中有一定数量的这类交叉口,研究它的通行能力有现实意义。但是迄今尚未有成熟的理论计算公式可循,往往凭经验估计或参考国外类似情况处理。

环行交叉口的通行能力受多种因素影响,既与它的各要素的几何尺寸、相交道路的交角有关,又与交通组成流量流向的分布有关。国外的公式多半也是经验性的,同一环交路口的通行能力,采用不同国家的公式计算所得的结果有较大的差异,而不能准确反映我国交通的实际情况。因此,仅仅从理论方面计算,探讨国内环行交叉口的通行能力显然是不够的,必须进行实地观测以取得环行交叉口饱和通行能力的可靠数据。

目前通常有两种实测方式:第一种方式是专门组织一批汽车按一定速度、一定流向进出交叉口使其达到饱和,同时进行观测。这一方式的主要缺点在于需要调动大量汽车、大量人力,耗用许多汽油且难于组织实施,此外,行驶路线和运行状况也不同于原交叉口的实际情况,存在着一定程度的失真,所以不经常使用。第二种方式是阻车观测,它利用原有线路上的车辆,使其在一段较短时间内暂停通行,当各进口引道上积累了一定数量的车辆之后再开始放行,于是便可使环行交叉口在一个短时间内处于饱和状态。尽管第二种方式的实施也有不少困难,尤其是如果准备不充分又缺乏经验时,可能会造成短时间的阻塞,影响正常交通,但是国内几个城市的阻车试验表明,如果事先做好充分的准备,选择适当的阻车时间,适当缩短阻车持续时间,仔细分析可能发生的阻塞情况并准备好相应的疏导方案,就会使采用阻车观测较为方便而且观测结果的真实性也较强。

4) 合流区间的调查

合流区间的通行能力,特别是高速道路上合流区间的通行能力对于交通调查是一个十分重要的问题。但是迄今为止,因为合流区间发生阻塞的原因比较复杂,所以人们对这种路段处的交通现象还不能透彻地阐明,因此合流区间通行能力的调查一般是通过对阻塞时的交通情况进行多方面的观测、分析来探讨阻塞发生的原因和推算通行能力,而对于复杂的合流现象也常有用模拟演示来研究的,此时的交通调查的主要工作是获取建立模拟模型的基本资料,为分析和计算提供数据。用摄影方法观测合流区间的交通现象比较方便,可以同时测定多个交通因素。整个合流区间(自合流区喇叭口向前或自交通岛端部向前约 50m)应能处于同一幅画面上。为此可以利用附近高大建筑物、电杆或自搭拍摄架从高处进行拍摄。为了分析的需要,有时要把合流区间全部车辆的运行情况拍摄下来,往往要使用 2~3 台摄像机,且各自的摄像区要互相搭接。有时也采取同时拍摄整个合流区间的办法,要求对行驶车辆逐个追踪并能绘制出时间—距离曲线图。画面速度可根据分析项目、时间及经费设备来决定,通常取 1~8 画面 /s。对于加、减速等特殊项目,画面速度可进一步加快。

7. 行车延误调查

所谓行车延误,是指由于道路与环境条件、交通干扰以及交通管理与控制设施等驾驶员无法控制的因素所引起的行程时间损失,以秒 / 辆或分钟 / 辆计。行车延误调查包括路段行车延误调查和交叉口延误调查两部分。进行延误调查是为了确定产生延误的地点、类型和大小,评价道路上交通流的运行效率,在交通阻塞路段找出延误的原因,为制订道路交通设施的改善方案、减少延误提供依据。

通过延误调查可以直接得到车辆行程时间和损失时间的准确数据,这对于评价道路交通设施的服务质量、进行道路交通项目的工程经济分析以及研究交通拥挤程度等方面都具有十分重要的意义。在交通规划和经济调查工作中,一般都需要两地之间的行程时间数据。由于行程时间包括行驶时间和延误时间两部分,因此,要获得行程时间数据,就必须通过延误调查,得到延误数据。此外,在交通流受阻状况评价和其他有关问题的研究中,延误调查是必须进行的工作。

(1)延误资料的应用

1)评价道路交通阻塞程度。行车延误十分直观地反映了道路交通的阻塞情况。借助于延误资料可以确定产生交通阻塞的位置、程度和原因,进而对交通阻塞程度作出评价。

延误越大,说明阻塞越严重。在某些交叉口或某些交叉口的入口引道上,平均每辆车的延误数值很大,车辆排队很长,在引道延误段上车速严重下降时,说明交叉口的阻塞十分严重。若某条路线的行车延误很小,则说明该路线的交通阻塞程度低。

2)评价道路服务质量。道路的服务质量通常用服务水平来衡量。对于道路使用者,最关心的是时间和延误。因此,许多学者建议采用延误作为划分我国道路服务水平等级的主要指标之一。利用延误资料便可以确定路段和交叉口的服务水平等级,也就是对道路服务质量作出评价。

3)前后对比研究。对道路交通设施改善前后的行车延误分别进行调查并加以对比,可以对所采取措施的效果作出评价,或分析尚存在的问题以便进一步改善。例如北京市崇文门交叉口,通过采取改善措施,平均每辆车的排队时间在机动车高峰时减少36.5s,在非机动车高峰时减少21.4s,仅此一项,一年获得的经济效益就达28.4万元,相当于改善工程的全部投资。

4)经济分析。在计算运输成本、进行道路交通改善工程的方案论证和可行性研究中,都要计算道路使用者费用,包括时间价值、燃料消耗及轮胎磨损等。这些费用的计算都与延误资料有关。

5)作为采取交通控制措施的依据。根据延误资料,确定无信号交叉口是否需要设置交通信号,设计交通信号控制参数,从而减少交叉口的延误或某一入口引道的延误。另外也可根据延误资料确定是否需要采取某些管理与控制措施,比如禁止左转、限制停车、单向行驶和禁止某一方向通行等。

6)改建道路和交叉口的依据。依据延误资料,对交通阻塞严重的路段或交叉口提出改建计划。例如拓宽道路以改造瓶颈路段、实施快慢车道分隔、拓宽交叉口引道或增设转弯专用车道等。

7. 掌握行车延误的发展趋势。在选定的地点,定期进行延误调查,获得延误的时间变化的规律,进而掌握延误的发展趋势,做出交通状况是好转还是日益恶化的判断,预测未来的延误状况以便尽早采取对策。

8)运输规划。交通运输部门在运营调度时,通常从经济效益出发,选择行驶时间最短的路线。有了延误资料,运输部门便可进行路线选择。此外,交通运输部门在制订行车时刻表和调整路线运行计划时，也需要延误资料。

9）交通规划。有了延误资料，才能确定道路网内各路段和交叉口的行程时间。由于行程时间直接影响人们对交通方式的选择和交通量在路网中的分配，因此，交通方式划分模型和交通量分配模型中都采用行程时间作为主要参数，所以说行车延误是进行交通规划的基础资料。

（2）路段行车延误的调查

路段行车延误通常与行程时间一起调查，这样可同时获得行驶时间、行驶车速、行程时间、行程车速和延误等一系列资料。有关的调查方法很多，有试验车法、浮动车法、车牌照法等。

（3）交叉口延误调查

在道路或路网的总行车延误中，交叉口延误所占比例一般都在80%以上，可见交叉口的延误调查十分重要。交叉口延误主要受三方面因素的影响。首先是道路条件，如入口引道的车道数、宽度、坡度、入口控制方式、渠化情况、有无停车站点等；其次是交通条件，如每个入口引道的高峰小时交通量及其流向分配、车辆类型及组成、驶近交叉口的车速、行人及非机动车情况；最后是交通管制方式，如交叉类型、信号管理方式、周期长、绿信比、停车或让路标志、转向与停车控制等。

（三）交通需求预测

1. 出行生成模型

（1）出行生成模型的建立

出行生成模型的建立通常有两种方法：回归分析法和交叉分类法。这两种方法的共同原理都是通过分析，研究影响交通发生或吸引的主要因素，建立起这些主要因素与交通量的关系。

交叉分类中的产生率法，将出行对象按照社会经济、家庭情况分成不同的类型、不同的出行目的进行分析，确定各交叉类别的出行率，具体公式见下式。

$$P_i = \sum R_k T_k$$

式中：P_i——i 区的出行产生量；

R_{ik}——i 区第 k 种出行目的的出行率，次/人·日；

T_{ik}——i 区第 k 种出行目的的人口数。

出行发生模型中的出行目的一般可以分为四种，即基于家的工作出行（HBW）、基于家的上学出行（HBS）、基于家的其他出行（HBO）、非基于家的出行（NHB）。

（2）出行吸引模型的建立

出行吸引模型的建立，也采用交叉分类法，其表达式为：

$$A_i = \sum R_k T_k$$

式中：A_i——i 区的出行吸引量；

R_{ik}——i 区第 k 种出行目的的吸引率，次／工作岗位·日；

T_{ik}——i 区第 k 种出行目的岗位数。

与出行生成模型相同，出行吸引模型也分为 HBW、HBS、HBO、NHB 四种出行目的。不同出行目的的吸引量，是与城市用地特征和工作岗位密切相关的。而不同区位、不同交通可达性，其相同用地性质和同样岗位数，出行吸引量有显著差异。为此，根据不同区域用地和出行特征，进行相应的交叉分类，最终得到分区位和分项目的出行吸引模型。

2. 出行分布模型

出行分布模型建立的是各个交通小区之间交通量变换的定量关系。出行分布模型一般有两种类型：增长系数法和重力模型法。与增长系数法相比，重力模型法引入了交通区之间的阻抗，既可以反映土地使用的变化对出行分布的影响，也可以反映交通设施的变化对出行分布的影响。出行分布模拟中各交通小区间出行时间，取各种方式中最小时间值，而且，对自行车和摩托车及其他机动车考虑不同存取车的端点时间。

出行分布模型的形式如下：

$$T_{ij} = P_i \frac{A_j \bullet F(IMP_j)}{\sum_j [A_j \bullet F(IMP_j)]}$$

式中：T_{ij}——起点小区 i 至讫点小区 j 的出行量；

P_i——起点小区 i 的出行产生量；

A_j——讫点小区 j 的出行吸引量；

IMP_{ij}——起点小区 i 至讫点小区 j 的出行阻抗。

$F(IMP_{ij})$是阻抗函数，称为摩阻系数。其有各种函数形式，一般可采用 Gamma 函数。该函数具有可避免其他阻抗函数如负指数函数出现短距离出行比重过大的优点，具体函数形式如下：

$$F(t) = a \bullet t^b \bullet e^{c \bullet t}$$

式中：a、b、c 是需要标定的模型参数。

3. 出行方式划分

出行方式划分预测难度相当高，国内外经验表明：应从宏观上进行总量把握，即从战略、政策上确定各种交通方式发展方向及在城市交通中功能地位；微观上建立合理的方式模型，以确定交通单元间交通活动量方式分担比例。最后结合宏观和微观综合分析，确定方式比例。

出行方式模型建立是一项复杂技术，受出行者经济水平、年龄特征、各种交通方式出行成本和交通设施服务水平以及交通政策等诸多因素影响。目前出行方式微观预测有多种方法，如转移曲线法、转移点法、马尔柯夫概率转移、LOGIT 和距离曲线法。国内大量的研究及实践表明，采用距离曲线较符合我国城市交通特征，即一般短距离出行以非机动化方式为主，如步行、自行车，中等距离以摩托车、出租车为主，长距离出行以客车、公交、轨道出行为主的特征。方式划分可结合距离分布曲线，在预测中再结合政策分析、交通设施变化、出行成本费用及现状距离分布曲线进行应用和检验。

4. 交通分配方法

（1）交通流分配

交通流分配，就是将预测得出的交通小区 i 和交通小区 j 之间的分布（或 OD）交通量，根据已知的道路网描述，按照一定的规则符合实际地分配到路网中的各条道路上去，进而求出路网中各路段的交通流量。一般的道路网中，两点之间（即 O 与 D 之间）有很多条道路，如何将 OD 交通量正确合理地分配到 O 与 D 之间的各条道路上即是交通流分配要解决的问题。

1）交通流分配的作用

①将现状 OD 交通量分配到现状交通网络上，以分析目前交通网络的运行状况，如果有某些路段的交通量观测值，还可以将这些观测值与在相应路段的分配结果进行比较，以检验模型的精度。

②将规划年 OD 交通量预测值分配到现状交通网络上，以发现对规划年的交通需求而言的现状交通网络的缺陷，为交通网络的规划设计提供依据。

③将规划年 OD 交通量预测值分配到规划交通网络上，以评价交通网络规划方案的合理性。

2）交通流分配所需数据

①表示需求的 OD 交通量。在拥挤的城市道路网中通常采用高峰期 OD 交通量，在城市间公路网中通常采用年平均日交通量（AADT）的交通量。

②路网定义，即路段及交叉口特征和属性数据，同时还包括其时间流量函数。

③径路选择原则。就交通流分配的特点而言，交通工具的运行线路可以分为两类：交通工具的运行线路固定类型和运行线路不固定类型。线路固定类型有公共交通网、轨道交通网，这些是集体旅客运输；线路不固定类型有城市道路网、公路网，这一般是指

个体旅客运输或货物运输，这类网络中，车辆是自由选择运行路径的。对于前者，虽然交通工具（如公共汽车）的线路是限定的，但作为个体的旅客来说，如果某两点之间有多条线路或多种交通工具，他可以选择不同线路上的交通工具，或同一线路上的运行速度和交通费用不同的交通工具。因此，如果将旅客看作交通员的话，这仍然是一个自由选择运行路径的问题，只不过这时路径的意义也更广泛些，其中径路选择包含对交通工具的选择。对于城市道路网来说，特别指出两点：

①由于道路的主要承载对象是车辆，交通流分配中的出行分布量一般是指机动车以标准小汽车为单位。交通需求预测的第一步是预测发生量和吸引量，这个预测值一般是以"人"为单位的，通过方式划分，将以人为单位的出行量转化成了以车为单位的出行量。

②由于公共电汽车是按固定路线行驶的，不能自由选择行驶径路，故交通流分配不包括这部分车辆，交通流分配的对象只是走行线路不固定的机动车辆的分布量。

（2）交通阻抗

交通阻抗（或者称为路阻）是交通流分配中经常提到的概念，也是一项重要指标，它直接影响到交通流径路的选择和流量的分配。道路阻抗在交通流分配中可以通过路阻函数来描述。所谓路阻函数是指路段行驶时间与路段交通负荷，交叉口延误与交叉口负荷之间的关系。在具体分配过程中，由路段行驶时间及交叉口延误共同组成出行交通阻抗。

交通网络上的路阻，应包含反映交通时间、交通安全、交通成本、舒适程度、便捷性和准时性等许多因素。根据这些因素建立一个科学严密、解释性强的函数模型是非常困难的。经过大量的理论分析和工程实践，人们得出影响路阻的主要因素是时间，因此交通时间常常被作为计量路阻的主要标准，主要基于以下的原因：

第一，理论研究和实际观测表明，交通时间是出行者所考虑的首要因素，尤其在城市道路交通中。

第二，几乎所有的影响路阻的其他因素都与交通时间密切相关，且呈现出与交通时间相同的变化趋势。

第三，交通时间比其他因素更易于测量，即使有必要考虑到其他因素，也常常是将其转换为时间来度量。

交通阻抗由路段上的阻抗和节点处的阻抗两部分组成。

1）路段阻抗

在诸多交通阻抗因素中，时间因素是最主要的。对于单种交通网络，出行者在进行径路选择时，一般都是以时间最短为目标。有些交通网络，路段上的行驶时间与距离成正比，与路段上的流量无关，如城市轨道交通网。有些交通网络，如公路网、城市道路网，路段上的行驶时间与距离不一定成正比,而与路段上的交通流量有关,此时就选用时间作为阻抗。

2)节点阻抗

节点阻抗指车辆在交通网络节点处主要指在交叉口处的阻抗。交叉口阻抗与交叉口的形式、信号控制系统的匹配时、交叉口的通过能力等因素有关。在城市交通网络的实际出行时间中,除路段行驶时间外,交叉口延误占有较大的比重,特别是在交通高峰期间,交叉口拥挤阻塞比较严重时,交叉口延误可能会超过路段行驶时间。

交通工程学中,对信号交叉口的延误有过大量的研究,直接目的是为信号控制交叉口的配时,点控、线控和面控系统的设计以及交叉口通过能力的计算而进行的。节点处的阻抗可分为两类:

①不分流向类:在某个节点各流向的阻抗基本相同,或者没有明显的规律性的分流向差别。对这类问题比较好处理,用一个统一的值 Di 表示车辆在节点 i 的延误。

②分流向类:不同流向的阻抗不同,且一般服从某种规律。城市道路网就是这样,车辆在城市道路的交叉口一般有三个流向:直行、左转、右转,所延误的时间差别明显,且一般服从规律:右转 < 直行 < 左转。其实,车辆在城市间公路网的节点处也存在同样的延误规律,但是公路网的路段长,车辆在节点处的延误相对于路段上的行驶时间非常小,可以近似视为 0,这样就可以将之归于上述的"不分流向类"对待。但是,城市道路网交叉口密集,相邻交叉口之间的路段往往只有几百米,车辆在交叉口某些流向的延误时间接近甚至超过在路段上的行驶时间,故不可忽略,而且必须分流向计算。

(3)最短径路算法

1)径路与最短径路的定义

①路段。交通网络上相邻两个节点之间的交通线路称作"路段"。

②径路。交通网络上任意一 OD 点对之间,从发生点到吸引点一串连通的路段的有序排列叫作这一 OD 点对之间的径路。一 OD 点对之间可以有多条径路。

③最短径路。OD 点对之间的径路中总阻抗最小的径路叫"最短径路"。

2)最短径路算法

最短径路算法是交通流分配中最基本也最重要的算法,几乎所有交通流分配方法都是以它作为一个基本子过程反复调用。最短径路算法的设计问题是图论、运筹学和交通规划领域的学者们广为关注的问题,因此已经设计出了多种方法。最短路算法问题包含两个子问题:两点间最小阻抗的计算和两点间最小阻抗径路的辨识,前者是解决后者的前提。许多算法都是将这两个子问题分开考虑,设计出来的算法是分别单独求出最小阻抗和最短径路。

在各类文献中，有关交通流分配最短路径的算法很多，如 Dijkstra 法（标号法）、矩阵迭代法、Floyd-Warshall 法（最短路径算法）等。

（4）容量限制分配法

容量限制交通分配是一种动态交通分配方法，它考虑了路权与交通负荷之间的关系，即考虑了道路通行能力的限制，比较符合实际情况，该方法在国际上比较通用。

采用容量限制分配模型分配出行量时，需先将 OD 表中的每一 OD 量分解成 K 部分，即将原 OD 表（n×n 阶，n 为出行发生、吸引点个数）分解成 K 个 OD 分表（n×n 阶），然后分 K 次用最短路径分配模型分配 OD 量，每次分配一个 OD 分表，并且每分配一次，路权修正一次，路权采用路阻函数修正，直到把 K 个 OD 分表全部分配在网络上。

（四）城市道路与公路需求预测的关系与区别

随着我国城市化水平的不断提高和城市规模的扩大，城市过境交通量和区域交通流量越来越大，给公路发展带来了压力和挑战。交通需求预测是利用资料调查与分析的成果建立各种预测模型，并运用这些模型预测规划区域未来交通需求状况，为交通系统的规划、评价提供依据。本文以我国典型的组群特色城市淄博为例，采用定量与定性分析相结合的研究方法对淄博市主要公路交通量进行预测，结合城市公路客运量、公路货运量汽车保有量等调查数据，提出多项淄博市未来几年公路发展的重要策略。

1. 城市公路交通发展规划现状

近年来城市建设步伐加快，机动车拥有量的迅猛增长，交通问题已逐渐成为阻碍、制约城市社会经济发展的负面因素。目前我国城市公路交通正处于建设阶段，其发展规划存在众多问题。具体表现为：

（1）城市交通规划主要包括发展战略规划、综合网络规划和近期建设规划。许多城市正致力于加强公路交通基础设施的开发规划及建设，提出建设城市快速交通系统，完善城市公路交通网络，但往往忽视城市公路交通发展战略规划。

（2）为充分发挥城市交通的先导作用，许多城市将公路建设作为改变城市面貌与改善城市投资环境的突破口，但人文资源、城市特色正逐步丧失。城市重道路拓宽和新路建设规划，轻老城区保护规划改善，某些措施违背了城市交通可持续发展的原则。

（3）不同的土地利用布局、性质强度对应着不同的交通需求，分析城市既有道路的交通影响对合理的持续的土地开发利用有重要指导意义。城市开发者为追求利益最大化，只看重公路沿线土地的利用规划，不考虑道路承载能力而进行超强度的土地开发，没有进行相应的公路交通影响分析。

2. 城市主要公路交通量预测

淄博市地处山东省中部、鲁中山地与鲁北平原的交界地带，是连接鲁中、鲁南山地、鲁东北胜利油田以及山东半岛的交通要冲。淄博市特有的组群式城市结构使其境内国省道承担着鲁中地区、城乡间的大量交通流量，建材、化工等大进大出的特殊产业结构导致重载交通量大。随着社会经济的快速发展、工业化进程的加快、城镇化水平的迅速提高和以人为本的公路人性化管理，淄博市公路需求逐渐增加。因此，必须科学合理地预测未来公路交通需求量，采取有效措施不断提高公路的服务质量和服务水平，以保证公路的安全、高效、可靠、灵活，达到路网通达便捷。

（1）交通小区划分。结合淄博市的行政划分和相关调查数据，分为八个小区（五区三县：张店区、周村区、临淄区、淄川区、博山区、桓台县、高青县、沂源县及根据需要划分的外围十一个虚拟小区。

（2）交通发生预测。考虑各规划期的公路运输状况、车辆发展水平，运用总量控制平衡预测法，将各规划期的公路客、货预测运输量折算为各直接影响交通小区的发生吸引量，各间接影响交通小区的发生吸引量根据已有调查数据运用新增长系数法计算得到。对于一个交通小区，一般有：运输量＝发生量＋吸引量；标准车辆数＝[运量（万人或万吨）× 车型换算系数 ×10000]/ 单位载客（货）。

（3）交通出行分布预测。常用的出行分布预测方法有重力模型法、Frator 法等。在本次分布预测中，采用了以上两种模型进行了交通分布预测，用预测结果进行了交通分配模拟，发现 Frator 模型预测的交通分布进行模拟的交通流在主干线上过于集中，流量特别大，而双约束重力模型则比较切合实际，因此采用双约束重力模型法对公路机动车进行分布预测。

（4）交通分配。在掌握各个划分小区出行产生、出行吸引和出行分布情况后，就知道了各分区之间的出行交换量，这样便可以进行交通分配。交通分配就是把各个分区之间的空间量分配到具体的交通网络上。通过交通分配所获得的路段、交叉口交通量是检验道路网络规划是否合理的重要依据。UE 模型是 LeBlanc 于 1975 年提出的、基于用户平衡原理的分配方法，该方法根据特定 OD 对各条路径的相对成本将客流分配到多条路径上。主要过程为每进行一次全有全无分配后，通过路网特性函数调整路段综合费用，再进行一次全有全无分配；第二次分配结果作为一个可行移动方向，经过一维寻优过程获得其最优移动步长，在第一次分配结果基础上移动即可得到下一次迭代结果。从流量分配图及淄博市境内部分国省道流量对比可以看出，由于部分道路年久老化，导致路段路阻大，实际交通量小，路网利用率较低；新改建部分道路后，道路流量饱和度较合适，道路利用率比较高基本能够满足增加的交通量需求；同时可以看到，东西向交通量仍然比较大，可以新扩建东西向部分道路。

3 公路交通发展重要策略

淄博市未来几年公路发展规划以满足淄博市乃至山东省社会经济发展和居民出行要求为根本目标，以交通需求预测为基本依据，结合淄博市的社会经济产业布局以及城市形态，将路网规划与场站规划相结合、干线路网规划与乡村路网规划相结合，既要体现规划的整体性，又要体现规划的层次性。

（1）进一步完善淄博境内的高速公路路网，打造高速山东的新局面；继续加快老路改造步伐，方便群众安全、便捷出行；改造中心城区出入口，减少城区的交通压力；完善淄博东部路网，改善路网结构。

（2）完善精细化养护决策标准执行、考核四大体系，完善科学养护模式，高度重视预防性养护，不断提升公路养护水平。

（3）改造现有国省道的低等级路、老柏油路，提高路网服务水平，更好地为沿线区县的经济发展和民众出行服务。

（4）调整个别省道路线位置，分担交通压力；完善干线公路路网结构（特别是淄博市东南部路网），进一步提高通达深度和路网通行能力。不断加强区域路网结构的合理性，更好地拉动淄博东部乃至全省东南部区域的经济发展。

公路建设要服务于城市经济社会发展战略，适应并适度超前经济社会发展。科学准确的公路交通需求预测对未来城市公路规划具有重要作用，结合相关数据资料并且不断更新需求数据对地区公路发展是很有必要的。本文仅对淄博市境内部分国省道流量进行了主观比较，尚未进行深入研究。

七、城市交通发展战略规划理论与方法

（一）城市交通发展战略规划基本原理

中国在周朝就有九经九纬、环城和辐射形的城市道路网的雏形规划。唐朝都城长安规模宏大，道路网为典型的棋盘形布局。古代与近代的城市交通规划，主要是道路网络系统的布局与规划。近四十年来，由于城市机动车拥有量的急剧增加，城市交通拥挤现象日趋严重。为了解决日益恶化的城市交通问题，城市地铁、高架路、快速轻轨等现代化交通设施相继出现，城市交通规划已不再局限于单纯的城市平面道路网络系统的布局，而是各种交通形式的综合规划，并与城市土地利用规划同步进行，相互作用，彼此协调。

1. 城市交通发展战略规划作用和地位

按照城市综合交通规划设计规范，城市综合交通规划包括两大基本内容：一是城市交通发展战略规划；二是城市交通综合网络规划。城市交通发展战略规划是综合交通规划进行的第一步关键规划。

对城市交通的发展做出战略规划，首先需要分析影响城市交通发展的外部环境和内部环境；其次从社会经济发展、城市人口增长、有关政策的影响，分析现有交通的水平；最后确定城市交通在规划期限内的发展水平和目标，预估未来的交通负荷和交通结构，提出交通的发展模式，以及为保证交通规划实施的各项交通政策建议。

城市综合交通规划工作一般遵循的技术路线。第一步：通过现状调查明确存在的问题，分析问题的根源。第二步：利用调查数据和城市规划的资料建立城市交通模型，对城市交通进行模拟；通过交通模型和城市发展分析、需求分析确定城市交通发展战略和发展目标。第三步：在交通发展战略基础上对城市道路交通、公共交通等专项规划进行研究形成综合交通规划。第四步：研究城市交通的近期行动计划，提出近期实施方案。

城市交通发展战略研究是综合交通规划的重要组成部分，将对后续研究工作进行指导，起到基础作用。

2. 城市交通发展战略规划的特点

近年来，越来越多的城市高度重视交通发展战略和发展理念对决策的宏观指导作用。发展战略之所以重要，就在于它们具有综合性、政策性、宏观性、预见性和弹性的特点。

（1）综合性

城市交通发展战略规划无论在内容、因素、地域，还是在其方法、知识、人员方面均具有较强的综合性。城市交通发展战略规划影响因素复杂，既要对城市历史、现状和未来交通发展供需状况进行深入地了解、分析、预测，也要对城市未来总体发展战略、土地利用等进行分析研究和论证，还要综合应用多学科、多方面的原理和知识，并吸收各方面的专家及市政府有关职能部门的意见。

（2）政策性

城市交通发展战略规划，要以国家和地方政府的相关政策为依据，如国家在城市建设方面的方针、政策，国民经济总体战略和政策，国家的区域经济战略和布局政策、产业政策、人口政策、投资政策等；同时，城市交通发展战略规划本身在某种意义上就是一系列政策的集合，如城市交通管理体制改革政策、交通工具发展政策、交通结构发展政策、交通基础设施投资开发政策等。

（3）宏观性

战略规划站在长远角度，着眼于城市整体发展，侧重于宏观研究，应抓住影响城市整体发展过程中全局性的重大问题和环节；而对局部性、战术性的细节不宜花费大量的人力、物力，这些细节问题应放在综合交通规划、交通综合治理和详细规划中进行深入研究。

（4）预见性

战略规划属于城市长远发展规划，一般需要考虑20~30年，甚至更长时间的发展。因此，如何把握发展的方向、速度和重点，如何提高对城市未来发展的预见能力，对于城市交通发展战略规划来说是至关重要的。战略规划的好坏对城市长远发展影响重大，不可草率行事；既要从现实着手，从实际出发，抓住城市特点和问题的重点，又要着眼于未来的发展，把握发展的机遇、发展的方向和发展的途径。

（5）弹性

由于总体发展战略规划着眼于未来，而未来既是可知的，又是多变的，而且有些因素难以直接预测，因此，长期预测要非常准确就更加困难了。此外，事物的发展不一定总是平衡和均衡的，交通需求的发展也是如此。交通量的增长是社会经济发展的结果，具有一定的规律性；但交通流量空间分布的随机性和时间的不均衡性是众所周知的。综上所述，在进行城市交通发展总体战略规划时，无论对其总需求的预测，还是用地的规划和设施的布置都必须留有一定的余地，保留一定的弹性。

3. 城市交通发展战略的目标设计

城市交通发展战略目标是城市远期交通发展所达到的总体水平，交通战略目标设计应是一个多维空间，从不同的层次、不同的视角进行设计。城市交通发展战略目标，即要有质的要求，又要有量的要求。

（1）总体目标

城市总体发展战略是城市交通战略总体目标设计的根本依据和前提。城市总体发展战略，是从总体上保证城市长期、稳步、协调、可持续发展的纲领。在城市交通发展战略目标设计之前，必须明确城市总体发展战略的指导思想、战略目标、战略措施和战略重点，以作为城市交通战略目标设计的根本依据。

交通发展战略总体目标设计应坚决贯彻以人为本和可持续发展的理念，强调交通发展人性化，考虑交通出行权及交通投资效益享受权的平等；在注重交通安全的同时，更需将交通与城市环境保护政策统一，将国家经济安全与地方经济发展、地方居民社会生活协调统一。交通发展战略总体目标设计需要坚持促进支持社会经济发展与改善居民生活质量并重的原则；应保障因地制宜与整体统筹协调原则，分析地方的经济发展水平、特点、特色，强调"提供合适的交通基础设施和服务"。

交通发展战略总体目标拟定要有系统工程的观点。城市交通是一个复杂的大系统，必须从全局和整体出发，将城市交通视为一个相互联系的有机整体，进行全面的综合分析。

城市交通发展战略总体目标的设计,一般可从促进社会公平、宜居环境、社会发展三个方面来进行分析。

(2) 控制指标

城市交通发展控制指标,是对特定城市交通发展战略目标的深化和细化。城市历史人文、自然山水和地理区位特征,以及不同社会经济发展阶段和政策环境对交通发展所需基础条件的支撑力度各异,城市与交通特征对交通发展要求具有一定的地方性特点,为对交通现状或规划作出客观准确的评判,交通控制指标标准的制定应做到因地制宜。

控制指标选择,应符合国民经济社会发展要求。交通作为城市社会经济发展的衍生物,社会经济系统本身会对交通发展提出适应性要求。如在经济快速发展阶段,社会活动交流更加频繁,居民对交通快捷化要求将更加迫切。控制指标选择要对城市性质有所响应,如宜居城市的功能定位需要对交通在城市景观和居住环境以及出行便捷性等方面提出较高的要求。

交通发展所提控制指标是否可以完全落实,很大程度上依赖于城市政策来实现,是否具备相应的政策手段决定了目标的可行性。这些政策手段的可得性和运用这些手段的成本,都必须在交通控制指标制定时加以分析和判断,使交通控制指标符合现实。任何城市交通发展都必须要有相应的资源投入作为支撑,包括资金、基础设施以及土地等有形资源,也包括科技、制度和文化等无形资源。不同城市交通战略控制指标选择对资源条件要求的程度各不相同,如交通基础设施建设需要巨额的资金投入和土地资源占用,城市交通在规划年限内是否能完成预期战略目标的资金投入,是否能够为大规模的交通基础设施建设提供充足的空间,都应在交通发展控制指标中予以考虑。

由于城市发展与城市交通相互关联的复杂性和多目标性,对于城市空间快速扩张型的城市,应更加侧重交通对城市空间结构优化支撑作用,指标体系考虑交通枢纽等重要交通节点布局合理性对于以生态、宜居为主要功能定位的城市,应侧重于交通与城市生活环境间的协调,对公交优先和节能减排等指标体系应予考虑。

4. 国内外城市交通发展模式的借鉴

在谋求城市交通发展和提高运输效率方面,国内外城市交通发展的相关实践为我们提供了经验和教训,总结不同城市的交通运输实践,其客运交通运输模式包括以下几种类型。

(1) 机动化发展模式

以美国多数大城市为代表的机动化交通发展模式,是伴随着小汽车普及和使用应运而生的。

小汽车的不断使用导致公共汽车的全面萧条，随着交通公害、能源危机的增加，历届政府试图通过复苏公共交通，引导大城市向大容量快速轨道交通转变，以减少小汽车的使用。但由于交通出行方式的惯性作用未得到良好收效，短期内以小汽车为主的交通方式难以转变。

（2）控制交通需求模式

在控制交通需求方面，政府先后采取了公共交通优先、车辆定额配给、区域交通许可证等多方面的措施，通过价格政策有效地缓解了城市道路交通的拥挤。

这种模式在国际上以新加坡为代表。由于城市土地资源的匮乏，路网容量非常有限，只能满足不多的私用车使用，因此政府部门被迫对私用汽车的增长和使用给予严格的限制，鼓励市民使用公共交通或合乘车辆。这种模式在我国500万以上人口的特大城市中较常见，例如北京、上海、广州等城市已采用"限购令"缓解日益严峻的交通状况。

（3）优先发展公共交通模式

在我国香港，由于土地的稀缺和高强度的土地利用，能用来建设道路的土地面积有限，不适合无限制地发展小汽车。强化公共交通的优先发展是历界香港发展策略的一贯目标。

高效率的公共交通运输网络和运输体系为香港的持续发展奠定了良好基础，包括铁路、巴士、的士、渡轮、电车等多层次公共交通运输方式日均运送乘客超过1000万人次，占香港客运出行量的88%。

香港目前之所以有良好的交通基础设施和公共交通服务是多年加强规划与投资，并通过定期的检讨、改进和制定相应的交通控制办法，抑制机动车过快增长和保护公交的正常运行的结果。

（4）私人小汽车与轨道交通并重发展的模式

这种模式在国际上以首尔最为典型。一方面政府出于国家经济增长需求的考虑鼓励市民购买并使用小汽车；另一方面政府又投入巨资大力发展轨道交通，以期实现公共交通和私用汽车的协调发展。

（二）城市布局与规划的关系

1. 城市规划与区域规划关系密切：两者都是在明确长远发展方向和目标的基础上，对特定地域的各项建设进行综合部署。对特定地域的各项建设进行综合部署，只是在地域范围的大小和规划内容的重点与深度不同。

2. 区域规划是城市规划的重要依据：城市与区域是"点"与"面"的关系，一个城市总是和它对应的一定区域范围相联系。不同的是，一定的区域范围内必然有其相应地域中心。从普遍意义上说，区域的经济发展决定着城市的发展，城市的发展也会促进地区的发展。

3. 区域规划与城市规划相互配合、协同进行：

区域规划把建设项目落实到具体地点，制定出产业布局规划方案；分析和预测区域内城镇人口增长趋势，规划城镇人口分布，并根据区内各城镇的不同条件，大致确定各城镇的性质、规模、用地发展方向和城镇之间的合理分工与联系。

4. 城市规划和区域规划是点和面有机联系的不可分割的关系，城市总是与相应的区域相联系，与此同时一定区域内必定有相应的经济中心城市。城市规划必须以区域规划为依据，在区域规划的基础上，一方面立足于大区域合理规划布局城镇体系，另一方面，合理确定城市的规模，性质以及城市各部分的组成，各城区的用地，以促进城市与区域的协调及可持续发展。

5. 两者都是在明确长远发展方向和目标的基础上，对特定地域的各类建设进行综合不著，两者关系十分密切。

6. 两者在某种程度上有相互交叉，相互涵盖的关系。城镇体系规划和城市总体规划中包括的城镇体系规划可以看作区域规划的内容，其余层次的规划离不开区域视角和区域研究分析。同时，广义的城市包含受其影响的地区。区域规划也因城市规划而充实和完善，使区域规划建立在扎实的基础之上。实际上，近年来中国的城市规划实践，也越来越重视区域分析工作，注重从区域范围把握一个城市的发展。

城市规划进一步细化和落实区域规划的规定和预测等工作。如对新建项目的选址和扩建项目的用地安排，就有待城市规划进一步落实；城市规划中的交通、动力、供排水等基础设施骨干工程的布局应与区域规划的布局骨架相互衔接协调；有时在城市规划具体落实过程中也可能需要对区域规划做某些必要的调整和补充。

（三）社会经济与土地利用分析预测

1. 交通与城市土地利用的宏观互动关系

交通设施与土地利用之间的关系可以用系统中不同组成部分之间的关系来描述。土地利用（批发市场、工业、商业、住宅、娱乐设施等）与交通设施（交通网络、枢纽、站场等）都是我们所研究的该特定系统的组成部分，而连接它们的媒体就是交通。交通与城市土地利用相互影响、相互作用，交通系统的发展引起土地利用特征变化，导致了城市空间形态、土地利用结构及土地开发强度的改变；反过来，土地利用特征的改变也对交通系统提出新的要求，促使其不断改进完善，引起交通设施、出行方式结构和交通密度特征的改变，最终，形成交通系统与土地利用相协调的产物。随着整个系统环节中某一因素的变化，城市土地利用与交通系统又进行新一轮的调整。

传统的规划理念没有认识到交通与城市土地利用的互动关系，导致许多城市的综合交通规划与土地利用规划常常是分开来做的。城市规划师认为交通规划师的工作任务就是如何最大限度地在城市交通设施上配合城市规划，而交通规划师往往处于从属和被动的地位，只能分析现状交通问题和提出近期或局部的交通改善意见，难以对土地利用规划进行比较和信息反馈。

交通规划的制定不能脱离土地利用规划，同时土地利用规划也不能离开交通规划，只有将两者结合在一起，才对彼此有利，交通规划和土地利用规划具有共生性，两者在内容和层次上具有广泛的关联性。因此，公共交通导向型发展模式（Transit Oriented Development，TOD）在当前国内外交通规划、建设中得到快速发展并广泛应用。它作为一种全局规划的土地利用模式，为城市建设提供了一种交通建设与土地利用有机结合的新型发展模式，其特点在于以公共交通的车站为中心，利用公共交通为前提，集工作、商业、文化、教育、居住等为一体，进行高密度的商业、办公、住宅等综合性用途的集约化、高效率开发。

从宏观上讲，城市交通与城市土地利用之间存在复杂的互动关系。土地是城市社会经济活动的载体，各种性质土地利用在空间上的分离引发了交通流，各类用地之间的交通流构成了复杂的城市交通网络。

"源"和"流"之间相互影响、相互作用。一方面，土地利用是产生城市交通的源泉，决定城市交通的发生、吸引与方式选择，从宏观上规定了城市交通需求及其结构模式；另一方面，交通改变了城市各地区的可达性，而可达性对土地利用的属性、结构及形态布局具有决定性作用。城市土地利用模式是城市交通模式形成的基础，特定的城市土地利用模式将导致某种相应的城市交通模式；反之，特定的城市交通模式亦需要相应的土地利用模式予以支持。

2. 城市交通模式与土地利用模式的互动关系

由城市交通与城市土地利用的"源流"关系可知，城市土地利用模式是城市交通模式形成的基础，特定的城市土地利用模式将导致某种相应的城市交通模式；反之，特定的城市交通模式亦需要相应的土地利用模式予以支持。

（1）城市土地利用模式的类型

现代城市规划理论将土地利用模式划分为高密度集中模式和低密度分散模式两大类型。高密度集中模式是指土地利用综合化、多元化，开发密度高，城市布局集中的城市土地利用模式。以高密度集中土地利用为特征的城市，通常拥有一个集中且繁华的市中心，土地利用集约化程度高，除少数商业中心区、工业区、高级住宅区外，城市土地一般为多用途层叠使用，从而有利于节约土地，缩短出行距离，防止城市无限制扩展。低密度分散模式则是指城市土地利用用途单一，开发密度低，城市布局分散的城市土地利用模式。以低密度分散土地利用为特征的城市通常具有多个中心，住址区、工作区、购物区等各自分离，整个城市向郊区蔓延，用地分散，甚至形成跳跃性开发，土地浪费现象严重。

（2）不同土地利用模式下的城市交通模式

国外研究发现，当居住密度达到60栋住宅/英亩时，一半以上的出行将采用公共交通方式；而且居住密度比土地混合利用程度更明显地影响通勤小汽车和公交各自的占有率，提高居住密度能有效降低私人机动车拥有率；研究指出，当就业密度达到75人/英亩时，随着就业密度的进一步增加，私人小汽车方式迅速向公交、步行方式转变。

选择3个具有不同开发密度的代表城市，通过分析其日常通勤交通出行的方式构成，如下表所示，可以得出不同土地利用模式下的城市交通模式特征。

表5-1　不同开发密度下的城市日常通勤交通方式构成单位：%

城市	所在洲	开发密度	步行与自行车	摩托车	公共交通	私家车	其他
莫里斯	美洲	低	1.4	0.9	3.9	92.2	1.6
伦敦	欧洲	中	11.5	1.9	17.0	70.6	-
中国香港	亚洲	高	2.9	3.8	84.8	6.3	2.2

从表中可以看出，随着开发密度的增加，公共交通出行比例大幅增加，私家车比例则大幅下降。例如，低密度开发的莫里斯，公共交通承担率仅为3.9%，私家车承担率则高达92.2%，其城市交通模式以私人小汽车交通为主；高密度开发的中国香港，公共交通承担率高达84.8%，私家车承担率则仅为6.3%，其城市交通模式以公共交通为主。

一方面，以高密度集中土地利用为特征的城市土地开发强度大、密度高且城市布局集中，将引发大量集中分布的交通需求，必然要求具有高运载能力的公共交通模式予以相适应。另一方面，集聚带来地价的上升，促使停车费的高涨，在一定程度上遏制了私人小汽车交通的发展，从而形成支持公共交通发展的良性循环。

以低密度分散土地利用为特征的城市，单位土地面积产生的交通需求量小且分散，公共交通不易组织，适合发展运量小、自由分散的私人小汽车交通。低密度分散式的城市形态容易陷入"分散+公交系统难以维持进一步分散"的恶性循环，居民出行距离不断增大，出行方式越来越依赖于小汽车，从而导致城市建设成本增加、土地资源浪费、环境污染加剧，不利于城市的可持续发展。

（3）高密度集中模式下的城市交通需求特征

鉴于低密度分散发展模式的种种负面效应，国内外研究者及规划部门纷纷提倡相对高密度的土地开发模式。目前，我国部分城市中心区人口密度已高达数万人/平方千米。高密度集中模式是我国及世界多数国家城市的主要发展趋势。高密度集中开发的城市，其交通量、出行距离、出行分布等交通需求因素均表现出一定的特点。

从交通流量看，高密度开发城市由于人口密集，交通出行量较为集中。出行的集中使交通设施处于高容量状态，自我调节能力相对较弱，因此外力对交通流的作用效果更为灵敏。这些外力主要包括交通设施的建设与改造、土地利用结构与形态的调整、交通需求管理等。

从出行距离看，高密度开发城市的居民出行距离相对较短。这是由于城市土地开发密度高，各种城市功能在有限的地域范围内集成，人们的工作、文化娱乐、教育学习、探亲访友、购物社交等活动在有限范围内完成，从而使得出行距离相对较短，且采用步行、自行车等非机动车交通方式较多。研究指出，高密度开发城市的人均机动车里程随人口密度的增加而下降，但当人口密度达到一定程度时，该种变化趋于平缓。

从出行分布看，高密度开发城市的交通出行分布更容易在较小范围内达到均衡。这是因为高密度开发城市由于多种功能用地在空间上相对集中，在一定程度上避免了居住与就业的分离，缓解了卫星城和分散式发展模式中常见的"钟摆式"交通分布状况，从而使交通出行分布能够在较小范围内实现均衡。

3. 城市交通与土地利用模式的微观互动机理

如前所述，城市交通与城市土地利用均由一系列不同的特征量所描述，任意两个特征量之间的微观作用机理是不相同的。例如，"交通容量"与"容积率"之间存在的相互促进的正相关关系，"土地混合利用程度"与"出行距离"之间存在此消彼长的负相关关系而"交通容量"与"土地价格"之间则存在一定程度的依存关系。各特征量之间的微观作用机理，共同构成城市交通与城市土地利用之间复杂的互动关系。交通容量与容积率的关系，是城市交通与城市土地利用互动关系在微观层面的具体体现。

城市中的土地开发，无论是商业、工业还是居住，都会使该地区的容积率增加，从而引发大量的交通出行，该地块的交通可达性提高，造成地价上升，又会吸引开发商进一步的开发，交通容量与容积率的互动进入新的循环。该循环过程是一个正反馈的过程，但该正反馈过程不可能无限进行下去。这是因为，城市交通设施发展到一定程度后是难以通过改建来增加其容量的，从而当土地开发超过一定强度时，所引发的交通流将使得某些路段出现拥堵现象导致已开发区域可达性下降，土地利用边际效益亦随之下降，该地区的土地开发将会受到抑制。

可见，交通容量与容积率之间存在一种相互影响、相互促进的互动关系，二者通过一系列的循环反馈过程，将有可能达到一种"互补共生"的稳定平衡状态。

4.基于土地利用的交通需求预测思路

土地利用是区域的各种联系、交通建设、经济活动和人口在空间上集聚的表现。城市土地利用一般划分为居住用地、公共设施用地、工业用地、仓储用地、对外交通用地、道路广场用地、市政公用设施用地、绿地、特殊用地、水域和其他用地十大类。各种用地的划分强调了区位因素的差别而引起地域差异，区位因素差异愈大，各种用地分化趋向愈强，分布在城市内，形成了一个城市土地利用结构。

交通的本质是由人或物同空间位置之间相互联系所形成的一种人类活动。城市活动必然要产生交通，城市土地利用是交通产生的资源，交通系统支持和影响着土地利用及其相关的活动。

不同的土地利用布局、利用性质和利用强度，对应着不同的交通需求。前面提到划分的十大类用地，单位面积上能够生成的出行量各有差异。对一个特定的交通小区，其内部各类用地面积的不同，土地利用强度的不同，直接决定了该小区的交通生成。同时，关于出行产生量和出行吸引量有两个规律：一个是一个分区中，住宅量越多、产生量就越多，而非住宅建筑越多、吸引量就越多；二是单位时间内，一个分区的产生量不一定等于其吸引量，但对整个对象区域，单位时间的产生总量应严格等于单位时间的吸引总量（不计境内外出行时），或至少应大致相等（计境内外出行时，但因境内外出行量毕竟较小）。因此，在预测各小区交通发生和吸引量时，考虑建立一种土地利用与交通生成相关关系模型，以不同种类用地性质的土地面积为自变量，交通生成量为因变量，以现状调查数据为基础资料，通过数理统计回归分析出各类用地与交通生成的关系，继而结合规划年的土地利用，来预测规划年的小区出行发生量和吸引量，从而推算出行生成。

（四）城市交通发展战略和对策

1.城市交通发展战略的内涵

城市交通发展战略是对城市交通未来发展趋势的总体预测和判断，从宏观上把握城市交通发展的方向，属于城市交通发展的大局问题。城市交通发展战略的确定，不仅要根据城市总体规划，而且还将涉及经济、政治、文化、教育、环境等方方面面的内容，与一个城市所在的区域、国家甚至国际社会综合环境都有着密切的联系。

制定城市交通发展战略的目的就是为了综合考虑城市发展的社会经济、区域环境、政治环境等诸多因素，根据城市的自身特点确定城市交通未来发展的重点和方向。例如，一个以钢铁工业为基础经济中小城市,为了满足来自城市外部产品和服务的需求,对外货物运输就会在经济活动中起到举足轻重的作用。城市交通如何满足钢铁生产的要求则可能成为城市交通发展战略一个重点研究的问题。上海市在决定开发开放浦东之后,立即将城市交通发展的战略重点转向越江交通的建设上来,使交通服务于浦东的开发开放政策。而对于一个交通时空分布较为集中的城市来说,调整用地布局、疏散人口分布就有可能成为城市交通发展战略的重点。以上所举的例子仅仅是确定交通发展战略诸多因素中很小的一部分,而综合考虑这些因素,使城市交通发展满足社会经济增长的需求是制定城市交通发展战略的根本目的。

2. 城市交通发展战略关注的重点问题

(1) 城市交通发展的目标和水平

城市交通发展战略首先以实现人和物的移动为出发点,在充分把握城市自身条件、历史文化背景和城市发展定位等因素的基础上,提出与城市发展进程相适应的总体战略目标。战略目标的提出要体现交通发展战略的全局性、长远性和阶段性。例如南京市提出的战略目标是构筑一个与南京现代化大都市发展进程相适应的、高效率的、一体化和人性化的城市综合交通体系。在总体战略目标的指导下,根据城市社会经济发展情况,确定城市交通的阶段发展水平。城市交通发展水平主要体现在市民出行质量、货物流通效率、道路运行状况和整体交通环境等方面。

(2) 城市交通方式结构

城市交通方式结构的发展趋势是城市交通战略重点关注的核心问题。城市交通方式可分为私人交通和公共交通两大类。前者从使用者的角度来看,因为灵活自由等特点而具有明显的优势;后者则从交通系统的角度来看,因为运输效率较高而成为大中城市倡导的交通方式。而随着社会经济的增长,私人交通将逐渐向小汽车方向发展。公共交通则包括公共汽车、中小巴士、出租车和地铁等城市轨道交通。城市交通方式结构指的是各种交通方式在城市交通中所占的比重,其中私人交通和公共交通各自承担的比重是问题的关键。根据不同的规模结构、地形和气候条件,我国大城市交通战略还可细分为三类:第一类以公交和自行车并举的交通发展战略,自行车与公交在各自的范围内都有各自的优势,相互衔接、合理并存;第二类以发展公交为主的交通发展战略,公共交通以地面公交为主,并逐步取代自行车成为城市交通的主导;第三类大力发展轨道交通,确立公交主导优势的交通发展战略,地面公交已经不能满足大运量的客流需求,轨道交通成为公共交通的主体或骨干。

（3）城市交通综合体系布局与规模

城市交通综合体系是城市对外交通、市内客货运输、内外交通衔接的有机结合体。城市交通发展战略则根据城市发展的需要对城市综合交通网络作出总体部署。主要内容有：第一，确定城市对外交通设施的选址、规模与功能；第二，确定城市道路网络的骨架、规模和布局；第三，确定公共交通设施的主导形式、规模和布局；第四，确定城市停放车系统的规模、等级和分布；第五，内外交通衔接系统、货物运输系统等其他城市交通设施的规模与布局。

3. 城市交通政策

（1）城市交通政策的内涵

城市交通政策是指导、约束和协调城市交通活动的基本法规，是由政府部门基于城市交通战略而制定的，是引导城市交通发展的关键因素。城市交通政策具有权威性、综合性、可操作性和理论性等特征。与交通规划强调前瞻性的特点相比，交通政策更注重实施的可操作性和对解决现实问题的指导作用，因此，交通规划是交通政策的理论依据，而交通政策是交通规划的实施途径。由于城市交通政策提出的措施将付诸行动，因而要具有较强的可操作性，便于政府职能部门贯彻和实施。

（2）城市交通政策的内容

协调各种交通方式的发展，逐步形成一个合理的城市交通结构，是城市交通政策的核心内容。具体体现在交通发展模式的选择，城市交通模式是在城市交通发展战略的前提和框架下，在城市现阶段交通基础、人口和用地布局、经济水平以及社会环境等特定条件下制定的。在选择交通模式进而制定城市交通政策的过程中，以下三方面的内容应予重视：

1）要确立城市交通运行的主导方式，如果选择以公共交通为主的交通模式，在政策导向上就要加大投入建设轨道交通，积极优化地面公交，鼓励市民使用公共交通。

2）要积极引导各种交通方式充分发挥各自的优势并促进各种交通方式的紧密衔接，因此要制定各种交通方式具体的导向政策，从而明确发展方向，包括各种方式内部的高效协调以及公交与私人交通的衔接。

3）城市交通政策要体现出城市的地域差别性，即根据城市不同地带的特点，确定不同的交通结构，甚至确定截然不同的交通模式。

（3）城市交通政策的制定

城市交通政策应建立在前期扎实的理论研究基础上，反应先进的理念。交通政策的制定虽然要服从于城市交通发展战略，但又是一定政治经济社会环境的产物，不同的背景条件就有不同的政策需求。制定城市交通政策不仅需要充分把握城市的特点，而且还需要准确判断城市交通所处的发展阶段。同时，在城市交通政策制定的过程中要充分考虑社会各界及广大公众的接受程度，但是最终形成的政策应当具有鲜明的倾向性。

（4）城市交通政策的作用

政府的发展战略和交通政策，极大地左右着城市交通发展的方向。城市交通发展中面临的问题、采取的相应对策以及在此过程中各方关系的协调，集中地通过政府的交通政策反映出来。为了强化城市交通政策的指导作用，交通政策最终将向交通法规延伸。城市交通战略指明了城市交通发展的方向，城市交通政策则是实现交通战略目标的手段和途径。因此，制定城市交通政策是解决复杂的交通问题所必须采取的综合手段，对保障城市交通高效运行和有序发展具有重要作用。例如，上海通过制定并实施三个重大交通政策来确保交通战略目标的实现。首先是公共交通优先发展政策。通过积极引导，不断提高公交出行方式的比重。到2020年，公交出行方式比重全市为35%，中心区达到50%。其次是交通区域差别化政策。由内向外，中心区、外围区、郊区三个不同的区域，公交方式与个体机动方式出行人数之比依次为3：1、2：1、1：1。最后是道路车辆协调发展政策。在加快全市道路网建设的同时，调控机动车流量，保持路车协调发展，始终将道路网的运行状况维持在合理的水平。

（五）城市规划容积率等对交通规划设计的影响

1.城市交通规划的重要性分析

（1）交通规划保障城市中心发展

大都市一般都是国家和地区的经济发展中心，高效的城市公共交通系统、交通供给和交通需求的有效平衡是保证其经济持续发展的重要因素。常规公交所能提供的道路交通通行能力与大都市的需求相比是有限的，随着城市的发展。交通开始从地面走向了地下和天空，城市快速路和轨道交通的引入大大提高了城市中心的便利性，为城市的交通出行提供了更多的方式，也在一定程度上缓解了市中心的交通压力。如欧洲的伦敦、巴黎等城市的城市交通规划在这方面较为成功，尤其是德国的一些中等城市采用了轻轨交通，在与步行街区的结合及保持城市的历史景观等方面有许多值得借鉴的经验。

（2）交通规划引导土地开发利用

城市土地利用开发和交通系统存在着相互依赖、相互促进、相互制约的关系。城市交通规划的主要目标之一是研究和把握城市交通发展与土地利用的关联性、作用与反作用的关系。土地的综合开发利用是交通需求产生的源泉，而交通供给是完成这些交通需求的有效载体。交通需求产生的多少既依赖于城市土地利用的布局结构和土地开发的强度，同时又受制于城市交通供给系统的运输能力；而城市土地开发的强度和交通供给也依赖于社会经济的发展程度。因此，利用交通系统积极引导城市的土地开发，引导城市土地开发强度与交通系统承载力相协调，将有助于城市的健康发展。

2. 当前城市交通规划中存在的问题

（1）缺乏前瞻性

通过城市交通干道建造中可以看出，有很多交通道路的规划缺乏前瞻性。往往是在道路的建设实施中发现了问题，建造的道路不仅满足于城市交通的需要，甚至阻碍了城市的发展。而有的交通道路由于工程量较大不能施工，同时又会产生对高压线，房屋等建筑拆迁困难的问题。所以在城市交通的规划研究中一定要做好交通道路的前期规划工作。

（2）公共交通滞后

我国当前各大城市发展中，交通问题是一个普遍性的问题，其中公共交通滞后极为明显。这主要体现在常规公共交通发展不足、快速轨道交通系统发展滞后、小汽车发展势头过快等不协调现象。我国本来就是一个人口大国，平均土地资源紧缺问题一直都是困扰我国社会发展的主要问题，这就需要大力发展公共交通事业。

（3）城市交通规划管理有待改进

与社会和谐要求相违背的另一个表现是城市交通管理滞后。具体表现在，现有城市公共交通运营调度计划的制定具有一定的盲目性。管理人员的经验在现有调度计划的制定过程中起主导作用，仅通过一些简单的服务指标和经验进行计划，不能满足实时的交通需求，从而导致市民在乘坐公共交通工具时等待时间过长，致使资源浪费，公共交通服务水平低下。

3. 协调好城市规划与交通规划之间的关系

传统上，城市规划和交通规划由不同的市政部门分管，通常情况下先进行城市总体规划，然后再规划城市交通，交通规划与城市规划、土地利用的地位从根本上就不平等。但城市的规划布局作为大规模且复杂的系统工程，需要城市规划与交通规划相互协调、相互支撑。为促使城市交通的可持续发展，符合城市化中"城市功能完善"的要求，必须改变以往各自为政的局面，从整体角度研究和设计城市的交通规划，公共交通系统规划与土地利用规划，将土地利用规划与交通系统规划很好地结合起来。交通规划战略的最终目标是实现交通基础设施在城乡、城市内部合理分布，城市与乡村经济社会一体化发展。在城市规划中应积极加快引导城市中心区人口和产业向外围地区转移，将某些产业或是大型企业办公地点、人员生活，居住地点转移至城市边缘地带，构建一个独立完善的生活区，减少城市中心区人口数量，带动城市周边地区的经济、交通等的发展。在将城市中心的一些功能区向外搬迁的同时,将城市中心的交通网络向外围地区延伸拓展,调整交通运输结构,形成多层次、全功能的多级结构网络,优化资源配置,构建以公共交通为主的高效、便捷、一体化的城市综合交通体系,实现边缘地区与城市交通合理衔接,使城市与乡村资源互补,促进城乡经济一体化发展。另外,干线公路规划应该统筹交通规划与城市规划,使其与城镇保持一定的距离,防止公路城镇化,保障公路网总体运行效率,同时要充分考虑城市空间发展方向、产业布局,保证城镇干线公路对城镇、产业发展的支撑作用,实现交通运输可持续发展战略。

4. 城市化背景下改善城市交通的建议

(1)大力发展公共交通,引导私人交通转向公共交通世界大多数城市的经验表明,缺乏有效的公共交通体系,将影响城市经济的竞争力。国外大多数城市中,公共交通是交通运输体系中最主要的成分,通常占城市出行比例的40%~60%,而我国这一比例不足10%。

大力发展城市公共交通应从多方面入手。首先,不断提高公共交通运输的机动性与通达性,整合现有道路系统、地铁系统及城市轨道系统,发展城市快速轨道交通,缓解地面交通压力。其次,设置专用通道,扩大信号优先范围。要充分保证公共交通优先权的实施。加强对公共交通优先车道的监管。同时提高公共交通设施装备水平,科学合理设置调度中心,结合客流分布统计,调整公共交通结构。统计城市内部现有的各种公共交通转乘点和设置密度,在未来公共交通设置中应充分考虑与现有交通设置衔接。最后,提升公共交通服务水平,宣传"低碳生活,绿色出行"。加强对特殊群体和弱势群体的交通需求的满足,减少低收入阶层的交通负担,积极引导私人交通转向公共交通。

(2)应用智能交通系统,提高交通系统运行效率

积极推动城市智能交通系统的建立,大力建设信息化平台,尽快实现公共交通信息的及时化、准确化。在城市中积极推动建立智能运营调度系统,通过全球定位系统对路线在途公交车辆定位,并与电子收费系统相结合,统计分析各个站点客流分布情况,进行车辆发送和站点停靠等方面的优化计算,确保公共交通准时发车、车与车之间的时间间隔合理,实现效益最大化的调度方案,从而避免人工制定公共交通运营调度计划的盲目性。运用城市智能交通系统,统筹城市各类交通方式,合理设置地面交通与地下交通的衔接点,方便居民出行换乘。在公共交通站台使用电子显示牌显示道路实时"的交通状况,降低乘客等待的时间成本,提高整个公共交通系统的运行效率。

在城市化的发展背景下,我们要重新思考城市交通规划目前存在问题,在城市化的发展过程中,城市运输需求不断增加,对运输质量和效率的要求也在不断提高。传统的

城市交通发展模式使城市交通运输面临日益增加的压力。为了使城市交通更好地适应城市化的发展要求，开展对城市化战略下城市交通问题的研究显得十分必要。

第二节 城市道路建设项目后评价的内容

一、项目后评价与前评估的关系

项目前评估是在项目决策之前进行的工作，在深入细致的调查研究、周密规划、设计、科学预测和技术经济论证的基础上，分析建设项目的建设条件、建设的必要性、技术的先进性、可靠性、经济的合理性以及建设的可能性，其目的是为建设项目的决策服务。项目后评价与前评估既有区别又有共性。

（一）项目后评价与前评估的相同点

项目后评价与前评估在以下几个方面是相同的：评价的目的相同，都是为了提高投资效益；评价的方法相同，都是采用定性分析与定量分析相结合，以定量分析为主、静态分析与动态分析相结合，以动态分析为主的方法，评价指标也基本相同。

（二）项目后评价与前评估的区别

由于项目前评估与后评价在项目建设的全过程中所处的工作阶段不同，因此两者的区别也非常明显，具体表现在以下几个方面：

1. 评价主体不同

项目前评估主要由投资主体及主管部门组织实施；项目后评价是以投资运行的监督管理机构或后评价权威机构组织主管部门会同计划、审计、设计、质量等有关部门进行。按照项目单位自我评价、行业主管部门评价和国家评价三个层次组织实施，这样一方面可以保证项目后评价的全面性，另一方面也可以确保后评价工作的公正性和客观性。

2. 评价内容不同

项目前评价主要是通过对项目建设的必要性、可能性、技术方案、建设条件进行分析以及对项目未来的经济效益和社会效益进行科学预测，论证项目是否可行；以后评价除了对上述内容进行再评价外，还要对项目决策的准确程度和实施效率进行评价，对项目的实际运行状况进行深入细致地分析研究。

3. 评价侧重点不同

投资项目的前评估主要是以定量指标为主，侧重于项目的经济效益分析与评价，其作用是直接作为项目投资决策的依据；然后评价则要结合行政、法律、经济和社会、建设和生产、决策和实施等各方面的内容进行综合评价。它是以现有事实为依据，对项目实施结果进行鉴定，并间接作用于未来项目的投资决策，为其提供反馈信息。

4. 评价阶段不同

项目前评价是在项目决策前的前期工作阶段进行，是项目前期工作的重要内容之一，是为项目投资决策提供依据的评价；而后评价则是在项目建成投产后一段时间内，对项目全过程（包括项目的投资实施期和生产期）的总体情况进行的评价。

5. 评价的依据不同

项目前评价主要依据历史资料和经验性资料，以及国家和有关部门颁发的政策、规定、方法参数等文件为依据；而项目后评价则主要依据建成投产后项目实施的现实资料，并把历史资料与现实资料进行对比分析，其准确程度较高，说服力较强。

6. 评价对象不同

前期评价着重于不同设计方案的分析对比；后评价着重于项目实际执行结果与前期评价所确定的项目目的的对比分析，从中发现问题并加以总结。

7. 评价的性质不同

前评价是以数量指标和质量指标为主要依据，定量评价为主的纯经济评价行为；后评价是集行政、经济、法律为一身的综合性评估。

总之，项目的后评价不是对项目前评估的简单重复，而是依据国家政策和制度规定，对投资项目的决策水平、管理水平和实施结果进行严格的检验和评价。它是在与前评估比较分析的基础上，总结经验教训，发现存在的问题并提出对策措施，促使项目更快、更好地发挥效益和健康地发展。

二、项目后评价与中期评估的关系

建设项目中期评价是在项目实施以后开展，在项目实施时期，历经项目的发展、实施和竣工三个阶段，对项目状态和项目进展情况进行衡量与监测，对已完成的工作做出评价，为项目管理和决策提供所需的信息，使项目在运动中随时得到控制和纠正，指出后续项目管理的努力方向。

（一）项目后评价与中期评估的相同点

建设项目后评价与中期评估最大的相同之处就是都具有反馈性，即都是为决策者提供信息，提高项目管理水平。

（二）项目后评价与中期评估的区别

项目后评价与中期评价是相互独立而又紧密联系的，都是项目管理和评价不可缺少的。中期评价是后评价的一个依据和基础，后评价是中间评价的延伸和继续，二者之间不同之处在于以下几个方面：

1. 评价内容不同

中期评价的内容范围限定在项目实施阶段，重点在于诊断和解决项目进行中发生的问题或矛盾点，推动和保证项目的有效进行，并且为后评价工作提供有利的条件或资料。

2. 所处阶段不同

中期评价是在项目实施过程中的评价，后评价是在项目实施过程完毕后，即项目的运营阶段。

3. 目的和作用不同

中期评价的目的在于检测项目实施状况与预测目标的偏离程度，并分析原因，将信息反馈到项目管理机构，以改进项目管理。同时，对项目重新预测，由此作出项目延续、追加投资或终止的决策；后评价的目的在于检测项目前期工作、项目实施、项目运营全过程中项目实际情况与预测目标的偏离程度，并分析原因，提出改进措施，将信息反馈到计划、银行等投资决策部门，为投资计划、政策的制定和改进项目管理提供依据。同时，根据实际数据，对项目的前景和可持续性进行评价。

4. 组织实施不同

中期评价不必像后评价那样需要一个相对独立的机构来组织实施，其组织管理机构可以设在项目管理机构内，人员也可以由项目管理人员承担。

5. 选用数据不同

项目中期评价的内容范围限定在项目的实施阶段，重点在于对项目实施进展与目标偏离程度及原因进行分析，诊断和解决项目执行过程中发生的问题，推动和保证项目的有效进行，为开展项目后评价工作提供有利的条件和资料。中期评价数据收集较为简单，仅限于项目内部，以日常信息管理系统的资料为评价依据。而项目后评价除了以中期评价所需要的信息数据作为重要基础，还要收集项目以外的有关资料来进行评价。

综上所述，确定城市道路建设项目后评价主要应该从目标、过程、效益、影响及目标可持续性等方面开展。

三、城市道路建设项目后评价内容的确定

（一）城市道路建设项目目标评价

城市道路建设项目目标评价是对项目预定目标实现程度的分析，主要从两个方面展开：一是评定项目立项时原来预定目标的实现程度；二是对项目原定决策目标的正确性、合理性和实践性进行分析评价。因此，在项目后评价中确定宏观目标、项目目的、项目投入等指标，对照原定目标完成的情况，检查项目实际的情况和变化，分析实际发生改变的原因，以判断目标的实现程度，对有些原定目标不明确或不符合实际的情况，项目实施过程中可能会发生重大变化的指标，项目后评价要给予重新分析和评价。可以采用逻辑框架法来进行，即用一张简单的框图将指标的相关内容和考虑的动态因素组合起来，用于分析一个复杂项目的内涵和关系。

（二）城市道路建设项目过程评价

城市道路建设项目过程评价是以项目立项时所确定的目标和任务与项目实际运行结果进行对比，分析和评价项目前期工作及执行过程中主要环节的实际情况，从中找出发生变化的原因，总结预算决策和建设管理中的经验教训，分析实际情况变化的原因，鉴别实际结果偏离预期结果的合理程度，以便为今后加强前期工作和进一步改进管理工作积累经验，同时还通过对项目建成通车后的有关实际数据的观测调查，对比项目的实际运营情况与预测情况差距的大小，并分析产生的原因，从而为改善运营状况提出切实可行的对策措施。过程评价应涵盖项目建设的各个阶段，并能反映各阶段主要的特征。过程评价属于回顾性评价，是对项目整个的建设时期的全面评价，应重视客观性。其具体内容从以下几个方面展开：前期工作评价、项目内容和建设规模、建设实施评价、运营能力评价和管理工作评价、技术评价等。

1. 前期工作评价

前期工作评价是对立项条件、勘察设计、准备工作和决策程序等评价。主要是评价立项条件和决策依据是否正确，决策程序是否符合规定，勘测工作对设计与施工的满足程度，设计方案的优化情况，技术上的先进性和可行性，经济上的合理性等。

2. 建设实施评价

建设实施评价是对设备采购、工程建设、竣工验收和生产准备等工作的评价。包括对施工准备、招标投标、工程进度、工程质量、工程造价、工程监理以及各种合同执行情况及生产运行准备情况等评价。

3. 运营能力评价

运营能力评价是对项目正式运营后其运营情况进行的评价。主要包括对项目设计能力和实际能力的验证、对工程技术经济指标的分析、对项目的运营管理和运营条件的分析以及对项目经营效益的分析等。

4. 管理工作评价

管理工作评价是对项目实施全过程中各个阶段管理者工作水平的评价。主要分析和评价是否能够有效地管理项目的各项工作，是否与政策机构和其他组织建立必要的联系，人才和资源是否使用得当，是否有较强的责任感等。从中总结出项目管理方面的经验教训，并对如何提高管理水平提出改进措施和建议。

5. 技术评价

技术评价是对项目实施过程中项目建设技术流程、技术装备选择的可靠性、适用性、配套性、先进性、经济合理性的再分析。针对立项决策阶段认为可行的工程技术流程和技术装备在实际使用过程中存在的问题，产生的原因进行分析，主要是检验项目建设的可靠性、项目建设流程的合理性、工程质量的保证程度等。

（三）城市道路建设项目效益评价

城市道路建设项目的效益评价主要从宏观层面和项目层面对社会效益进行考虑，对已建成项目进行经济效益和劳动效能的评价。

1. 在宏观层面上，道路建设项目的社会效益主要内容：

（1）对实现经济和社会的稳定、持续和协调发展所作的贡献；

（2）为满足城市居民需求所提供的服务；

（3）保证不同地区之间的公平协调发展所起的作用；

（4）了解项目所在地区政府和民众对项目建设的意见和反映；

（5）分析项目建设和运行可能引发或诱发的社会问题。

2. 在项目层面上，道路建设项目的社会效益主要内容：

（1）建立能够切实完成项目目标的机制和组织模式；

（2）保证项目所在地区不同社会群体均能得到收益；

（3）预测潜在风险，分析减少不可预见的不良社会后果和影响的对策措施；

（4）提出为实现各种社会目标而需要对项目进行改进的建议；

（5）增强项目所在地区民众有效参与项目的建设和管理，以维持项目效果可持续性；

（6）防止或尽量减少项目对地区社会文化造成的损毁。

3. 城市道路建设所产生的效益

由于城市道路不属于收费项目，因此不需要进行财务评价的工作，主要考虑国民经济效益后评价这一方面。效益评价是判断项目建设成功与否的标准之一，要求统计资料全面，预测数据准确。

国民经济后评价是将建设项目置于国民经济大系统中，从国家和社会的角度出发来分析建设项目的国民经济特征，通过比较已建项目所消耗资源的价值以及该项目建成后创造的国民经济效益来计算该项目的经济效果。从宏观经济角度考察项目投产后的经济效益情况，根据项目有关实际数据和国家新近颁布的影子价格和有关参数，计算项目的实际经济费用与效益，进行经济效益评价，并与前评估结论进行比较，分析差别和原因。评价主要包括国民经济效益和社会效益的实际成果与预期目标的对比分析、国民经济效益的前景以及措施分析等。

城市道路建设项目的国民经济评价是应用国民经济评价的基础理论，结合城市道路建设项目的经济特征来对其进行效益费用分析的过程。城市道路建设项目是一种为全社会服务的公共设施项目，效益主要表现为一种社会效益，城市道路建设项目的公用物品特性和外部经济性决定了国民经济评价的重要性。

城市道路建设项目的建设费用是在投资估算的基础上，根据费用计算的基础理论来予以计算的。而城市道路建设项目的国民经济效益则是在支付意愿与消费者剩余的基础上按照"有""无"比较法确定出来的。所谓"有""无"比较法，就是通过对已建项目建设使用中（消费者）所发生的各种费用与该项目不实施情况下（消费者）所发生的各种费用进行比较，来确定已建项目的效益的一种方法。

本书中考虑的城市道路建设项目的经济效益系数是全社会道路使用者所获得的效益，以及道路的外部经济性给当地的经济发展带来的效益。有些效益可定量计算，有些效益不能定量计算。能定量计算效益的应定量计算，进而与道路建设项目的费用进行比较以确定项目的经济性，不能定量计算的效益应进行定性分析和综合评价。城市道路建设项目的经济效益中可以定量计算的效益主要包括以下几种：减少拥挤产生的效益；缩短里程产生的效益；城市道路减少交通事故而节约的费用效益；乘客节约在途时间的效益；货物节约在途时间的效益。

（1）减少拥挤所产生的效益

无此项目时，原有的相关道路的交通量不断增加，平均行车速度相应降低，单位运输成本亦不断提高。有此项目后，使原有的相关道路部分交通量向已建道路上转移，拥挤减少，运输成本下降，此项运输成本的降低就是效益。

（2）缩短里程而产生的效益

城市道路因新建或改建而缩短里程，节约了运输费用，其节约金额以改建或新建后交通量状况下的运输成本来计算。

（3）城市道路减少交通事故而节约的费用的效益

项目建成后导致交通事故减少，其节约的费用以事故率及事故平均损失费用来计算。

（4）乘客节约在途时间的效益

乘客节约在途时间的效益，以乘客行车时间缩短，可多创造的国民收入来考虑，其金额以每人平均创造国民收入（净产值）的份额来计算。

（5）货物节约在途时间的效益

货物节约在途时间的效益，以货物运送速度提高，在途时间缩短，引起资金周转期缩短而获得效益来考虑，并按在途物资在期间占用资金的利息（国民经济评价时采用社会贴现率）的减少来计算。

（四）城市道路建设项目影响评价

建设项目影响评价是建设项目投入使用若干年后，分析项目对其周围地区在技术、经济、社会和文化、生态环境方面所产生的影响和作用，具有选择性地进行。项目的影响评价应以国家宏观为基础，重点分析项目对整个社会发展产生的影响。就城市道路建设项目后评价而言，影响评价的内容主要从环境影响评价和社会影响评价两个方面展开研究。

城市道路建设项目的环境影响后评价使区域内的城市道路项目建成投入正常运营后，在一定的时间内分析评价已建成道路对该区域环境质量的实际影响，分析评价城市道路建设项目环境影响评价结论的准确性、可靠性以及环境保护措施的有效性。在开展环境影响后评价工作时，主要考虑以下方面的内容：

第一，调查监测工程的环境影响、环保对策和效果以及工程的环保工作情况（设计、施工、环境监测、管理计划的实施情况）。

第二，根据实施调查和监测，对工程中、远期环境影响预测进行再评价，并对中、远期环境影响进行新的预测。

第三，在评价和环境调查监测的基础上，对环保措施的可持续性进行评价，提出工程存在的有关环保问题。

第四，对该项目的环境效益进行初步评价。

第五，对该项目环保工作的成功经验以及存在的问题进行归纳和总结。

城市道路建设项目环境影响后评价的内容主要从以下三方面考虑：生态环境影响后

评价，主要是对水土保持的影响和对水环境的影响两个方面；环境空气影响后评价，城市道路建设本身不产生环境空气污染，当道路投入使用后，车辆所排放的污染物受气象条件的影响，对沿线环境空气产生污染，根据交通污染源特征及道路两侧有可能的污染状况，对有可能产生大气污染的路段提出处理减缓措施或建议；环境噪声影响后评价，包括施工期和运营期两部分评价内容，而运营期的交通噪声影响是长时间而且是比较严重的，应该作为评价的重点，进行详细的论述、分析、预测和评价，并提出噪声污染治理的措施或建议。

城市道路建设对区域社会经济的影响作用十分巨大，建设的主要目的之一是为社会经济运行提供更便捷的交通条件。城市道路建设项目的效益，除了表现在一般的直接效益（如里程缩短、速度提高、成本降低、舒适性提高等）以外，还更深层次地表现在促进和带动其他相关产业和部门的发展而产生的宏观社会经济效益。因此，对社会经济影响进行评价是城市道路建设项目后评价的重要内容，城市道路建设项目社会影响后评价主要从项目对社会经济影响方面展开评价。城市道路建设项目社会经济影响评价是立足于项目决策、设计、施工到运营的全过程，客观、公正、系统地评价项目建设对其影响区域的社会发展、经济建设、区域繁荣等各方面产生的效益和影响，并将评价结果与前期评价阶段预期的效益和影响进行对比，以考察项目建设是否达到了预期的目标，进而提出相应的建议，从而为未来同类项目的决策及实施提供借鉴，同时也有助于制定科学合理的区域交通及经济一体化的发展战略。

社会经济效益不同于项目的国民经济效益评价。国民经济效益评价只是评价项目对国民经济系统所产生的"直接"经济效益，如时间节约等，是一种可量化的效益；而社会经济效益评价是评价项目建设及运营对国民经济系统所产生的多层次、多类型的联动效应，许多社会经济效益是无法量化表述的，只能进行定性分析。

第三节 城市道路建设项目后评价指标体系的构建

一、城市道路建设项目后评价指标体系的构建原则

由于城市道路建设项目涉及面比较广，采用的指标也比较多，因此评价指标的选取是否合理，将直接影响到评价结果的准确与否。指标并非越多越好，选取指标太多，一方面指标的重复性增大，有些指标之间具有相互包含关系，对评价有一定的干扰；另一

方面增加评价的工作量和出错概率指标太少，使得所选指标缺乏足够的代表性，会产生片面性。为达到后评价的目的，必须根据城市道路建设项目各部分内容的特点，选取一套合理的评价指标体系来衡量或测定城市道路建设项目的合理性。指标选择对评价而言非常重要，指标选择合理与否，会对后评价结论的可靠性产生重大影响。参考一般项目后评价指标构建的要求与原则，确定构建城市道路建设项目后评价指标体系时应遵循以下原则：

1. 系统性原则

系统性原则具体是指城市道路建设项目后评价中所选择的指标体系，一方面尽可能完整、全面、系统地反映后评价内容的全貌；另一方面力求抓住主要因素，突出重点，根据项目的特点及存在的关键问题进行设置指标。

2. 完备性和相关性原则

综合评价指标体系能全面并综合地反映后评价的各种因素，但指标体系中应排除指标间的相容性，消除重复设置指标所造成评价结果失真的不合理现象。避免出现过多的信息包容、涵盖而使指标内涵重叠。但是完全独立的指标不能构成一个有机的整体，因此指标之间要有逻辑关系。

3. 可评价性和适用性原则

选取具有数据可比性、量化可能性和技术上的可操作性的评价指标，指标所构建的体系能对评价项目的总体建设水平给出定性和定量评价，能对今后城市道路网规划、交通工程规划和环境规划等提供评价的指标依据。同时，设置的指标是能够计算或观察感受到的，能够尽可能利用已有的或常规的统计数据和调查方法加以确定，便于应用研究操作，具有适用性。

4. 定量指标与定性指标相结合的原则

选取城市道路建设项目后评价指标时尽可能量化，但由于项目的特点，会存在一些难以定量而只能定性分析的指标。此时，进行定量与定性相结合的分析就显得十分必要。

5. 层次性原则

城市道路建设项目后评价的综合评价系统是一个复杂的大系统，将其分解成若干评价子系统，在不同层次上采用不同的指标，即在不同的层次上应用不同的指标体系，有利于在不同层次上对以后评价中的各子系统进行把握。

6. 客观性原则

坚持实事求是，避免人为影响。

二、城市道路建设项目后评价指标体系建立的方法

城市道路建设项目后评价综合评价指标体系的建立，是进行项目后评价综合评价的前提和基础。因此，建立一套科学地、全面地反映已建成通车的城市道路建设项目的综合评价指标体系是首要解决的问题。城市道路建设项目后评价涉及社会、经济、技术、管理、环境等诸多方面的因素，其中有些因素可以进行定量分析，有些因素只能进行定性分析。因此，在构建评价指标体系的过程中采用定性分析和定量研究的相互结合的方式。其中，定性分析主要是从评价的目的和原则出发，考虑评价指标的完备性、针对性、稳定性、独立性以及指标与评价方法的协调性等因素，主观确定指标和指标结构。

1. 评价指标体系初选

城市道路建设项目综合评价指标体系的初选是对其认知逐步深入的过程，是先粗后细、逐步求精的过程。综合评价指标体系的初选方法有分析法、综合法、交叉法、指标属性分组法等多种方法，本书采用最基本、最常用的分析法，即将综合评价指标体系的度量对象和度量目标划分成若干个不同组成部分或不同侧面（即子系统），并逐步细分，直到每一个部分和侧面都可以用具体的统计指标来描述、实现。具体到本书所要研究的城市道路建设项目后评价综合问题中，层次结构图中的对象（总体）即是城市道路建设项目，将项目划分成若干个子系统，即层次结构图中所反映的侧面，再对每个侧面逐步进行细分，直到每一部分都可以用具体的指标来描述和实现。

2. 筛选并优化评价指标体系

作为综合评价指标体系，初选项的结果并不一定是合理的或是必要的，可能有重复，也可能有遗漏甚至错误，而且对于不同的城市道路建设项目在指标体系的选取上也可能有所不同，通过上述内容建立起来的评价指标体系，在实际应用于某一项目时，还要进一步筛选和优化，综合采用合并、剔除、替换等手段进行优化设计，对指标体系进行修改和完善，能够使所选指标具有科学性、完备性、适应性。对于由评价人员选择的评价指标体系，还要广泛征询各方面专家的意见，并综合运用各种专家的知识、经验以及信息等对评价指标体系进行修改后，确定项目的评价指标体系。

3. 评价指标体系的使用

评价指标体系的使用是综合评价指标体系的实践过程，综合评价指标体系需要在实践中逐步完善。通过实例的计算，分析输出结果的合理性，寻找导致评价结论不合理的原因。虽然有很多因素影响着评价结论，但指标体系也是一个十分重要的因素。指标体系选择不仅受方法的影响，而且还影响方法的选择。

三、城市道路建设项目后评价指标体系的初选

为了科学全面地对城市道路建设项目进行综合后评价，在构建评价指标原则的指导下，结合城市道路建设项目的特点，结合研究现状和已有研究成果，征询专家意见，提出城市道路建设项目后评价综合评价指标体系，主要内容从以下几个方面展开：技术水平评价、经济水平评价、环境影响程度评价、管理水平评价、社会影响程度评价、交通安全状况评价以及目标持续性评价等。

（一）城市道路建设项目综合评价指标的构成

根据城市道路建设项目后评价系统分析，运用评价指标体系建立的思路和原则，参考已有公路建设项目综合评价体系的研究成果，建立如下城市道路建设项目综合评价指标体系结构。

1. 技术水平指标

城市道路建设项目周期全过程的技术水平是项目保质保量、高效完成的必不可少的因素。因此，在进行后评价时，把技术水平作为评价指标是十分必要的。对于城市道路建设项目后评价所采用的技术水平的分指标包括：设计技术水平、交通量预测技术水平、结构质量技术水平、运营服务技术水平。交通需求预测与分析是城市道路建设项目可行性研究或后评价的重要组成部分，它是进行交通量现状评价、综合分析建设项目的必要性和可行性的基础，是确定城市道路建设项目的技术等级、工程规模、经济评价及实施交通管理和控制的主要依据。交通量预测的准确与否，是一个城市道路建设项目能否运作成功的重要前提，交通需求预测与分析的水平高低，将直接影响到项目决策的科学性。工程结构质量是城市道路建设项目的关键，其质量品质的好坏对城市道路交通的运营状态、交通安全等方面有显著的影响；运营服务水平则是运营期各种技术措施的综合体现。

2. 环境影响程度指标

开展城市道路建设项目环境影响后评价时，以工程建设项目初步设计阶段的工程内容为基础，对照工程可行性研究阶段的环境影响评价工作，将环境影响评价的结果应用于项目建设和运行过程之中的现场监测和后评价检验。

考虑到城市道路建设项目具有范围广、对生态环境的影响大、运营后的车流量大等特点，对城市道路建设项目环境影响进行后评价时，首先对道路影响区域的声环境、大气环境、水环境、土壤环境等方面进行现场监测和重点调查，接着分析评价该项目采取环保措施后的环境质量状况、环境污染防治措施治理和落实情况、建设期间扰动和破坏的生态环境恢复情况、在近期或长期对自然与生态环境有何不利影响。

将城市道路建设项目环境影响内容体系与上述阐明的具体实施步骤结合起来分析，城市道路建设项目影响程度指标主要考虑自然环境的影响，包括对道路区域内水、空气、建筑、居民、行人等方面产生的污染和噪声污染两方面。具体而言，主要针对施工后期生态恢复情况，进行调查、分析和评价。

3. 管理水平指标

管理评价是城市道路建设项目后评价的重要组成部分，其指标体系包括：建设项目前期管理水平指标、建设项目中期水平管理水平指标、建设项目运营管理水平指标三个部分。前期管理主要涉及交通需求调查与预测、项目风险分析、组织机构管理和工程设计；中期管理主要是业主和承包商对工程质量、费用和进度的管理；运营期管理主要是运营期道路服务水平、道路养护以及保证交通量达到目的设计标准等方面所进行的管理。

4. 社会效益评价指标

社会评价是项目评价的重要组成部分，它与经济评价、环境评价等评价内容相互补充，共同构成项目评价的方法体系。对于城市道路建设项目，项目直接面对的是广大民众，直接为社会服务，所以对项目进行社会评价是十分必要的。道路建设项目的社会因素多而复杂，多数是无形的，甚至是潜在的。因此，在确定社会效益的评价指标时，根据道路及其所在区域的特点，依照社会效益评价的内容，有目的、有重点、有代表性、有选择性地确定其评价指标。

由于城市道路建设项目属于城市基础设施项目，因而具有服务的公共性和效益的间接性。并且与其他的投资项目不同，在选取社会效益评价指标前，首先要充分了解城市道路建设项目社会效益自身的特点：

（1）重在人文分析

城市道路建设项目作为城市基础设施建设，其是为人类的生产生活提供服务。

因此，对其进行社会评价时应以人为中心，研究项目全过程参与有关群体的协调关系，从而促进项目的持续性及社会经济协调、人类的不断进步。

（2）多层次性

社会评价研究项目是针对国家、地区、当地社区各层次的社会发展目标以及各层次的社会政策为基础展开的。

（3）多指标性

社会评价涉及国家、地区社区各个层次不同的发展目标，以及对社会各方面的影响，故属于多指标评价。

（4）难以量化

影响项目的社会因素多种多样，有的可以计量，有的很难量化。考虑到社会是由经济、政治、文化、教育、卫生等多个领域组成，社会发展目标包括经济、政治、文化、教育、环境等多个社会领域的目标，城市道路建设项目与各个社会生活领域的发展目标或多或少有关系。在确定社会效益评价指标系统过程中，结合城市道路建设项目社会效益自身的特点，找出建设项目对各个社会发展目标产生的贡献作用的大小。根据城市道路建设项目自身的特点和对社会发展目标贡献大小及影响程度，主要从社会经济影响评价、社会需求评价和社会适应性评价几方面考虑来选取指标，以此作为评价的依据。

5. 交通安全水平指标

随着我国国民经济建设的不断发展，为了满足交通日益增长的需求，国家不断加大了对基础设施建设的投入，但城市基础设施建设的速度仍远远落后于国民经济的发展速度，特别是汽车拥有量增长迅速，使得城市交通安全问题日益突出。因此，交通安全状况是评价过程中必不可少的部分。交通安全状况指标采用事故率指标，这些指标可综合反映道路状况、交通工具的先进性和交通管理水平。

6. 目标持续性评价指标

城市道路建设的总目标就是为全社会提供预定的使用功能，为了实现这一总目标，就要求城市道路建设项目应具有良好的工程质量、精心的养护管理以及优质的服务水平。这些要求构成了城市道路建设项目目标持续性影响的技术目标。

同时，社会经济环境与项目的持续性又产生相互的影响。因此，考虑上述要求，采用的目标持续性评价指标包括：技术目标持续性指标和社会经济环境目标持续性指标两方面。技术目标主要涉及施工工程质量目标、养护管理目标、沿线设施目标、服务水平目标；社会经济环境目标主要涉及经济发展目标、社会发展目标、环境影响目标以及内部管理目标。

（1）技术目标持续性评价指标

1）工程质量目标评价

工程质量是保证建设项目持续发挥使用功能的首要因素，是工程项目外观和内在性能的反映。工程项目的质量从其安全性、适用性、耐久性、维修性、经济性以及美观性等方面进行衡量。其中，安全性、适用性、耐久性又统称为工程项目的可靠性，是工程质量中最重要的指标。工程项目的可靠性取决于设计质量、施工质量、材料质量等因素。实践表明，目前我国工程项目的可靠性在很大程度上依赖于项目施工阶段的质量。因此，可通过建立施工质量和工程项目可靠性模型，采用可靠度指标来评价工程质量对项目的持续性影响。所谓的可靠度，就是指工程项目在规定的时间内、在规定的条件下，完成预定功能的能力，这种能力用数量描述则为完成任务预定功能的概率，即结构可靠度就是用概率来度量结构的安全性、适用性和耐久性。

2）养护管理目标评价

道路建设项目在使用过程中，随着车辆荷载使用和环境变化的影响，路面结构和使用性能会逐渐衰减，从而影响车辆行驶质量和道路服务水平。而良好的养护能延缓甚至是恢复其使用性能，因此，为了保证城市道路建设项目目标的持续性发展，必须适时地对建设项目进行妥善的养护。城市道路养护管理的目标是在设计使用年限内，项目的技术状况和使用性能能够保持在要求的水平之上。

3）沿线设施评价

沿线设施是城市道路建设项目的重要组成部分，其对提高道路服务性能、保障行车安全和交通畅通具有重要意义。城市道路沿线设施包括：交通安全设施、道路标志、路面标线、监控和通讯设施以及其他设施等。在对沿线设施进行评价时遵循技术标准的设置要求，分析检查项目设置是否合理，是否配套、完善，以及实际使用效果。

4）路网效用的目标评价

城市道路建设项目目标的持续性实现，还取决于项目在路网中的效用，也就是发挥作用的程度。效率越高，项目被利用的程度就越高，项目的作用也就越大。当然，随着区域路网的发展和完善，项目在路网中的作用会逐渐趋于平缓。路网的效用可以通过路网的运用性、路网的可达性、路网速度以及路网连通度等指标来体现。

5）服务交通量目标评价

服务交通量、服务水平和通行能力是反映道路功能和使用状况的三个不同指标，但它们之间又是相互联系、相互依存的关系。道路服务水平是指道路使用者对道路状况、交通条件、道路线形、景观与环境方面可得到的服务质量或服务的满意程度，例如可提供行车速度、出行时间、经济、安全、舒适、方便等方面的服务程度及实际效果。不同等级的道路，服务水平不同，一定的服务水平允许通过的交通量称为服务交通量。服务水平高的道路，服务交通量低，车速快，用路者开车的自由度大、舒适、安全性好。服务水平低下的道路，其相应的服务交通量大，行驶速度受到限制，甚至出现拥挤、受阻。

道路的通行能力主要反映道路服务的数量或服务能力，它与道路的技术等级直接相关。通行能力大，在同一服务水平下相应的服务交通量就大，或者服务交通量不变，道路的通行能力大，则相应的服务水平就高。因此，服务交通量取决于道路的通行能力和服务水平。影响服务水平的因素主要有：行车速度和运行时间；车辆行驶时的自由程度

（畅通性）；行车延缓、交通受阻或干扰的程度；行车的安全性（事故率、死亡率及经济损失等）；行车的舒适性和乘客的满意程度；经济性（行驶费用）。以上因素在分析道路的服务水平时难以全部考虑，在实际分析时，选择其中的主要因素，如行车速度、运行时间、交通密度、交通容量比（交通量与通行能力之比）。

（2）社会经济环境目标持续性评价指标

1）经济发展目标评价

城市道路建设项目的效益，除了表现在一般的直接效益（如里程缩短、舒适性提高等）以外，还更深层次地表现在促进和带动其他相关产业和部门的发展而产生的宏观社会经济效益。经济发展目标评价主要从以下几个方面考虑：区域内社会资源开发的效益等；区域内产业开发的效益（由资源开发而导致的新增产业的效益，国营或集体服务设施的效益，个体服务设施的效益等）；道路建设对整个城市路网综合运输效益的提高程度等。

2）社会发展目标评价

社会发展目标评价主要方面是：区域内劳动力需求增长程度；区域内城乡出行变化程度；区域内生活环境的改善程度；道路建成后对整个路网使用率的提高程度等。

3）环境影响目标评价

城市道路建设项目从开始施工到最后运营过程中，一直都会对道路沿线及周边地区的环境产生较大影响，而且大多数是负面的。通过分析道路建设项目的环境影响，可以全面评估项目的环境效益，最终实现建设项目的社会经济效益和环境效益的协调统一，促进道路建设项目沿线社会经济、自然环境的持续、稳定、协调发展。

（二）评价指标体系的完善

指标体系的建立是综合评价的分析过程，分析是以综合为归宿，但综合不是简单的拼凑和叠加，而是系统整体的再现。从结构上看，初选指标体系结构更加强调的是目标与概念的划分以及指标的全面性，未必符合特定综合评价方法和特定的评价项目的要求。在应用于某一特定工程项目时，灵活应用评价指标体系，具体的问题具体分析。指标体系中的各评价指标将用作测度各子目标质量的标准，也就是测度这些子目标的好坏程度。因此，必须对初选项的指标体系进行完善化处理。

在实际项目运用过程中，将初选项的指标体系与实际工程项目的目标、特点、规模、现有资料等方面结合起来，进行综合考虑，对指标体系进行筛选、修改和完善，以最终确定指标体系。

第四节　城市道路建设项目后评价的方法

一、对比法

对比法有前后对比（Before and After Comparison）和有无对比（With and Without Comparison）。建设项目后评价"前后对比"是将项目可行性研究和评估时所预测的效益和项目竣工投产运行后的实际结果相比较研究，找出差异和原因。这种对比用于揭示项目的计划、决策和实施的质量是项目效益评价应遵循的原则。"有无对比"，是将项目投产后实际发生的情况与没有运行投资项目可能发生的情况进行对比，以分析项目的真实效益、影响和作用。对比的重点是分清项目自身的作用和项目以外的作用。这种对比用于项目的效益评价和影响评价。

"前后对比法"的缺点在于不能排除非项目因素对项目的影响，而城市道路建设项目作为大型社会公共项目，实施后的效果不仅仅是项目的效果和作用，还有项目以外多种因素的影响。因此，简单的"前后对比"不能得出真正的项目效果的结论；"有无对比法"的缺点在于预测未进行项目建设的结果可信度不够。由于这种方法隐含了假设，即在没有的情况下，项目实施之前的情况将保持不变并一直持续下去。而事实上，由于本身的发展趋势和其他因素的影响，即使没有项目，对象也可能变好或变差。这种简单的前后数据比较，很有可能高估或低估项目的作用，准确性较差。这两种方法经常结合起来使用，以减轻这两种方法的缺点对评价效果的影响。但是，对比法得到的结论往往是各评价指标的偏差程度，无法找出关键因素，更无法揭示其偏差的原因。对比法更多的是为了发现项目存在的问题，必须深入分析问题的原因。

二、逻辑框架法

城市道路建设项目中的社会影响、社会效益等方面的后评价所研究的问题具有多目标、难以量化的特点、评价内容涉及城市道路各个层次，适宜采用综合、定性的分析方法，对项目进行后评价过程中，若单考虑社会影响、社会效益方面的因素，可以采用逻辑框架法。

目标树逻辑框架法是目前在许多国家采用的一种行之有效的方法。这种方法从确定待解决的核心问题入手，向上逐级展开，得到其影响及后果，向下逐层推演找出其引起的原因，得到所谓的"问题树"。将问题进行转换，即将问题树描述的因果关系转换为相应的手段——目标关系，得到所谓的"目标树"。目标树得到之后，接下来的工作要通过"规划矩阵"来完成。

逻辑框架法（LFA-logical framework approach）是一种概念化论述项目的方法，即用一张简单的框图来清晰地分析一个复杂的内涵和关系，使之更易理解。LFA 是将几个内容相关、必须同步考虑的动态因素组合起来，通过分析其间的关系，从设计策划到目的等方面来评价一项活动或工作。LFA 为项目计划者和评价者提供一种分析框架，用以确定工作的范围和任务，并通过对项目目标和达到目标所需的手段进行逻辑关系的分析。

逻辑框架法的核心概念是事物的因果逻辑关系，即如果提供了某种条件，那么就会产生某种结果，这些条件包括事物内在的因素和事物所需要的外部因素。建立项目后评价逻辑框架的目的是依据实际资料，确立目标层次间的逻辑关系，用以分析项目的效率、效果、影响和持续性。

三、因果分析法

在项目后评价时为了及时发现、分析问题，提出解决问题的对策、措施和建议，就需要运用一定的方式方法，对这些变化进行因果分析，分清主次及轻重关系，以便总结经验教训，提出改进或完善的措施和建议。因果分析法能够较好的解决这一问题。

（一）因果分析的对象

1. 对投资项目管理法规条例及办事程序的执行情况分析

主要针对基建项目是否按照国家有关项目管理程序进行项目立项决策、勘察设计、资金筹措、项目招投标、施工组织管理、工程监理、竣工验收工作等环节进行分析。

2. 工程技术及质量指标变化的因果分析

因果分析包括：设计方案变化；工期变化；资金来源及融资方式的变化；项目总投资及单项工程投资变化；工程建设数量及规模的变化；设施及设备技术标准的变化；设备采购方式的变化；技术设备引进及人员培训方式的变化；工程支付方式、时间及数量的变化。

3. 运营管理体制及经济效益指标变化

运营管理体制及经济效益指标变化，包括：项目运营管理体制的变化；项目投产后实际产量、产品结构与前期工作阶段及设计阶段预测值差距及变化；项目投产后市场及销售量与预测结果变化分析；项目经营（运营）管理成本变化分析；项目国民经济效益指标的变化；项目财务效益指标的变化等。

（二）因果分析图

在评价城市道路建设项目的工程质量或效益等方面的技术经济指标时，由于若干因素的共同作用，使得实际指标与前评估阶段预期的目标产生一定的差距，以至于影响到项目实施的总体目标或子目标。在这些复杂的原因当中，有主要的、关键的原因，也有次要的或一般的原因。而必须从这些错综复杂的原因中整理出头绪，找出使指标产生变化的真正起关键作用的原因。因果分析图就是这样一种分析和寻找影响项目主要技术经济指标变化原因的简便有效的方法或手段。因果分析图的工作步骤如下：

1.因果分析图：从项目中首先要找出或明确所要分析的问题或对象，并画一条从左至右的带箭头的粗线条作为主干，表示要分析的问题。如图 5-1 所示。

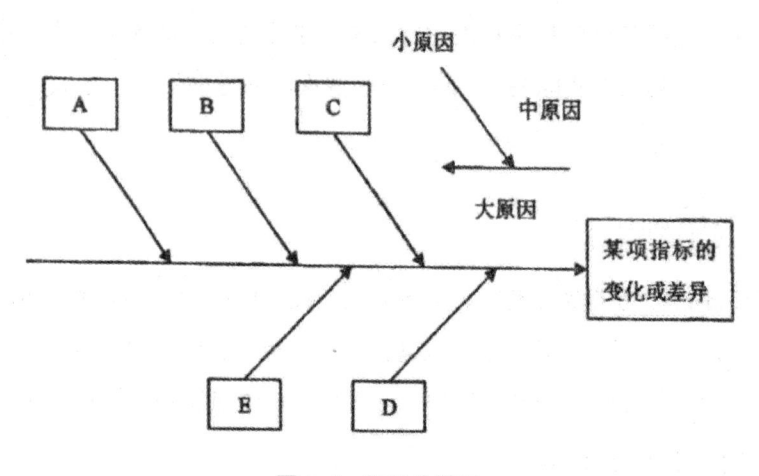

图 5-1 因果分析图

因果分析可采用因果图的方式来实现，在评价一个项目的工程质量或效益等方面的经济指标时，由于若干因素的共同作用，在项目的设计、施工建设、运营管理过程当中，使得实际指标与前评估阶段预期的目标产生一定的差距，以至于影响到项目实施的总体目标或子目标。在这些复杂的原因当中，它们显然不是以同等功效作用于实施效果或指标的变化过程，必定有主要的、关键的原因，以及次要的或一般的原因。而在项目后评价中必须从这些错综复杂的原因中整理出头绪，找出使指标产生变化的真正起关键作用的原因，因果分析图就是这样一种分析和寻找影响项目主要技术经济指标变化原因的简便有效的方法。

2.原因分类

将项目实施情况调查或考察中收集到的信息进行整理、分类。通常可按照问题的性质或属性进行分类。如：人的因素、技术条件因素（评估方法及技术、勘测设计技术、工程技术条件、运营管理技术等）、环境因素（社会环境、自然环境、经济环境、相关政策法规环境等)、实施方法因素(项目管理方式及方法、招投标管理、投融资管理、施工管理、工程监理、审计监督、运营管理等方面)、设备及材料的因素(设备、材料的选型及质量保障等)。

3.重要原因的判定

将通过对项目实地考察、调研或通过其他途径收集到问题和情况以及项目评价专家组成员提出的问题和对原因的分析进行集中整理和分类。一般可以按照外部因素和内部因素分类,也可以按照项目管理的主要环节进行分类。例如：前期评估论证工作环节、立项审批程序环节、勘察设计环节、融资环节、项目招投标环节、工程建设实施及管理环节、建设资金使用情况、财务管理环节、竣工验收环节以及投产后运营管理环节等大原因进行分类,然后按照造成上述各环节变化的中原因和小原因依次排列。其中,对于造成项目重大变化的,或对项目实施目标和效果产生重大影响的主要原因和核心问题加上突出的标记,以便于作为重点分析评价的对象。

四、成功度评价法

成功度评价法是依靠评价专家或专家组的经验,根据项目各方面的执行情况并通过系统准则或目标判断表来评价项目总体的成功程度。成功度评价是以逻辑框架分析的项目目标的实现程度和经济效益分析的评价结论为基础,以项目的目标和效益为核心,所进行的全面系统的评价。项目评价的成功程度可分为5个等级,即完全成功、成功、部分成功、不成功、失败5个等级。在进行项目成功度评价时,首先根据项目特点对各指标的重要性进行分析,选出一些与项目密切相关的重要指标,确定各指标的权重,接着测定各单项指标的成功度等级,即总体成果。项目评价的成功度分级标准为：

完全成功：项目的各项目标都已全面实现或超过；相对成本而言,项目取得巨大效益和影响。

成功：项目的大部分目标已经实现；相对成本而言,项目达到预期的效益和影响。

部分成功：项目实现了原定的部分目标；相对成本而言,项目只取得了一定的效益和影响。

不成功：项目实现的目标非常有限；相对成本而言,项目几乎没有产生什么正效益和影响。

失败：项目的目标是不现实的,无法实现；相对成本而言,项目不得不终止。

在评价体系及等级确定之后,就要按照有关细则和程序进行工作,一般程序如下：

1.接受后评价任务,成立后评价小组

根据有关部门的指示或文件要求，单位接受后评价任务后，要及时成立后评价工作小组，任命项目负责人。

2. 制定评价计划

后评价计划必须说明评价对象、评价内容、评价方法、评价时间、工作进度、质量要求、经费预算、专家名单、报告格式等。

3. 设计调研方案，聘请有关专家

一个设计良好的调研方案不但要有调研内容、调研计划、调研方式、调研对象、调研经费等内容，还应包括科学的调研指标体系。必要时还需聘请专业部门的专家参加调研评价工作。

4. 阅读文件，收集资料

评价小组应组织人员认真阅读项目文件，从中收集与评价有关的资料。

5. 开展调研，了解情况

了解项目以前及现在的建设情况、运营情况、效益情况、可持续发展以及对周围地区经济发展、生态环境的作用和影响等。

6. 分析资料，形成报告

按照已经确定的评价指标体系写出报告。最后需要形成的概念是：项目的总体效果如何？是否按预定计划建设或建成？是否实现了预定目标？项目的影响和作用如何？对国家、地区、生态各有什么影响和作用？项目的可持续性如何？项目的经验和教训如何？

成功度评价法的缺陷在于定性分析较多，定量分析较少，主观因素影响比较大。在定性分析中，有些指标（社会影响）的表述，带有模糊性，即没有明确的外延，其内涵也是相对的，具有模糊和非定量化的特点，对其进行评价，只能采用单一的定性语言。受文化水平、知识结构、社会经历和能力大小的影响，人们对各项影响因素的褒贬程度也不相同，以致很难确定这些因素的具体评判值，并对这些模糊信息资料进行量化处理和综合评价，即使作出了评价，也是片面的、静止的评价，其评价结果也无法排序。这将在很大程度上影响到评价过程的适用性和评价结果的可信性。

五、城市道路建设项目后评价综合评价方法研究

（一）层次分析法与模糊评价法相结合的可行性

近年来，围绕着多指标综合评价，其他领域的相关知识不断渗入，使得多指标综合评价方法不断丰富，有关这方面的研究也不断深入。目前，国内外提出的综合评价方法

已有几十种之多,但大致上可归为两大类:即主观赋权评价法和客观赋权评价法。前者多是采取定性的方法,由专家根据经验进行主观判断而得到权数,如层次分析法、模糊综合评判法等;后者根据指标之间的相互关系或各项指标的变异系数来确定权数,如灰色关联度法、主成分分析法等。具体到本书中,由于城市道路建设项目中包含大量定性指标,难以进行定量分析。因此,对其采用的综合评价方法主要考虑主观赋权评价法。

(二)层次分析法

层次分析法(Analytical Hierarchy Process,AHP)是美国数学家 Saaty 在 20 世纪 70 年代提出的。它是一种模拟人分析、判断及决策过程的系统分析方法,可将决策者的思维过程和主观判断系统化、数量化和模型化,能简化对问题的系统分析与计算,保持一致性,进行反馈控制。该方法能够很好地把因果关系思路理清楚,形成决策的层次结构,将复杂的因素变得简单。另外,城市道路建设项目属于市政项目因素中定性因素很多,而层次分析对此能做出很好的处理。

层次分析法的基本原理:它是把一个复杂的问题中的各个指标通过划分相互之间的关系使其分解为若干个有序层次。每一层次中的元素具有大致相等的地位,并且每一层与上一层次和下一层次有着一定的联系,层次之间按隶属关系建立起一个有序的递阶层次模型。层次结构模型一般包括目标层、准则层和方案层等几个基本层次。在递阶层次模型中,按照对一定客观事实的判断,对每层的重要性以定量的形式加以反映,即通过两两比较判断的方式确定每个层次中元素的相对重要性,并用定量的方法表示,进而建立判断矩阵。然后,利用数学方法计算每个层次的判断矩阵中各指标的相对重要性权数。最后,通过在递阶层次结构内各层次相对重要性权数的组合,得到全部指标相对于目标的重要程度权数。

由于在建设投资项目后评价往往涉及众多的因素和指标,且各种指标的性质存在差异,表现形式也不完全一致;仅仅从单一指标去衡量或评价项目的实施效果会有失偏颇,而将 AHP 法作为一种定量化分析方法,应用于投资项目后评价中,可从系统的角度对项目总体效果给出一个全面、客观的评价。

层次分析法的优点是:在有限目标的决策中,大量需要决策的问题既有定性因素,又有定量因素。因此,要在决策过程中把定性分析与定量分析有机地结合起来,避免二者脱节。层次分析法正是一种把定性分析与定量分析较好的有机结合起来的科学决策方法。它通过两两比较标度值的方法,把人们依靠主观经验来判断的定性问题定量化,即有效地吸收了定性分析的结果,又发挥了定量分析的优势;既包含了主观的逻辑判断和分析,又依靠客观的精确计算和推演,从而使决策过程具有很强的条理性和科学性,能解决许多传统的最优技术无法着手的实际问题，应用范围比较广泛；层次分析法分析解决问题，是把问题看成一个系统，在研究系统各个组成部分相互关系及系统所处环境的基础上进行决策。相当多的系统在结构上具有递进层次的形式。对于复杂的决策问题，最有效的思维方式就是系统方法。层次分析法恰恰是反映了这类系统的决策特点。它把待决策的问题分解成若干层次，最上层是决策系统的总目标，根据对系统总目标影响因素的支配关系的分析，建立准则层和子准则层，然后通过两两比较判断，计算出每个方案相对决策系统的总目标的排序权值，整个过程体现出分解、判断、综合的系统思维方式，也充分体现了辩证的系统思维原则。

层次分析法的缺点是：虽然层次分析法较好地考虑和集成了综合评价过程中的各种定性与定量信息，但是在应用中仍摆脱不了评价过程中的随机性和评价专家主观上的不确定性及认识上的模糊性。例如，即使是同一评价专家，在不同的时间和环境，对同一评价对象也往往会得出不一致的主观判断。这必然使评价过程带有很大程度的主观臆断性，从而使结果的可信度下降；判断矩阵易出现严重的不一致现象。当同一层次的元素很多时，除了使上述问题更加突出外，还容易使决策者作出矛盾和混乱的判断，使判断矩阵出现严重的不一致现象。

（三）模糊综合评判法

模糊评价法是以模糊数学为基础，应用模糊关系合成的原理，将一些边界不清、不易定量描述的因素予以量化，进行综合评判的一种方法。所谓"模糊性"，主要是指客观事物的差异之间存在着中间过渡。对于模糊现象，采用精确数学来处理是无能为力的。这是因为精确数学是建立在普通集合论的基础上；普通集合论要求所研究的对象，要么属于某个集合，要么不属于某个集合，两者必居其一，绝对不能模棱两可，即普通集合论只能表现出"非此即彼"型的现象。因此寻找一种既有科学计算，又能较好地反映人类决策、判断经验的评判方法——模糊评判法就受到越来越多的重视。

模糊综合评判法的优点：隶属函数和模糊统计方法为定性指标定量化提供了有效的方法，实现了定性和定量方法的有效集合；在客观事物中，一些问题往往不是绝对的肯定或绝对的否定，而是涉及模糊因素，模糊综合评判方法则能较好地解决判断的模糊性和不确定性问题；所得结果为一向量，即评语集在其论域上的子集，克服了传统数学方法结果单一性的缺陷，结果包含的信息量非常丰富。

模糊综合评判法的缺点：不能解决评价指标间相关造成的评价信息重复问题；各因素权衡的确定带有一定的主观性；在某些情况下，隶属函数的确定有一定的困难，尤其是多目标评价模型，要对每一目标、每个因素确定隶属度函数，过于烦琐，实用性不强。

（四）层次分析法与模糊数学综合评判法相结合的可行性

城市道路建设项目内容涉及技术、经济、环境、社会效益、持续性等多方面，属于多目标分析。同时，单就一个评价指标来说，涉及的内容也比较广泛，属于多层次分析。城市道路建设项目评价体系由于内容丰富，指标相对来说比较多，而且涉及许多指标都是停留在定性评价的基础上，一般不能用数学公式进行定量计算，通常采用定性分析，而定性评价只是个概述。因此，要对城市道路建设项目进行综合评价时，多指标的定性分析需要通过定量化才能达到该目的，但定量化又常常会丧失、扭曲事物的本来面目，要达到两全其美，必须通过定性和定量相结合的方法来对多指标体系进行评价。这就要求通过现场调查、多人（有关专家）多角度评估与必要的数学模型计算结合，来对城市道路建设项目进行后评价。同时，由于人们主观认识的差异和变化，这些差异和变化的内涵和外延不是非常明确，其概念具有模糊性。因此，利用模糊数学的方法，对一层和多层次的主观指标评价问题建立模糊综合评价模型，将模糊因素数量化。利用层次分析法，确定评价指标的权重。利用向量的乘积，求出综合评价结果的代数值。对城市道路建设项目综合评价结果进行直接比较，项目的成功与否很容易判断。

经过上述分析，同时鉴于城市道路多属于政府投资项目，具有规模庞大、投资额高等特点。在根据城市道路建设项目定量与定性分析指标的复杂程度，在经过广泛深入的调查研究、分析比较等多种评价方法的基础上，选择层次分析方法与模糊评价相结合建立的综合评价模型，能较好地解决评价方法的科学性与适用性完美结合的问题，可操作性比较强。

第六章 城市道路建设可持续发展分析

环境保护与可持续发展是当今社会的两大主题，为了发挥公路事业对全面建设小康社会这一战略目标的支撑与先导的重要作用，公路建设必须坚持可持续发展战略，构建安全舒适的行车环境，协调好公路建设与自然生态环境保护的关系，为人民提供安全、便捷、环保的运输服务。因此，公路建设应坚决贯彻以人为本的理念，坚持走可持续发展道路，构建质量效益型、资源节约型及环境友好型的公路事业。

第一节 概述

一、可持续发展定义、内涵及原则

（一）可持续发展定义

作为一个具有强大综合性和交叉性的研究领域，可持续发展涉及众多的学科，产生了不同的定义。生态学家着重从自然方面定义可持续发展，理解可持续发展是不可超越环境系统更新能力的人类社会发展；经济学家着重从经济方面定义可持续发展，理解可持续发展是在保持自然资源质量和其持久供应能力的前提下，使经济的净利益增加到最大限度；社会学家从社会角度定义可持续发展，理解可持续发展是在不超出维持生态系统承受能力的情况下，尽可能地改善人类的生活品质，科技工作者更多地从技术角度定义可持续发展，把可持续发展理解为是建立极少产生废料和污染物的工艺或技术系统。目前在最概括的意义上得到国际社会接受和认可的定义由布伦特兰夫人小组提出，就是指既满足当代人的需要，又不损害子孙后代满足其需求能力的发展。

（二）可持续发展的思想内涵

可持续发展战略的思想基础是生态文明与人的和谐行动，准则是整体观念和未来取向；根本战略是控制人口、节约资源、保护环境；操作系统是政府行为、科技导向和公众参与。

在未来的发展战略中，其内涵概括起来有下述三个方面，即持续性、持续发展及持续利用；持续性指一种可以长久维持的过程或状态的特性，这种长久维持的过程或状态是以不破坏其原有系统结构和运动机能为最低限度，它是由生态持续性、经济持续性、社会持续性三部分组成。持续发展为既满足当代的需求，又不对后代满足其需求能力构成危害的发展战略，是不以破坏自然生态为代价的有效使用资源，以此满足人们需求的发展战略。持续利用指人们在开发利用资源时，对于可再生资源的开发速度不能大于其再生速度，否则将切断可再生资源的再生和生态平衡连续性的恢复，使其向着不可逆转的方向衰落、消亡。

（三）可持续发展的原则

1. 以发展为主题

发展是人类共同的权利与需求，是国家实力和社会财富的体现。对于发展中国家而言，只有发展才能减少贫富悬殊，人口骤增和生态危机提供必要的技术和资金。发展是可持续发展的前提，离开发展这个基础，可持续发展就无从谈起。

2. 体现公平

在可持续发展中，它要求现有的发展主体对自己的发展行动采取某种程度的自律。首先体现未来取向的代际平等，它强调当代人在寻求自身发展的同时，承认子孙后代有同等的发展机会，不损害后人的生存发展和拥有的资源财富；其次，体现整体观念的代内平等，任何地区的发展不能以损害别的地区的发展为代价，特别是要足够充分地维护弱发展地区的需求，要求在区域内部和不同区域之间，从成本效益角度实现资源利用与保护两者的公平负担与分配。

3. 环境保护与资源限制利用

发展要以环境资源的支撑为前提，以环境容量为限度，与资源和环境的承载力相协调。发展的同时必须保护和改善地球生态环境，保证以持续的方式使用可再生资源，使人类的发展控制在地球承载能力之内。

4. 多元的价值观

在可持续发展前提下，衡量一个国家、地区或城市发展的指标不再为单纯的经济增长，它不仅包括经济增长，而且包括改善人类生活质量、提高人类健康、提高社会福利、协调生活环境等。最近世界各国已开始采用"人类发展指数"以代替传统的人均国民生产总值，以求更为全面地反映社会持续发展的优劣。

二、城市建设中的可持续发展观念

（一）城市建设中必须贯彻可持续发展观念

改革开放30多年来，我国的城市建设发生了巨大的变化。城市化引发的一系列问题逐步为有关专家学者所关注，掀起了探索在世界趋于全球化、知识经济、信息时代如何在生产建设中走可持续发展道路的高潮。

城市是国民经济的命脉。城市可看作一个有机的生命体，从功能上说，道路是它的血管，绿地是它的肺，政府是它的大脑，通讯设施是它的神经，给排水是它的排泄渠道等等。哪一部分出了问题，整个城市也就会出问题。城市包括建成区、城乡边缘带、郊区三部分，而城乡边缘带是实现可持续发展最关键的部位。目前在我国，城市建设中投入最大、发展最快的往往就是城乡边缘带，因为城市的扩展主要体现为城乡边缘带通过开发建设逐步变为新的建成区。城市建设中的偏差也往往出现在城乡边缘带的建设过程中。由于城乡管理机构、管理体制、管理方式的不同，城市建设管理的难点通常也集中于这个过程。当然，建成区也有旧城改造和公共基础设施更新改造、扩建、新建的管理问题；郊区也有农村建设、村镇建设和向城乡边缘带转变的管理、指导、控制问题。但是在目前我国城市化进程加速的情况下，如何在城市建设中以能力建设为动力和保障，实现以人为本的自然——经济——社会复合系统相互协调的发展，即如何在建设中实现城市经济社会的可持续发展，在新城区建设中问题最集中、最突出、最迫切需要解决。

（二）城市建设中可持续发展观念的内容

目前我国城市化进程正在全面提速，与它相联系的城市道路交通建设也在全国范围内大规模、高速度地进行。在城市建设中，必须始终全面坚持可持续发展的观念。

1. 自觉控制城市建设规模、速度、方向、结构的观念

城市建设是人类一种有意识的经济活动，它受到一系列主客观因素的制约，不能无限扩大、随意进行。可持续发展要控制三个变量，即"能源""生物多样性"和"空间"。在空间控制上要着重控制城市空间，因为人类生存的空间必须与能源（以及清洁的水源和其他资源）的可持续供应能力相适应，与生物多样性和谐共存所需要的空间相协调。城市是人类活动高度密集的空间，实际上是用空间换取时间，即通过高密度的空间聚集实现城市生活节奏的加快，来节省时间。但城市的快节奏生活又以能源、水资源和其他资源的高消耗为代价，以挤压占领自然界各种生物的生存空间和生物多样性的恶化为代价，这样的城市空间扩展和作为其先行措施、基础活动的城市建设是缺乏可持续性的，从长远看、从人与其他生物共有的唯一家园即地球的整体来看，也是得不偿失、弊大于利。

2. 城市建设与环境、社会、经济动态协调的观念

城市建设中的经济、环境、社会"三位一体"协调发展，要求城市建设不仅承担起为城市经济、周边区域经济以及国民经济可持续发展提供基础条件和先行结构的功能，而且承担起保护环境、美化环境、改善环境（包括维护生态、节约资源）的功能，以及服务社会、便利社会、安定社会、凝聚社会（包括稳定人口、改善人口）的功能。城市建设过程中必须重视这三种功能的动态协调和全面兼顾，使城市经济、社会、环境在动态协调状态下实现可持续发展。

城市建设的经济功能主要是为人类在空间上高度聚集的经济活动提供完善的基础设施、服务设施和充分有效的集中空间。从可持续发展战略角度来看，城市建设必须在为人类的城市经济活动提供日益改善的适宜空间的同时，也为人类其他方面、其他类型的经济活动保留足够的、未被城市建设活动破坏的完好空间，并为人类世世代代可持续地经济活动保留进一步开拓城市空间的余地。这就要求在城市建设中必须兼顾城市与非城市，兼顾目前和未来，兼顾建设和保护，兼顾城市建设的局部直接经济效益和整体长期经济效益。

城市道路建设的环境功能主要是实现城市建设活动与环境（包括自然环境、人文环境、生态系统、自然资源以及历史文化资源等）的良性适应。应该从可持续发展的视角，把城市道理看作一种兼具自然特征与人文特征的复合生态系统，并保持这个系统的动态平衡和自我完善。在城市道理建设中，从建设规划阶段就要充分重视建设形成的人造环境与自然环境的协调，重视建设形成的人类聚集空间与大自然生态空间的协调；在城市道路建设的施工阶段，要特别强调采用"绿色"设计、"绿色"技术、"绿色"工艺和"绿色"材料，强调对环境、生态的保护和对资源的节约使用。

总之，城市道路建设要全面兼顾经济功能、环境功能、社会功能（包括文化功能，特别是美学功能），协调城市道路建设与经济、环境、社会的关系，让居民在赏心悦目、方便舒适的城市中享受现代城市文明的成果。

3. 城市道路建设与伦理道德文明建设综合配套的观念

城市道路建设属于物质文明建设活动，它必须与精神文明建设、政治文明建设同步进行。"以人为本"的发展观就是一种关心"每一个人自由而全面的发展"（马克思语）的崇高的伦理道德观念，是现代精神文明的体现。从可持续发展的角度看，"以人为本"就是要让每一个人都共同享受发展带来的利益，而不论这个人是有钱人还是穷人，是城里人还是乡下人，是发达国家的人还是发展中国家甚至最不发达国家的人，是目前正在从事经济、政治、文化等活动的人还是下一代人乃至许多代以后的人。城市道路建设的

"文明施工",不仅是对施工现场的建设人员而言的,而且是对城市道路建设的指导思想、规划设计、建设施工、监督管理等整个系统、整个过程、整个活动和所有参与者而言的。

因此,城市道路建设的服务对象绝不能局限于城市的现有居民,更不能为了这一部分人而损害、牺牲其他人的利益。城市建设应该尽可能地少占耕地,以免在保障城市居民利益的同时损害农民利益;如果因道路建设需要而不得不依法征用耕地(以及牧场、经济林等),就必须给被征地者合理的经济补偿,并在可能时安排好其中有劳动力者的就业出路。城市道路建设不得向城外倾倒建筑垃圾和向非城市居民输出污染。城市道路建设在规模、速度等方面的自觉控制也具有文明道德方面的意义,不能为了目前这一代城市居民的利益而占用过多土地,以致后代人没有足够的生存空间和发展余地;不能超过城市现有财力而搞太大规模的城市建设,不论是借长期债务来填补资金缺口,还是紧打紧算搞"半拉子工程"或不配套、不完整的城市道路建设,都是对子孙后代利益的侵犯,都可能妨碍后代人的发展。城市道路建设如果技术、工艺、效率水平低,也可能占用和浪费过多的资源,同样对不起子孙后代。

4. 通过城市道路建设不断自我提高、自我完善的观念

可持续发展战略要求全面建设人的科技能力、体制能力、教育能力,以人的全面发展保障经济、社会、环境的可持续发展,以后者的可持续发展实现人的能力与素质的全面发展。从可持续发展的角度来要求城市道路建设中的能力建设,就不仅要通过城市道路建设形成和提高城市的经济能力(包括生产能力、流通能力、服务能力、经营管理能力、创新能力等),而且要通过城市道路建设提高城市和全社会的科技文化能力、组织制度能力、思想影响能力等等,使城市道路建设成为人类不断进步的火车头,成为人类自我提高、自我完善的重要手段。

在城市道路建设中,城市建设的科技文化能力包括两个方面要求:一方面,应当在城市道路建设中积极应用当代优秀科技成果,采用高效率、高精密度、高处理能力的先进技术设备,提高城市道路建设活动的科技含量和科学水平。例如,深圳市在全国最早建立达到国际先进水平的国土管理信息化系统,云南建工集团也建立了相当先进的管理信息系统。这样,就可以在科学理论的指导和科学方法、科学手段的支持下,更好地实现城市道路建设的自觉控制,城市道路建设与经济、环境、社会的全面协调,以及城市道路建设与精神文明建设的密切配合;另一方面,应当在城市规划设计和建设实践中,注重设计和建设数字化城市,用现代信息技术、计算机控制技术和网络技术武装城市,全面提高城市经济生活、政治生活、文化生活等的实时化程度、敏捷程度、灵活程度、有效程度、合理程度、协调程度、开放程度和国际化程度。

第二节　城市道路建设可持续发展的策略

1. 正确做出城市道路交通现状调查

从影响路网容量的因素看，道路基础设施作为机动车交通的载体只是反映了硬件条件。除此之外，路网的承受能力与城市交通宏观政策和管理也具有密切关系。这方面牵涉到对私人机动车的使用和管理政策、对出租车发展的政策和对外来车辆的管理政策等等。应调查、收集的资料包括：交通网络结构及道路几何要素资料、历史道路交通量及流向资料、现有交通管理设施及效果资料等。道路网究竟能承受多少机动车保有量，这是城市决策者需要把握的问题。要对交通发展的进度做出正确评估从而合理地分配和使用道路资源。

2. 制定交通发展策略，为城市交通提供必要的管制和调控

交通系统的规划是城市规划的有机组成部分，在国家总体规划的框架之下，交通系统发展的基本目标应以建立整合、高效、经济的道路交通网络，并使之持续满足国家、人民的需要。在确保环境质量的前提下，优化利用现有交通资源和保证公共交通的通畅。如今中国的大中城市，随着人流量、车辆的骤增，交通堵塞、拥挤现象愈来愈严重，而城市的地理条件也决定了不可能通过扩张来适应不断增长的交通需求。那么就只有通过充分发挥现有土地与交通资源的潜力，合理控制交通需求的增长，才有可能用有限的资源保证道路交通战略基本目标的实现。

3. 制定高水平的设计方案

市政道路多为政府财政筹集资金，在确定质量、进度、投资目标时有可能产生较大的随意性。另外，市政道路设计时要结合本城市的近期规划和长远期规划，综合考虑与给排水、电力、燃气及通信等管线的平面布置和交叉，避免发生大幅调整路线和管线布置冲突等现象。因此，建设单位在整个设计过程中要与设计单位保持良好沟通和联系，协调好各个管线单位间的关系，尽可能让设计单位交出高水平的设计方案。

4. 制定科学的城市交通发展模式

宏观交通发展战略规划的目的是制定城市交通发展政策，影响、优化交通结构。优化城市交通结构的本质是优化城市道路资源的利用。它通过交通政策的引导来实现，而政策的实施需要强有力的保障体系。在制定城市交通发展模式的过程中，应重视发展的观念。只有通过发展，逐步实现城市和国家的现代化，问题方能解决。机动化汽车技术要发展，城市也要发展，要通过城市的发展，适应城市机动化进程和汽车技术的合理发

展。对城市建设用地的发展和道路交通设施的建设资金给予必要的保证。要有可持续发展的观念,近期的发展建设不要为远期的发展制造障碍,不能只顾经济效益而忽视社会效益和环境效益,要为远期的发展留有余地。

5.加大立法执法力度并大力宣传交通法规

发达国家和地区的交通管理经验告诉我们,要管理好城市道路交通,既要建立切实可行的法规体系,并严格执行,又要使市民自觉遵守交通法规,让人人都参与交通管理,才能把城市交通管理好。首先,成立城市交通对策委员会。研究协调解决城市交通问题,从供求方面采取措施,科学制定交通法规进行综合治理;其次,严加治理交通污染。集中科技力量攻关,消减汽车尾气。严禁汽车喇叭鸣放的规定要继续执行,尽力制止和避免对城市交通规划管理的人为干扰,维护管理法规的严肃性。

6.建立快捷高效的城市公共交通运输体系

统一对快速路、主干道、次干道及支路的认识,明确各类道路的技术标准、用地布局及交通管理要求,倡导系统性原则、远近期结合原则。为适应城市交通的机动化挑战,道路规划设计标准必须体现可持续发展思想,应大力提倡"高标准规划,严过程管理",必须进行城市机动车、非机动车、行人专用系统设计,实现交通空间分流。此外,还必须大力开展交叉口改造设计和管理,借助平面交叉口使通行能力的大幅度提高,实现节点通畅。

第三节 城市道路可持续发展的保障体系建设

一、打造城市道路可持续发展的保障体系

(一)建立城市道路综合管理长效机制

城市道路的规划、设计、建设和管养,这四个环节是一个有机整体,密不可分,但目前我国却将这四个环节分别归属不同的部门管理。这种分割管理模式容易产生各自为阵、政出多门、职能不清的弊端,导致城市道路建设管理缺乏协调性、一致性和长远眼光。因此,成立包括上述各部分的政府综合协调机构,建立城市道路从政策研究制定到实施推进,从规划建设到管理,从技术标准规范制定到专业技术培训执行的一体化协调管理机制,可有效提高城市道路建设管理的效能和效益。对城市道路设施实行以政府决策为主导、专家和市民多元主体参与和监督的建设路线,能促进对城市资源的高效配置和使

用，是实现城市道路可持续发展的重要保障。

（二）健全城市道路管理法规规章体系

城市道路法制化、规范化建设管理是城市道路可持续发展的法制保障。为解决城市道路可持续发展问题和各地执法依据及管理办法不足的矛盾，可以采取以下几点措施：一是尽快完善已颁布法规和管理文件中对城市道路管理的空白之处；二是可以结合发展需求推出新的行政规章和规范性、政策性文件并在实施中完善，逐步完善规章政策体系，这样可以在很大程度上缓解当前依法行政与管理滞后的矛盾。

（三）形成城市道路发展资金保障制度

资金问题是制约城市道路发展的瓶颈之一。为保证城市道路的可持续发展，应采取多种投资渠道，加大道路资金投入，加快形成城市道路建设、管理和养护维修资金稳定、规范的财政投入机制和资金管理制度。根据我国实际情况，借鉴国外经验，可选用的城市道路建设投资渠道有：将车辆购置税费燃油税的一部分作为城市道路建设资金，鼓励城市开辟多种渠道筹集建设资金并制定建设资金筹集管理办法，鼓励银行等金融机构参与城市道路建设投资，鼓励民间资本参与城市道路建设投资并制定相应政策。

（四）加大技术保障、人才队伍的建设力度

1. 技术保障

完善城市道路技术标准和规范，与时俱进地适度超前规划建设，加强城市道路管理，保障道路完好，发挥设施功能，促进经济社会和城市道路的可持续发展。

2. 人才培养

城市道路领域技术人员的专业背景主要包括土木工程、交通工程、市政工程、城市规划及道路工程等相关专业。为适应城市道路快速发展，壮大道路建设和管理人才队伍，满足可持续发展的需要，必须加强城市道路技术专业人才和市政相关人才的教育和培训。

二、实现城市道路可持续发展的配套措施

（一）城市道路可持续发展的规划

1. 实施适度超前战略，促进经济社会发展以往的城市道路规划前瞻性不足，规模标准不尽合理，难以达成预想目标。不少城市道路在红线规划时，往往仅注重道路路幅宽度，并未考虑快慢车道的合理分配及断面形式的远近期结合，对道路两旁的建筑用地控制也不充分，难以立足未来渐进发展。基础设施建设对促进城市经济发展有重要作用。为跟上经济增长和生态文明建设步伐，发挥城市道路全局性、先导性及基础性作用，必

须实施道路规划建设投资适度超前战略,以满足设计寿命和相当时期的交通发展需要。

2. 提倡路网系统规划,做到近远期结合

为适应城市交通的机动化挑战,道路规划必须体现可持续发展思想,通过道路功能的合理定位,促进城市经济发展。必须进行城市机动车、非机动车、行人通行系统设计,实现交通空间分流。对于分期实施道路,在道路断面分配时可适当考虑较宽的人行道、分隔带,而不必将远期所需机动车道宽度一次建成,待需要时再进行道路拓宽改造。

3. 贯彻"以人为本"原则,凸显城市人文积淀

城市道路交通的核心是为人服务,在道路规划时,必须重视街道景观及居民步行空间等要素,进而改善市民出行环境,营造良好宜居空间。规划决策必须高瞻远瞩,不能就规划谈规划、就道路谈道路,应当有重点、有选择地保护部分景观优美、历史文脉深厚、具有代表性的历史街区,实现历史文脉的传承和发展,不因满足当代人的需求而对后代利益造成损害,从而实现城市道路与生态文明的和谐发展。

4. 坚持整体观念,完善路网规划

以往城市在道路规划中,存在重视主干路、忽视次干道、支路的建设现象,导致路网级配不合理,违背城市道路可持续发展的有序性、协调性原则。经验表明,从快速路、主干路至支路,合理的路网级配应为"金字塔"形,而我国绝大多数城市路网结构却为"倒三角""纺锤"形,支路网密度指标远小于国标 3~4km/km2 的要求。因此应大幅度提高路网密度,尤其是支路及次干路网密度,调整路网层次结构,提高路网的整体供应和服务水平。

5. 立足创新提高,完善规划设计标准

我国现行的《城市道路交通规划设计规范》其前身是《城市道路设计规范》。两部规范施行、修编间隔时间太长,跟不上时代发展需要,导致可执行力不强。为提高城市道路规划设计的科学性和合理性,应该及时修编规范,增强适用性、强制性和可操作性。

(二)城市道路可持续发展的设计

1. 提倡人性化城市道路设计理念,完善道路设施功能

城市道路不仅要发挥交通功能,还赋予生活服务功能和文化艺术功能。可持续发展要求更加注重道路设计的文化、环境、艺术等方面的要求,将城市道路功能细化,注重市民拥有良好的生活空间。道路设计还应考虑伤残人、老人和儿童等行走不便群体的特殊要求,注重盲道、无障碍设计。城市交通系统、通讯设施系统、能源供应系统、给排水系统、城市环境系统和城市防灾系统等各类依附道路的设施要求同步设计。

2. 重视交叉口渠化设计及改造，消除道路"瓶颈"现象

以往的道路建设往往忽视慢行系统设计，造成道路交通流在同一断面混合行驶，交叉口机动车、非机动车和行人相互干扰严重。路段与交叉口（或桥梁）通行能力不匹配，严重制约着道路功能的发挥，甚至影响城市整体运行。因此，对于新建道路，必须根据车辆几何尺寸、设计时速等指标进行横断面优化和交叉口拓展；而在城市建成区，由于受自然、人文、环境、经济等因素制约，进行道路大幅度建设及现状道路全线拓宽已不现实，所以更要通过交叉口渠化、桥梁拓宽等方式实现节点通畅，提高道路通行能力。

3. 降低能源消耗和对环境资源地破坏

道路设计应考虑节约能源和材料，使用环保节能、可重复利用材料和便于日后养护维修的材料，提高材料耐久性和使用寿命。应在工程方案中优化结构设计，减少原材料消耗，把对自然环境、资源的破坏降到最低。道路景观应合理利用原有环境资源和历史文化背景，尽可能保持所在地区生物多样性并降低对自然环境影响，不盲目追求人造效果，使道路和周边环境有机结合、相得益彰。

（三）城市道路可持续发展的建设

1. 把城市道路工程质量放在首位

要保证城市道路工程质量，首先，设计、建设、监理、施工各方应履行好自己的职责，以工程的高质量为前提，发挥各自的优势，密切合作、协调管理，从根本做好质量控制。对于道路质量通病，应采取有效解决办法；其次，应避免将城市道路"民心工程"异化为"面子工程"的情况出现，这将导致施工工序难以规范操作，使工程质量控制流于形式。

2. 应用先进技术和工艺

推行先进的施工材料、机械设备和工艺方法，从而提高工效、保证质量、缩短工期、节省投资，取得最佳社会经济环境效益。譬如，相较以前的沥青灌入式道路，推广厂拌灰土路基、水泥稳定碎石基层、沥青混合料面层的结构组合，既可保证质量、节约工期，又可减少对环境的污染。

3. 在建设过程中尽可能减少不良影响，从而提高可持续性

具体措施有：第一，尽量减小交通干扰；第二，降低施工噪声；第三，使用环保节能、可再生材料；第四，维护、保护好公共设施；第五，在施工期保证通过车辆、行人的安全；第六，杜绝工地、运输扬尘和污染物排放；第七，尽量减少建筑垃圾等。

（四）城市道路可持续发展的管理与养护

1. 加大城市道路管理养护经费投入，改变"重建轻养"现象

将思想理念从"重建设、轻管理，重大修、轻养护"向"建设和管养并重"转变。

随着城市路网结构的日趋完善，养护管理将逐渐成为道路系统重点工作。积极实施道路预防性养护策略，可有效延长道路使用寿命、保持道路完好率和平整度、发挥城市道路设施功能、降低道路寿命周期成本、延长中修及大修期限，实现城市道路的可持续发展。

2. 理顺行业管理体制，明确权责关系，规范和促进行业发展

城市道路具有系统性、突发性、时效性、社会性、政治性等特点，其运行涉及城市生活、社会民生和公共利益。道路管理部门和单位为此承担着高度的社会责任和职业义务，必须理顺市、区等分级关系，保持政令畅通、形成合力，落实各级责任并形成长效机制，对路网实施统一管理或监管，促进行业均衡健康发展。

3. 构建管理信息系统，规范行业改革发展

城市道路管理信息系统包括整个城市道路的空间信息系统，能输入大量的道路相关地理信息并对其进行动态描述，可为道路的规划管理提供科学准确数据。鉴于城市道路养护管理改革理论在指导全国工作方面基本处于缺位状态，没有规范的、统一的、具有宏观指导意义的养护管理方案。建议国家针对市政管养行业目前的整体现状和存在症结，制定规范市政管养行业改革与发展的指导性政策文件。

4. 完善道路挖掘许可、道路占用管理程序

首先，将所有行政许可及行政处罚进行网上阳光运行；其次，严格按照规定的要求，对城市道路挖掘行为进行全方位的监管。完备各类监管台账，做好相应的监管工作。进一步明确市、区在管理、执法上的责任范围、职责、权限，加强对违法占用、违法挖掘以及后挖掘、占用行为的监管工作；第三，加强信息沟通，建立完善的信息平台，对任何损害市政设施的行为，及时沟通、及时查处、及时反馈和信息共享，提升管理现代化水平。

第四节　可持续发展视野下城市建设管理分析

一、用可持续发展观念指导城市建设管理

城市建设中的可持续发展是一个复杂的系统工程，必须加强和完善政府有关机构对它的管理、指导和调节。我国在城市建设可持续发展和人居环境科学研究方面取得了一定进展，但是在理论认识、成果应用、对策建议、政策水平和实际效果方面，与发达国家相比仍存在一定差距。现在的问题不仅仅存在于技术层次，更存在于决策层。部分城

市主管部门对于城市化进程与可持续发展的关系缺乏整体的了解，对于城市这样一个有机体的可持续发展没有系统全面的认识，不能从整体上对它的建设过程及其管理工作加以统筹安排。表现在具体工作上，或急于求成，急功近利；或以偏概全，挂一漏万。可以说，目前城市建设中的种种违背可持续发展原则的行为、后果，问题出在下面，主要原因在决策者、管理者。如果他们不牢牢树立可持续发展观念，不在城市建设的各方面工作中贯彻可持续发展战略，城市建设必然无法走上可持续发展的轨道。城市建设管理问题与土地问题、人口问题、环境和生态问题同等重要，都是可持续发展的重要课题，这也是我国城市真正能够健康、有序、可持续发展之路。

政府机构要搞好城市建设管理，首先就要统一思想、转变观念，由过去那种只考虑目前经济上的需要与可能实施管理的观念，转变到兼顾目前与未来、经济与社会、环境、生态且以人为本的可持续发展的管理观念上来。在我国的城市建设管理工作中转变传统观念，树立可持续发展观念，应当在决策者和管理者中间确立以下的新观念、新思路：

（一）社会、经济与环境协调统一的发展观

部分城市管理者往往把"增长"和"发展"等同起来，片面地把经济增长率作为城乡发展的主要目标，忽略了社会进步和环境与资源保护的要求，从而导致城市建设中社会、经济和环境目标之间失衡，这正是"城市病"到处泛滥的重要原因之一。可持续发展战略是具有现代意义的发展观，它所追求的是社会、经济和环境目标的协调统一，即社会公平、经济增长和环境保护三个目标的相对平衡。城市建设管理者应针对不同地区的不同发展水平、发展条件以及在发展中所面临的不同问题，制定出城市建设在人口、社会、经济、环境、资源和文化等方面的不同目标；通过利用新的设计和规划技术，取得多方面目标之间的最佳组合，并利用法律、政策、经济和行政等手段，保证社会、经济和环境的协调统一。

（二）以区域为主体的多层次空间观

人类活动的大大小小的区域，实际上都是不同层次的人居环境系统，它们同时又是更大地，乃至全球人居环境系统地组成部分。从这一意义上来说，城市可视为全球、全国人居环境地组成部分，并与一定的区域联系在一起。区域是建筑和城市赖以存在的载体，并且为建筑和城市的生存与发展提供必不可少的物质条件；脱离了区域，城市也就丧失了维持其生存和发展的可持续性的基础。就其自身而言，城市地发展是非持续性的，或者说根本无法实现可持续性。城市里人口、资金、技术和信息等高度聚集，但经济发展所需的土地、矿藏等自然资源十分匮乏；它创造出巨大的经济利益和社会效益，不但消耗大量的自然资源，并且产生大量对环境有害的物质；它从周边

地区获取维持其生存和发展所必需的部分物质供给（特别是粮食和蔬菜及副食品等），但把它所产生的大量废弃物转移到上述地区。这种种矛盾已足以说明，城市必须与它所在的区域密切联系在一起，它的生存和发展才可能成立；也只有当与区域联系在一起时，城市才有可能通过经济上的分工合作、社会上的结构组织和服务联系以及资源上的合理配置，实现这一层次的人居环境内部地自给自足和自我平衡，从而实现广义"城市"作为人居环境的可持续发展。

由此可见，要解决可持续发展的时空问题，必须将其落实在以区域为主体的多层次的人居环境上。尽管不同层次的人居环境可持续发展目标不同，而且所面临的问题和矛盾也不同，一个地区的可持续发展有可能造成其他地区发展的不可持续性，但正如有学者指出的："只有当所有小范围都力求实现自我平衡，才能实现全市、全地区、全国和全球的人居环境，包括社会和生态环境的持续发展。"因此，应由区域内各城市或城市的各区、各镇的建设主管部门协调、牵头，搞好各城市或各区、各镇各自建设规划、建设活动的相互衔接、配合和平衡，避免重复建设、分散建设和盲目建设，避免区域内各城市建设各自为政、相互牵制、彼此冲突。

（三）人与自然和谐共处的自然观

人与自然的关系问题并不是一个新的话题。在人类文明历经社会生产力的数次革命性变革，从采猎文明、农业文明、工业文明进入到今天的后工业文明；在人类对自身与自然的关系的认识不断加深，对自然的态度从依赖自然、改造自然、征服自然转向善待自然之际；在可持续发展的共识之下，在今天，需要对这一古老话题重新来认识。

诚如施里达斯·拉尔夫在《我们的家园——地球》一书中所述："作为人类，我们属于自然的一部分，而并非远离自然的一部分；在与自然的相处中，我们应当谦恭，而不应傲慢；我们应当下决心同自然和谐相处，而绝非争斗。"作为人类生产和生活活动的一部分，城市道路建设的目的就在于为人类创造适宜的生活、工作、学习、交往环境。其中既应包括人工环境，也应包括自然环境；要自觉地把人类与自然和谐共处的关系体现在人工环境与自然环境的有机结合方面。尊重并充分体现环境资源的价值（这种价值一方面体现在环境对社会经济发展的支撑和服务作用上，另一方面也体现在其自身的存在价值上）。具体而言，城市道路的规划设计，不仅要考虑环境在创造景观方面的作用，更要重视环境在保持地区生态平衡方面的作用。有意识地在人工环境中增加自然的因素，如进行绿色建筑、绿色城市的实验与实践等。不仅重视对建筑、城市等实体空间的建设，也要重视对绿色空间的建设，即"大地园林化"建设。包括人工环境之中的休闲用地、公园绿地和小面积的农业用地；以及人工环境之外的大面积农业用地、自然保护区和生态绿地等，自觉追求人工环境与自然环境的齐头并进；不仅要改善以往人工环境建设对自然环境造成的污染和其他不利影响，还要对未来道路建设活动可能对生态环境产生的影响进行评价，并且在规划设计中采取各种技术手段，尽可能将这些影响降到最低限度，尽可能地减少对资源消耗。

自然生态系统的高效、低耗与循环利用的生存模式，给我们运用生态学原理，探求结合自然的、持续发展的城市道路建设以重要启示。生态观使我们发现城市交通发展具有生长、新陈代谢、进化（功能转变）、繁殖（城市数量增加）、衰亡等生态特征。这为我们探索符合生态原理的城市道路建设规划提供了一个重要途径，有助于找出城市的最适功能或阈限；使我们重视物资、资源的循环利用，充分利用可再生性资源（太阳能、风能、潮汐能、地热等），减少对人工能源的依赖。政府还要为保护自然环境、生态平衡和自然资源坚决执法，制定符合本地实际的行政法规、制度或禁令，切实担负起保护自然的责任。

（四）以人为本的人文观

人类生存和发展的需求是使道路和城市出现和发展的原动力。道路作为人类的历史遗迹，记录了人类对自身利益认识地演变过程，并体现出各个时期不同的人文观。从中世纪对神的侍奉，到文艺复兴时期人性地解放，是一个大的进步：从工业革命之后对技术的盲目依从和崇拜，到提出可持续发展战略、提倡以人为本的人文观。这些均是对人类自身认识的再次觉醒，是又一次极大地飞跃，必须认识到：满足人类生存和发展地需求，既是建筑与城市发展的根本动力，也是其最终目标，也就是使人类安居乐业。

当前，对人文思想地追求成为新的社会发展趋势。在此形势下，城市道路建设首先要满足全体社会成员的物质需求。要从社会的基本需求出发，利用先进的现代科技，解决广大人民生产和生活中的实际问题。现代城市应该为人们提供舒适、美好、便利、安全地居住环境，例如向所有人、特别是中低收入居民提供适当的住房，改善人类居住区的功能等。现代城市又应该为人们提供高效率、高质量、全面配套、集中而方便地出行条件、服务条件以及其他交通条件，从物质条件来讲主要是各种生产经营性建筑物、公共基础设施及其他配套设施，使人们能够通过聚集在城市中开展的经济活动满足自身需要。城市道路建设同时还要重视满足社会的人文需求，为人们提供各种先进、完善、优美、高尚的交通基础设施、教育科研设施、卫生体育设施等，充分发挥交通建设对促进人类可持续发展的重要作用，以城市交通建设保障和推动城市和整个社会地建设。

二、可持续发展战略指导下的城市道路建设全系统管理

（一）可持续发展战略指导下的城市道路建设部门管理

1. 明确城市道路建设管理职责

城市道路建设部门应当设立负责城市道路建设中环境及生态保护、资源节约的高效、精干的专门机构或在有关管理机构中指派专人在此方面负责，明确职责、加强管理。该部门或专门人员要与城市道路规划、道路清洁养护、道路园林绿化等部门互通信息、互相配合。在他们之间应该明确各自职责和权限，且由后一类政府专门机构牵头协调，不扯皮、不推诿、不掣肘。

2. 完善城市道路建设管理制度

城市人大及其常委会要以可持续发展战略为指导，以国家规定的城市道路建设各项技术标准、环境标准、安全标准、质量标准为依据，针对各城市经济、社会、人口、环境、生态、资源的具体、特殊情况，按照法定程序制定城市道路建设方面的地方性法规，以规范当事人行为。国家法律和地方性法规必须广泛宣传普及，并成为人们的自觉行动。

政府有关部门应该依法制定严密、合理、可行的城市道路建设管理规章制度，包括城市道路建设中的技术标准、质量标准、安全标准、环境标准、生态标准、资源消耗标准等，并规定对违反标准、损害可持续发展行为的处罚方式，经常认真监督检查，及时制止和处罚错误行为，规范城市道路建设活动，实现可持续发展。

3. 科学制定、认真实施城市道路建设管理政策

搞好城市道路建设管理的政策调节，城市政府及其主管城市道路建设的部门，要针对每一时期城市道路建设中关系到可持续发展的主要问题，制定有针对性、诱导性和可操作性的政策，及时地、有分寸地予以引导、调节。对城市建设的政策调节手段有税收手段、利率手段、补贴手段、融资手段等。

税收手段可以在税法允许的范围内，以较低的税率或减免税优惠来优待和鼓励城市道路建设中有利于可持续发展的行为，以提高税率来惩罚破坏可持续发展者；利率手段和融资手段可以用较低的利率、较宽地借款条件、较大地贷款金额和较长地偿还期限，从资金供应及其成本上支持符合可持续发展战略的城市道路建设活动，用方向相反的上述手段来抑制不符合该战略的活动。

财政补贴手段可以适当资助城市道路建设中那些对可持续发展有利、却对行为主体自身不利地行动。它如果与利率手段结合起来，就成为贴息手段，使有财政贴息的贷款变得更加优惠。

（二）城市道路建设有关企业、单位的管理

1. 加强城市道路建设有关单位、人员的资质管理

城市道路建设能否做到可持续发展，在一定程度上取决于有没有足够的符合可持续发展要求的城市道路建设者。城市道路建设管理部门要严格实施对城市道路建设参加单位和从业人员的资质管理，包括资金能力，技术能力，履行环境、资源、安全、质量等方面要求、标准的情况；对于环保、安全等方面状况不达标的要限期整改，整改不力或拒不执行的则要坚决清除出城市道路建设队伍。

2. 加强城市道路建设的行为管理

城市道路建设主管部门不仅要根据可持续发展战略要求制定一整套城市道路建设的行为规范和检验标准，而且要根据这些规范、标准严格检查有关单位、有关人员的行为是否符合要求。主管部门对城市道路建设活动的检查包括经常性检查和临时性检查两种方式。

经常性检查是按预定的间隔较短的时间进行常规检查。它的优点在于：一是可以及时发现城市道路建设中妨碍可持续发展的行为，二是这种检查定期进行、成为惯例以后，被检查的企业、单位有可能在检查压力下逐渐展开自查，使问题解决；它的缺点在于：一是可能流于形式、走过场；二是被检查者可能预先做好准备，弄虚作假，使检查失去实际意义。

临时性检查没有预定的日期和固定的间隔期，不事先通知被检查者。它比经常性检查的真实程度更高，而且可以针对当时当地对可持续发展威胁最大的问题着重检查、反复检查。但如果两次检查间隔太大，则可能会漏掉应制止的行为。因此这两种检查方式不可偏废，要把它们结合起来使用。

3. 加强城市道路建设中违规行为的处理

在城市道路建设行为检查中发现违规行为，要及时严肃处理。严重违规、造成重大损失、对可持续发展有巨大不利影响的事件，要向上报告，认真总结事件发生的原因和教训，提出切实可行的整改措施，并请示对事件的处理办法和对主要责任人的处罚方式。对典型事件，可以通报批评，公开处罚主要责任人，以收到对其他单位、其他个人的教育警示作用。

（三）城市道路建设系统有关人员的管理

1. 搞好城市道路建设系统全体人员的可持续发展观念教育

如果没有正确的思想，那么也就没有正确的行动。城市道路建设活动是由城市道路建设系统全体人员在政府的领导和全社会的协助下具体实施的。只有这个系统的全体人

员认真学习、全面领会了可持续发展的战略观念，才能把可持续发展战略切实贯彻到城市道路建设实践之中。因此，必须搞好对城市道路建设系统全体人员的可持续发展观念的教育。城市道路建设行政主管部门的领导干部和工作人员要带头学习可持续发展战略理论，认真思考如何把它落实到城市道路建设实践之中。此外，城市道路建设领域各企业、单位的负责人也要学在前头、用在前头。还要向全体职工（不仅包括正式职工，而且应当普及到参加城市道路建设工程施工的农民工、临时工）进行可持续发展观念教育，提高其在本职工作中实施可持续发展战略的自觉性、主动性。在学习教育中，可以结合国内外城市道路建设在可持续性方面的优秀案例和失误教训，尤其是本市及本单位的事例开展讨论，通过联系实际进一步掌握可持续发展战略的精神实质，进而弄清本市、本单位在城市道路建设活动中贯彻可持续发展战略的任务、要求以及具体做法。

2. 把可持续发展方面要求纳入城市道路建设系统人员考核标准

从系统的角度来看，城市道路建设系统的每一个管理工作者、建设工作者的工作，都通过自己所在机构、企业、单位的整体工作成果，与可持续发展战略的全面实施发生了联系。只有人人都充分重视、随时考虑可持续发展的要求，城市道路建设才能较好地实现可持续发展战略。因此，城市道路建设系统各管理机构、各企业、各单位应该把本单位实施可持续发展的任务要点、责任内容合理地分解为下属各部门、各成员的具体工作要求，制定明确可行地考核标准和相应地奖惩办法，从经济利益和名誉待遇上促使每一个工作人员都成为贯彻可持续发展要求的模范。

3. 用可持续发展观念指导城市道路建设系统人员的业务知识培训

城市道路建设系统人员仅仅懂得什么是可持续发展，了解城市道路建设工作中为什么要做到可持续发展，知道自己在可持续发展方面应该而且可以做什么、不可以做什么，当然非常重要，但是还远远不够。他们还必须知道自己该怎么做。在科学技术迅速进步、城市道路建设面貌日新月异的今天，可持续发展的要求也是不断发展、不断深化的，实施手段处在经常更新、日趋复杂的状态之中。因此，必须在城市道路建设系统人员的业务知识培训中贯穿可持续发展要求。要让有关操作人员及时掌握城市道路建设技术的新进展，了解新材料、新工艺、新设备的性能、特点和对环境、生态、资源、社会等的可能影响，以及防范和消除不良影响、发挥和扩大有利影响的方法、技术。有关管理人员要及时配备并熟练掌握先进适用的环境、生态、灾害事故监测控制设备和手段，提高处理与可持续发展有关问题的能力和效率。有关决策人员也要懂一些这方面的技术和方法，减少决策失误，并更好地带领下属共同实现城市道路建设中的可持续发展。

结　语

　　人是城市的主人，城市的发展建设必须以人为本，道路交通的发展建设也不例外。在交通政策的制定、交通工具的选择、交通线路的布设、交通设施的建设、交通管理的措施等方面都必须体现以人为本的思想。

　　市场经济模式下，出行者对交通工具、线路的选择除考虑时间性、舒适性、方便性和灵活性外，还会将交通运营的成本作为选择的重要依据。政府部门必须利用市场经济机制，通过价格杠杆对城市交通资源进行有效、合理的配置。

　　在推进交通系统建设与发展的同时，重视对城市生态环境的保护和资源的合理开发利用；在加强交通路网扩张的同时，注意对交通系统的监督；交通系统供给在满足近期需求的同时，又能符合城市社会经济生态复合系统长期持续发展的整体需要。

　　道路交通发展将面临前所未有的机遇和挑战。方便快捷的交通能推动城市建设快步进入新纪元；而道路拥挤、交通秩序混乱、居民出行所需时间过长、市内泊车场地不足、道路承载能力跟不上机动车增长需求则严重制约现代化的程度。因此城市道路规划、建设、管理必须在可持续发展的战略原则下，顺利度过目前机动化起步阶段，才能打下坚实的发展基础。

参考文献

[1] 王小红. 道路工程施工管理及质量控制措施[J]. 四川建材,2021,47(03):186-187.

[2] 张平华. 城市道路路基、路面质量控制分析及有效措施[J]. 新型工业化,2020,10(10):114-115.

[3] 纪善军. 城市道路工程建设的管理与质量控制研究[J]. 城市建筑,2020,17(21):180-181.

[4] 朱登元,英战勇. 临沂大学中央绿地海绵城市道路设计研究[J]. 临沂大学学报,2020,42(03):137-144.

[5] 杨天一. 抗战时期西安市政建设与管理研究(1932-1945)[D]. 西北师范大学,2020.

[6] 史殿双. 城市道路桥梁施工质量的控制与管理[J]. 居舍,2020(12):148.

[7] 牛海宁. 道路建设中合同管理的作用分析[J]. 商讯,2020(08):123-124+127.

[8] 王磊. 上海市道路合杆整治工程创新实践[J]. 城市道桥与防洪,2020(03):110-114+17-18.

[9] 李旭芝. 城市道路桥梁施工技术与管理[J]. 智能城市,2020,6(05):169-170.

[10] 李艳彪. 城市道路交通工程施工过程中的质量控制措施[J]. 安徽建筑,2020,27(02):208-209.

[11] 吕进. 新时期我国城市基础设施建设与运营管理[J]. 现代物业(中旬刊),2019(12):146.

[12] 刘军,尚帅帅,刘广林. 市政道路水稳层施工质量控制与对策分析[J]. 居舍,2019(27):138.

[13] 刘洋. 城市道路建设项目工程成本控制与稽核管理探讨[J]. 绿色环保建材,2019(09):127.

[14] 张浩. 浅析市政道路设计中海绵城市理念的融入[J]. 黑龙江交通科技,2019,42(09):259-260.

[15] 贺荣庆. 兰州市道路建设参与主体协同管理问题与对策研究[D]. 兰州大学,2019.

[16] 何林茜. 连云港市城市家具建设与管理研究[D]. 西北农林科技大学,2019.

[17] 朱丽娟."海绵城市"下城市道路建设途径研究[J].长江丛刊,2019(12):96-97.

[18] 雒珹.对城市道路交通管理信息化建设的探讨[J].科技创新导报,2019,16(01):31+33.

[19] 袁玉.城市道路园林绿化植物种植与养护管理要点[J].乡村科技,2018(35):76-77.

[20] 李春雷.论城市道路桥梁施工质量的控制与管理[J].建材与装饰,2018(47):252-253.

[21] 周三英.吉安市中心城区道路绿地的建设与管理[J].花卉,2018(20):53-54.

[22] 张宇东.道路改扩建工程施工管理——以某市物流大道为例[J].建材与装饰,2018(42):257-258.

[23] 刘博.城市道路桥梁施工中的质量控制[J].工程技术研究,2018(10):207-208.

[24] 尼桑拉.城市道路交通拥堵的原因及管理策略[J].科技视界,2018(25):259-260.

[25] 朱松巍,靳斌.城市道路交通管理信息化建设研究[J].决策探索(下),2018(08):28.

[26] 吴小丽.美丽城市从路开始——潮州市人大常委会持续监督城市道路建设[J].人民之声,2018(08):34-35.

[27] 任宇珂.天津市城市道路管理研究[D].天津财经大学,2018.

[28] 史鹤鸣.市政道路工程施工技术和施工质量控制研究[J].绿色环保建材,2018(03):108-109.

[29] 秦双双.市政工程建设中的路基路面施工及其质量控制[J].中小企业管理与科技(下旬刊),2018(03):143-144.

[30] 王军.城市道路施工管理方法解析[J].建材与装饰,2018(10):269-270.